GREEK PEOPLE 4E

希腊人
爱琴海岸的奇葩

（插图第 4 版）

（美）罗伯特·柯布里克（Robert Kebric）著　李继荣 等译　张强 审校

世界图书出版公司
北京·广州·上海·西安

序　言

历史中的个体

　　人类创建社会，形成文明。我们可以创立并接受一些理论，编制一些时间表或大事纪年表来帮助我们了解过去，但是我们也必须回归到这样一个简单的事实：人是我们探究的基础。

　　在以往研究中，相对于理论与事件而言，人往往作为陪衬而处于次要地位，人性已被遗忘。我们经常忽略他们的名字——尤其是当这些名字听起来或看起来具有异域风情时——而只关注事件本身，他们作为个体在其时代背景中是何面貌则几乎无人注意。

　　于此，我们既不讨论"伟人"学说，也不讨论传记式历史著作。因为它们记述的基本上都是诸如伯里克利（Pericles）和亚历山大（Alexander）这样的伟人。虽然他们与当时的历史事件紧密相联，但正因为如此，注定其覆盖范围非常狭小。大多数现代著作也仅限于彰显一些政治人物，对古代社会一些不太出名的人却涉及甚少。尽管如此，不论那些不太出名的人对当时社会有什么样的贡献，他们对我们来说都极有价值。因为通过对各阶层人的研究可以进一步加深我们对古希腊人及我们自身的认知。

读者与写作方法

　　当今社会，人们越来越对个体及个体群感兴趣。由于本书是对古希腊世界的深入探究，故它将有助于满足我们这一好奇心。首先，本书并非传统的以记述事件和强调理论为主的书籍，而是将人作为主体，故它是对传统书籍的有益补充；第二，对于那些已对为数不多几本强调人的现代著作和普鲁塔克（Plutarch）的希腊人物传记有所感悟的读者，本书也不失为深入了解古希腊人的又一选择。

　　本书亦是为那些对古希腊社会感兴趣者而备。在书中，我将竭力呈现古希腊人的真实面貌——而非生活在遥远的过去，似乎没有任何现实意义的纸上人物。虽然本书中也加入了一些了解古代历史发展所必需的大体的历史背景，但重点在人。本书在男女人物的选择与呈现上必定是有限的，我们对于过去的认知、延伸亦要受现存文献的限制，故有些名字将是我们熟知的，有些将是陌生的。

　　有些时代能给我们提供比其他时代更多的引人注目的人物，要从诸多引人注目的人物当中挑选一位最可能代表他所生活时期的历史或文化方面的人物并非易事。尽管如此，本书中所挑选的每一个人物都足以展现他或她所生活时代的人的活动或行为的某一方面——我们可能已经完全忽视或只是大体了解。在阅读过程中，我们应逐渐形成一种更为"人文主义的"文明观。

　　本书中还采用了大量古代著作家的引文和摘录，目的是让人尽情地诉说他们自己的故事。其他一些与某个章节有关的有趣个人，我将设专栏于各章节的适当位置。对这些人物的简单介绍，可以进一步丰富读者对"古代人物"的了解。另外，大量辅助性材料——诸如地图、插图、年表、专业词汇及其发音表——的使用，也进一步增强了本书的实用性。

　　本书中，我对一些古代文献进行了选译，虽难免会有出入，但我认为大体来说还是可靠易读的。为了避免普通读者混淆，翻译过程中，我将使用希腊语音译的地方，全部用拉丁语音译替代。而对于那些从其他材料中复制过来的地图，我则保留了其地名的希腊语音译。

结论

　　当人类开始记录自己行踪的时候，首先要问"我是谁？"，接着"我做过什么？"，在他们的脑海中，个体存在居于首位。有人会说，在我们这个复杂且非个人的社会，似乎"做"通常比"是"更重要。本书将尽力使人们将两者——个人与他的（或她的）成就均铭记于心。总之，本书试图通过展现生活在遥远过去的一些古希腊人的生活及世界，以期能缩小长期以来我们与古希腊之间的距离。

第二版致谢

　　当得知《希腊人》一书不仅受到历史学家和人类学家的认可，还得到大量法律工作者、科技工作者及其他感兴趣读者的好评，我深感欣慰。同时我很高兴有机会刊印第二版。

　　本书在出版过程中难免会出现错误，我已尽力将书中所有需要纠正和校订的章节进行了修订，在此我要向那些对我或出版商的疏忽提出批评指正的人表示感谢。我对年表进行了增补，并进一步扩充了插图，其中包括非常适合本书的一些新照片和一张地图。应读者要求，本版还增加了亚历山大及其父亲腓力（Philip）的相关信息。同时，在本版中，我还补充了一些章节来谈论妇女、古希腊夫妻的角色、幽默、年老及其他社会话题。总之，在世纪之交，我希望本书能成为人们了解古希腊人的有益读物。

我要再次感谢曾不辞辛劳审阅本书草稿的托马斯·W·阿非利加（Thomas W. Africa）教授，埃里希·S·格伦（Erich S. Gruen）教授，弗兰克·W·瓦尔班克（Frank W. Walbank）教授；也要感谢替梅菲尔德出版集团（Mayfield）复审本书草稿的朱利安·阿彻（Julian Archer）教授，查尔斯·丹尼尔（Charles Daniel）教授，露丝·巴乌兰托斯（Ruth Pavlantos）教授，保罗·普罗佩尔兹奥（Paul Properzio）教授及威廉·H·斯蒂宾格（William H. Stiebing）教授；同时，向我的前任编辑兰辛·海斯（Lansing Hays）表示感激；当然，特别要感谢的是第一版的所有读者。在第二版中，请允许我再次向瓦尔班克（Walbank）教授表示感谢，正是他额外的一些意见及鼓励使我受益匪浅；我还要感谢由梅菲尔德出版集团选拔出来对本书进行审查的人员，他们提出了一些非常有益的建议与评论，他们依次是：宾夕法尼亚州立大学（Penn State University）的尤金·N·博尔扎（Eugene N. Borza），加利福尼亚州立大学（California State University）长滩（Long Beach）分校的道格拉斯·多明戈·弗拉斯特（Douglas Domingo Foraste），肯特州立大学（Kent State University）的莱德·K·厄尔曼（Radd K. Ehrman），南俄勒冈州立学院（Southern Oregon State College）的理查德·C·弗雷（Richard C. Frey），科罗拉多大学博尔德分校（University of Colorado at Boulder）的R. L. 郝赫菲尔德（R. L. Hohlfelder），德克萨斯大学奥斯汀分校（the University of Texas at Austin）的约翰·H·克罗尔（John H. Kroll）及迦太基学院（Carthage College）的C·雷诺德（C. Renaud）。我还要对丹尼斯·克尔布洛（Dennis Korbylo）所做的摄影工作表示感谢；我很感激梅菲尔德出版集团（Mayfield Publishing Company）邀请我们修订本书；感谢我的现任编辑何莉·艾伦（Holly Aellon）在新版的筹备过程中所做监督审查工作；同时，我还要向我的制作编辑阿普莉尔·威尔斯海斯（April Wells-Hayes）致谢；另外，感谢我的妻子朱迪丝·柯布里克（Judith Kebric），这两版书的刊行离不开她的协助与支持。

我还要向各作者、出版社、博物馆及其他提供图片资料者致谢，感谢这些版权所有者准许我使用他们的材料。

最后,我要感谢其他所有在《希腊人》一书准备过程中提供过帮助的人。

第三版致谢

最近,当我们楼下房子的装修接近尾声时,我告诉木匠吉姆·伦德(Jim Lund),他做得很棒,应该在某处留下些"纪念"。令我惊讶的是,他回答说他已经这样做了——就在天花板上他建的一根横梁里。他还说他在上面写了日期,提到了当时的天气情况,还放了一美元。当我问及为何要这么做时,他回答道,当这栋房子在将来被改建或拆除时(我希望这一天不要来得太早),做这项工作的人不仅可以知道是他建造了这栋房子,而且还可以了解到当时的日期和天气状况。不仅如此,他们还可以知道一些关于他的个人信息。然后,他告诉我,他年轻的时候,经常和父亲(也是一个木匠)一起去工地工作,从那时起,他就开始这样做了。当他们对较老居民区建于世纪之初的一些房子进行改建时,就曾发现过类似的信息。他说令他感到最不可思议的事情是他发现了一个20世纪20年代和他同名木匠的名字,这位已故很久的木匠不仅在上面留下了日期、晴天的信息,也留有一便士。他补充道,通过这种方式,他和那个人有了心灵的沟通,他感觉到他们之间有一种亲缘关系,也感觉到那个人正将他的技艺一代一代传给后人。现在,他也想用同样的方式使自己在50年或70年之后被人记得。我告诉他,他在无意间诠释了何谓真正的历史:我是谁,我做过什么,我又如何将自己生活时代的信息传递给后人。我找不到比刚刚这个"唾手可得"的更好的例子来表达何谓历史之本质。人们似乎有这样的想法:在某种程度上,历史研究是脱离现实生活的。然而事实上,像吉姆这样的人,正在用他们每天的劳作演绎着历史的过程。带着这样的想法,我开始为本书撰写序言。当得知本书不仅有老读者一如既往的支持,还深受一些新读者喜爱时,我甚感欣慰。另外,我也很高兴为第三版的刊印做一些筹备工作。

在这一版中,我增补了一个关于消失的亚特兰蒂斯(Atlantis)大陆及其居民的附录,因为他们的故事依然极具吸引力。我希望我对该传说的一些推论是合理的。值得一提的是,我还新增了对被认为在马拉松(Marathon)战役中,将雅典人战胜波斯人的消息带回雅典的那位著名马拉松送信人的讨论,他的努力最终促进了现代马拉松赛跑的形成,当然,我也希望在该章节中的一些推论具有合理性。我对塞莫尼德斯(Semonides)关于妇女的长诗进行了更为冷静认真的思索,另外,由于罗塞塔石碑（Rosetta Stone）这一托勒密铭文对我们破解埃及象形文字具有重要意义,所以本书对其内容和时代进行了深入探讨,并将铭文的主要内容附于书中。我还增添了新的图片材料,其中大部分是关于妇女的。

在本书的创作和出版过程中,承蒙很多人鼎力相助,虽然在前几版的序言中我对他们都有所提及,但在此我要再次对他们的帮助表示感谢。我还要特别感谢莎拉·B·帕姆洛伊（Sarah B. Pomeroy）,对于塞莫尼德斯关于妇女的诗,她给出了一些很有见地的建议。我还要提及弗吉尼亚技术学院和州立大学（Virginia Technical Institute and State University）的格伦·布赫（Glenn Bugh）、亚利桑那州立大学（Arizona State University）的凯文·卡罗尔（Kevin Carroll）、科罗拉多大学博尔德分校（University of Colorado at Boulder）的罗伯特·L·郝赫菲尔德（Robert L. Hohlfelder）、陶森州立大学（Towson State University）的迈拉·莱文（Myra Levin）,谢谢他们投入大量的时间和精力对本版进行审阅。我还要向尼基·路易斯（Nikki Lewis）及吉恩·约翰逊（Gene Johnson）对本版新增图片添加工作的协助表示致谢。最后,我要将我的感激之情送给作者、出版社、博物馆及所有其他在本书的写作与出版过程中提供过帮助的人——尤其要感谢我的妻子朱迪丝。

第四版致谢

在第四版中,由于图片材料的花费已经超出了预算,所以,我们不得不删减一些插图——但增加了一些来自私人图片档案馆的有趣图片。值得注意的是,为了在不增加本书页数的前提下,给新材料留出空间,本版中我还将某些描述个人的专栏删除。选择要删减的内容并非易事,而对于已经删减的内容,我希望不会给任何发现其对自己有用的读者带来不便（当然也并非完全删除,在本书的适当位置,我对已删减的内容均有简短的提及）。在删减之处,我增加了一系列的"影视"评论,其中主要涉及好莱坞的影片是如何诠释古代希腊及希腊人的。由于现代社会正在朝更为视觉化的方向发展,所以历史题材的影视对塑造公众的历史观业已显露出重要影响。近几年来,虽然好莱坞再度掀起翻拍古希腊历史题材电影的热潮,但对几部著名史诗电影的赏析,使我们知道古希腊历史已经被他们改编得面目全非。最后,我还另外述及了雅典的奴隶制,其间我将一名为帕西翁（Pasion）的被释奴的故事贯穿于始终,讲述了他是如何由最初的奴隶变为自由人,又是如何获得雅典公民权,并成为富有钱庄主的。

我要向在本版及前几版筹备与刊行过程中给予过帮助的单位与个人表示感谢。我要特别感谢芝加哥(Chicago)的哈伦·J·伯克有限责任公司(Harlan J. Berk, Ltd)为本版的刊行提供了大量钱币图片。我要向约翰·霍尔(John Hale)为本书提供有关德尔菲(Delphi)的最新信息表示致谢。我还要感谢下列诸君,他们投入了大量的时间与精力对本书进行了审阅:

丹佛大学(University of Denver)的J·唐纳德·休斯(J. Donald Hughes);
弗吉尼亚技术学院(Virginia Tech)的格伦·R·布赫(Glenn R. Bugh);
底特律大学(University of Detroit)的莎拉·斯蒂夫(Sarah Stever);
肯特州立大学(Kent State University)的戈里·E·威尔逊(Glee E. Wilson)。

我对尼基·布伦克(Nikki Bronke)、克莉丝汀·霍华德(Christine Howard)、杰西卡·斯帕德(Jessica Spayd)、丹尼斯·克尔布洛(Dennis Korbulo)、史蒂文·威尔沃克(Steven Villwork)及吉恩·约翰逊(Gene Johnson)对本版新增图片添加工作的协助表示致谢。

我还要感谢弗兰克·瓦尔班克(Frank Walbank)、汤姆·阿非利加(Tom Africa)、乔·斯莱文(Joe Slavin),特别感谢我的妻子朱迪丝,最后,我还要向马文·贝里(Marvin Berry)教授、索尔·莱文(Saul Levin)教授及迈克尔·米特斯坦蒂(Michael Mittelstadt)教授致谢。

大事年表与地图

下列年表为主要事件和本书所论及的人物。

时间(公元前)	事件与人物
约3000	克里特岛上非希腊人的米诺斯文明早期阶段;
约2200—1500	米诺斯文明的鼎盛时期;
约2100	讲希腊语的人开始移居希腊大陆,并与更为先进的米诺斯文明开始有文化交流;

2000 ....

约1600—1100	阿卡亚文明或迈锡尼文明时期,属希腊人的文明;
约1450	阿卡亚人控制爱琴海,并将势力扩展到克里特;米诺斯人开始消失;
约1400—1200	希腊和克里特岛上居地普遍告毁时期;
约1250	特洛伊战争;
约1100	多利亚人入侵;阿卡亚文明衰落;青铜时代在希腊结束;
约1100—750	黑暗时代:
	制度破坏,文化衰退;
	大陆居民向爱琴海诸岛及小亚细亚西海岸迁移;
	希腊进入铁器时代;

1000 ....

776	第一届奥林匹亚赛会
约750—500	古风时代:
	希腊人的复兴;
	商业与贸易的复苏("商业革命");
	文化的恢复;
	殖民、僭主、抒情诗的时代;

约750	荷马(《伊利亚特》与《奥德赛》);
735	希腊人在西西里(Sicily)的第一个殖民地纳克索斯(Naxos)建立;733年叙拉古(Syracuse)建立;
720	位于意大利南部的殖民地苏巴里斯(Sybaris)建立;希腊人将殖民活动延伸至希腊北部及赫勒斯滂地区;
约700	赫西俄德(Hesiod)(《田工农时》[*Works and Days*]和《神谱》[*Theogony*])(见第2章);战争中引入重装兵;
约650	阿尔基罗科斯(见第1章);斯巴达的"莱库古(Lycurgan)"改革;
625—585	培里安德为科林斯僭主;阿里昂(Arion)(见第2章);
621	德拉古(Draco)在雅典颁布第一部成文法典;
约600	萨福(见第4章);

600···

594	梭伦(Solon)改革;
585	希腊第一位哲学家米利都(Miletus)的泰勒斯(Thales)活跃于公元前585年前后(见第2章);
582—573	"大满贯"赛会中的另外三个赛会于此期间建立:皮提娅赛会在德尔菲举行(前582年);地峡赛会在科林斯地峡举行(前581年);内美亚赛会在内美亚举行(前573年);
566	雅典复办泛雅典娜大庆(Panathenaean festival);
561—527	庇西斯特拉图斯(Pisistratus)在雅典实行僭主统治时期(前546年得以稳固);
560—546	克罗埃索斯为吕底亚国王(见第3章);
536	克罗同(Croton)的米洛(Milo)首次在奥林匹亚赛会上获胜(见第3章);
约532—522	波吕克拉泰斯(Polycrates)为萨摩斯僭主(见第2章);埃乌帕里诺斯修建隧道(见第2章);
527	希比阿斯(Hippias)接替其父庇西斯特拉图斯成为雅典僭主;

514	哈尔莫底乌斯与阿里斯多基同（Aristogiton）在雅典暗杀了希帕尔库斯（Hipparchus）；
508	克里斯提尼（Cleisthenes）在雅典进行改革；
500	......
	向西扩张的波斯帝国将小亚的希腊人包围；
	雅典与斯巴达以希腊大陆的领导力量出现；
	法乌罗斯运动生涯的鼎盛时期（见第3章）；
493—约471	地米斯托克利成为雅典政治中的主力；
490—479	希波战争及希腊人在马拉松战役中大败波斯人（前490年）；
	萨拉米海战（前480年）；
	普拉提亚战役和穆卡勒（Mycale）战役（前479年）；
487	雅典出台陶片放逐法；
484	雅典首位伟大的悲剧家埃斯库罗斯首次在戏剧比赛中获胜；
480—476	塞阿戈奈斯（Theagenes）在奥林匹亚赛会获胜（见第3章）；
	诗人品达的第一首《奥林匹亚颂》（476）问世；
478	以雅典为盟主的提洛同盟建立；
469	客蒙在埃乌吕迈顿河（Eurymedon）一役中获胜（见第5章）；
468	索福克勒斯首次在戏剧比赛中击败埃斯库罗斯；
5世纪60年代	波吕戈诺托斯艺术生涯的鼎盛时期：
	在德尔菲绘制《特洛伊的陷落》（*Iliupersis*）和《奥德修斯造访冥界》（*Nekyia*）（见第5章）；
	在雅典斯多亚画廊绘制《特洛伊的陷落》（见第5章）；
462	阿纳克萨哥拉斯（Anaxagoras）成为第一个居于雅典的哲学家（见第6章）；
461	客蒙遭陶片放逐法流放及伯里克利掌权；
460	......
456	埃斯库罗斯去世；
455	欧里庇得斯首次参加戏剧比赛（441年第一次获胜）；

454	雅典在远征埃及时被波斯人击败;
	伯里克利以"保护"的名义将提洛同盟金库从提洛岛迁至雅典;
450／449	客蒙放逐期满;
	客蒙在塞浦路斯与波斯人交战时客死他乡;
	"卡里亚斯和约"签订后,雅典与波斯达成和平;
445	雅典与斯巴达签订三十年和约;
441—439	伯里克利镇压了萨摩斯反叛雅典帝国的起义;
	索福克勒斯的悲剧《安提戈涅》(Antigone)问世;
5世纪40—30年代	雅典处于伯里克利"黄金时代"的鼎盛时期:
	帕台农神庙及其他建筑在卫城上修建;
	阿斯帕西娅、斐迪亚斯(Phidias)、苏格拉底、索福克勒斯、欧里庇得斯及一些诡辩家均活跃于这一时期(见第6章);
431—404	雅典与斯巴达间的伯罗奔尼撒战争;
430	史家修昔底德描述的瘟疫在雅典爆发(见第6章);
429	伯里克利去世
427—388	雅典最伟大的喜剧作家阿里斯多芬的创作生涯;
421	雅典与斯巴达签订尼西阿斯和约,伯罗奔尼撒战争暂时告一段落;
420 ……	
	对"投毒继母"的审讯(见第7章);
415—413	雅典远征西西里的叙拉古,最终以惨败告终;
414	伯罗奔尼撒战争重新开始;
406	索福克勒斯与欧里庇得斯相继去世;
405	斯巴达水军取得羊河之役大捷,致使来年无战事;
400—360	受伯罗奔尼撒战争的影响,希腊陷入混乱时期;
	帕西翁活跃于这一时期(见第7章);
约400	对杀死奸夫埃拉托斯塞奈斯(Eratosthenes)的埃乌费勒托斯(Euphiletus)的审讯;
	对盗用他人钱财的狄奥戈伊同(Diogeiton)的审讯(见第7章);

399	对苏格拉底的审判及处决;
约394	因争夺塞奥多托斯(Theodotus)的爱慕而发生的冲突及对此冲突的审判;
387	柏拉图建立雅典学园;
386	"大王和约",它是波斯人强加于处于混乱状态中的希腊城邦的一个和约;波斯黄金使破产的希腊人依波斯王的意愿亦步亦趋;
380⋯⋯	
371	在留克特拉(Leuctra)战役中,斯巴达败于底比斯,斯巴达在希腊的军事主导地位终结;
362	底比斯在曼提内亚(Mantinea)战役中败北;
	对骗子弗尔米奥(Phormio)的审判(见第7章);
359—336	腓力统治马其顿时期;
	亚里士多德居于腓力宫中;
约340	对暴徒科农(Conon)的审判(见第7章);
340⋯⋯	
338	卡埃罗内亚(Chaeronea)战役胜利后,腓力成为希腊人的领导者;
336	腓力遇刺,其子亚历山大继位(见第8章);
335	亚里士多德在雅典建立吕克昂学园(逍遥学派);
334	亚历山大着手远征波斯帝国;
332	亚历山大占领推罗(Tyre),该地经常会作为亚历山大水下冒险活动之地而被提及(见第8章);
	亚历山大在埃及建立亚历山大城;
330	亚历山大烧毁波斯波利斯城;
326	亚历山大渡过印度河(印度历史上首个确切日期);
323	6月10日,亚历山大卒;希腊化时代开始;
322	亚里士多德与希腊演讲家、爱国者德摩斯提尼去世
306—272	亚历山大的将领安提戈努斯、托勒密以及塞琉古分别自立为王:
	安提戈努斯统治马其顿;
	托勒密统治埃及;

	塞琉古统治叙利亚、美索不达米亚及伊朗；
305	德摩特里乌斯围困罗德斯（见第8章）；
300	....
	埃拉希斯特拉托斯担任塞琉古的宫廷医生（见第8章）；
292—280	罗德斯岛的巨像被建立（见第8章）；
约288	塞奥弗拉斯托斯（Theophrastus）的著作《性格概论》问世（见第7章）；
272—146	希腊化文明的鼎盛时期；
约270	萨摩斯的阿里斯塔尔库斯（Aristarchus）（见第8章）；
200	....
146	罗马完成对马其顿和希腊的征服；
146—130	各大希腊化王国纷纷沦为罗马帝国的行省。

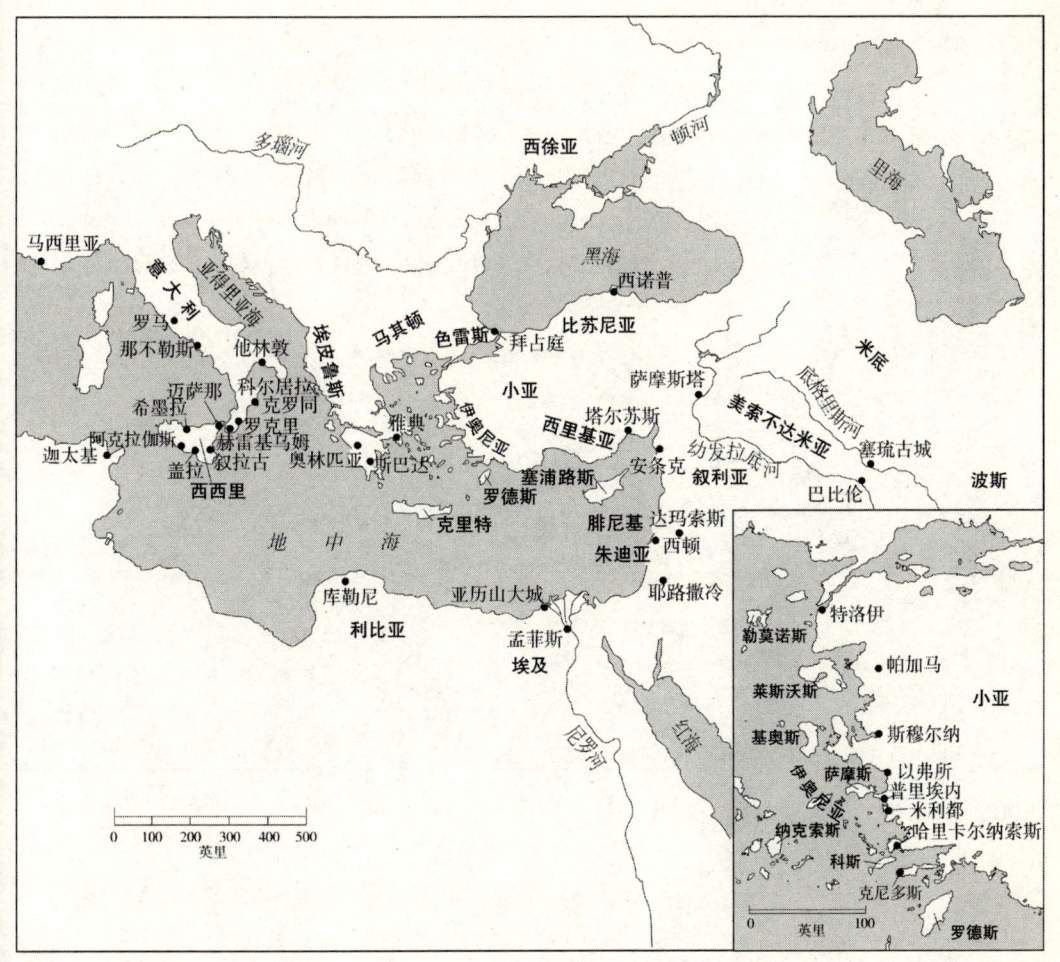

地图1 古代希腊世界

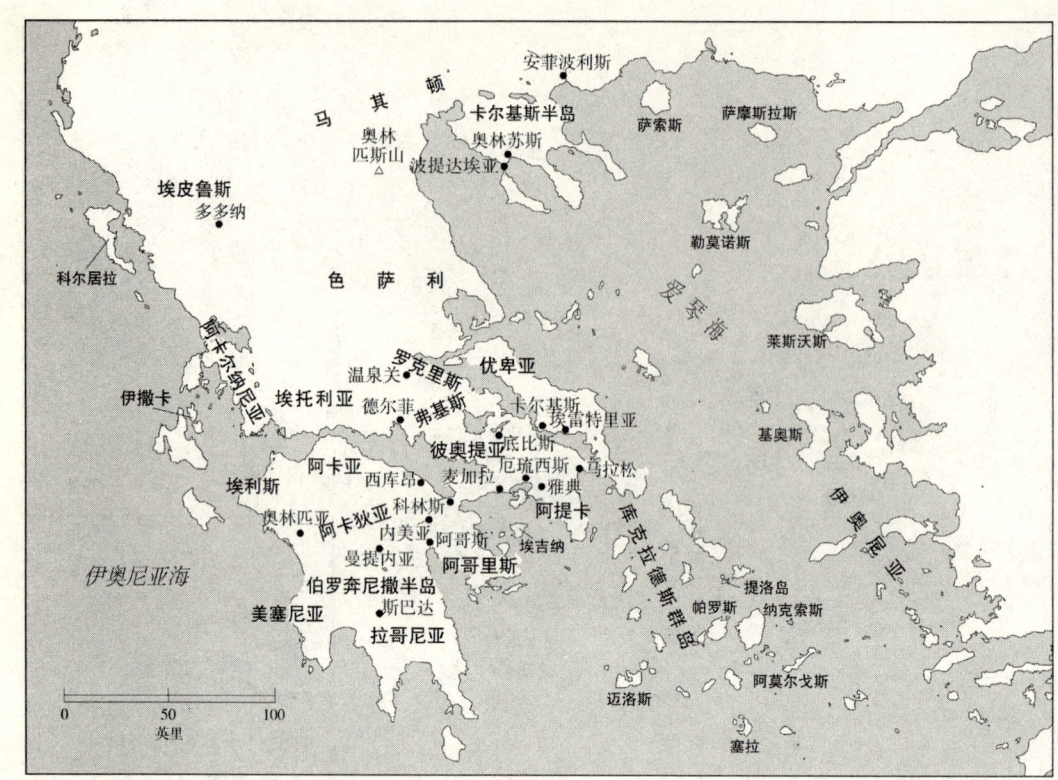

地图2 希腊大陆

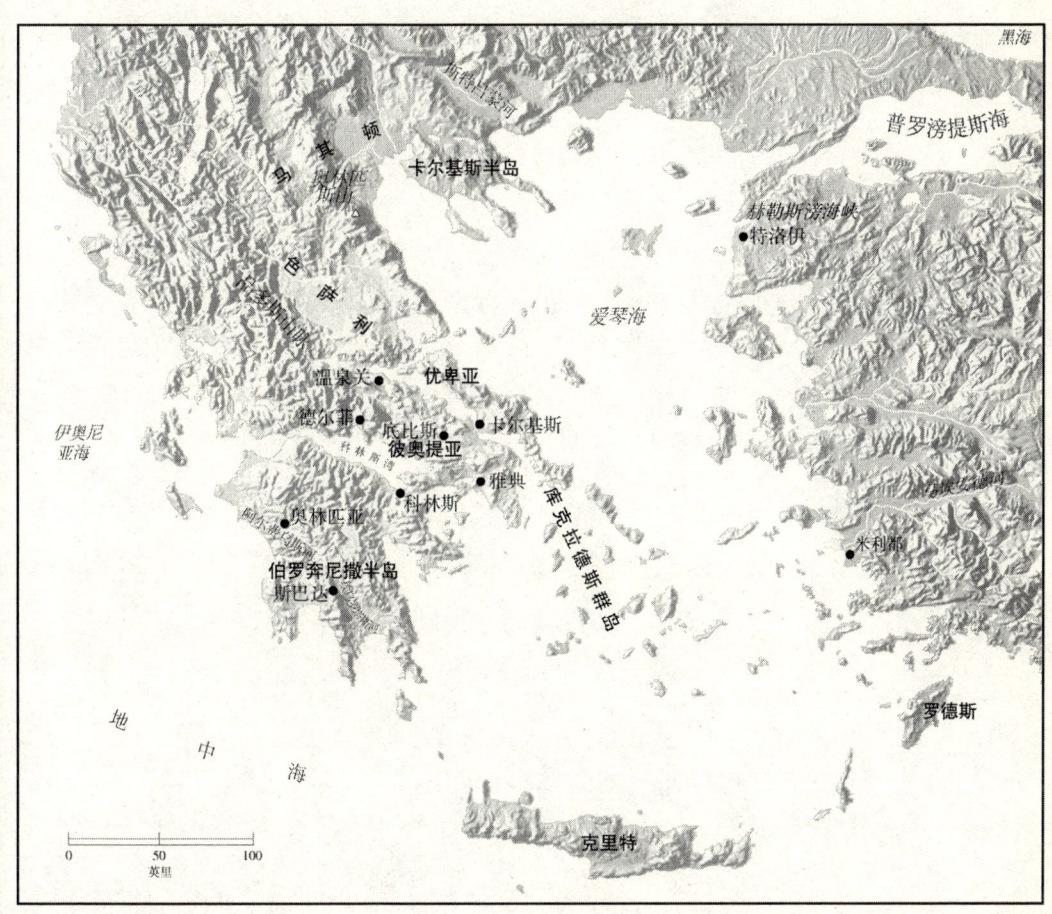

地图3 希腊地势图

目　录

序言 …………………………………………………………………… 1
大事年表与地图 …………………………………………………… 7

第1章　荷马之后：
新时代的新声音——帕罗斯的诗人、战士、私生子阿尔基罗科斯 …………… 1

荷马笔下的"人物"　2
成长中的痛苦与问题　6
阿尔基罗科斯挑战"常规"　19
阿尔基罗科斯对内奥布勒的爱　31
阿尔基罗科斯之死　34

专栏

从现实和影片中看希腊人 I：特洛伊的海伦还是好莱坞的海伦？　7
从现实和影片中看希腊人 II：《伊阿宋与阿尔戈号英雄》——史诗中的"金羊毛"　13
人们心目中的大英雄阿喀琉斯——拒服兵役的故事　25
一些有趣的人——对希腊人幽默的深入了解："荷马式的"青蛙和老鼠、斯巴达国王阿格西劳斯、王后戈尔戈及犬儒学派的第欧根尼　35

第2章　铁器时代与僭主的世界：
游吟诗人赫西俄德、萨摩斯的波吕克拉泰斯及匠师埃乌帕里诺斯 …………… 41

社会与经济的变化　42
神明与正义：赫西俄德的疾呼　43
衰退的世界　46
殖民运动与僭主的出现　48
萨摩斯的波吕克拉泰斯　53
匠师埃乌帕里诺斯　56

专栏

　　一次思想革命——第一位希腊哲学家米利都的泰勒斯　51

　　阿里昂——为生命而歌的乐师　58

第3章　泛希腊赛会：
克罗同的法乌罗斯——早期体育英雄……………………………63

城邦的兴起　64

奥林匹克赛会　68

其他泛希腊赛会及地方性赛会　79

女子赛会　82

观众　84

后期岁月　86

克罗同的法乌罗斯　87

专栏

　　吕底亚的克洛埃索斯：谜与灭亡——在德尔菲阿波罗神谕所求神谕的异国之王　65

　　女健将——特里福萨、海代娅和狄奥尼西娅三姐妹　83

　　罗德斯的卡利帕忒拉——一位勇敢的母亲　85

　　克罗同的米洛　88

　　萨索斯的塞阿戈奈斯　91

　　腓底皮德斯——子虚乌有的马拉松送信人　93

第4章　不受束缚的厄洛斯：
希腊人中的双性恋——莱斯沃斯的萨福、雅典的哈尔莫底乌斯与阿里斯多基同
以及塞奥多托斯和他的情人们…………………………………97

双性恋的文化背景　98

萨福，"Lesbian"　102

萨福和她的女伴们　106

哈尔莫底乌斯和阿里斯多基同——情人成刺客　120

因为对年轻的塞奥多托斯的爱——情敌间的激烈争斗　127

双性恋的衰落　131

专栏

　　半人半兽：土、水、野兽以及昆虫——塞莫尼德斯对女性的看法　113

第5章 希腊与波斯的较量：
东方与西方的冲突：波吕戈诺托斯、政治与壁画…………………………133

 与波斯之战　134
 地米斯托克利和萨拉米海战　144
 提洛同盟与客蒙的崛起　150
 东方对抗西方——特洛伊战火重燃　151
 融政治于壁画中的艺术家——波吕戈诺托斯　152
 专栏
  从现实和影片中看希腊人Ⅲ：《斯巴达三百勇士》——希腊版的"铭记阿拉莫"　138
  水军统帅阿尔特米西娅——狡黠多智的女王　149
  女画家——妙手丹青提玛里忒　156

第6章 黄金时代的奇葩：
伯里克利时期雅典的高级妓女阿斯帕西娅…………………………………165

 雅典的黄金时代　177
 高级妓女阿斯帕西娅　183
 专栏
  雅典的残疾人——为补助金辩护的跛子　170
  斯巴达妇女——性与城邦　174
  不孝子——令伯里克利蒙羞的科桑西普斯　186
  新婚夫妇——伊斯克玛科斯与新娘的对话　188
  瘟疫中幸存的修昔底德　202
  希腊的老年观——从梭伦到欧里庇得斯　205

第7章 无赖、流氓和盗贼：
公元前5世纪与前4世纪雅典法律的另一面——通奸者埃拉托斯塞奈斯、暴徒科农、投毒者"克吕泰涅斯特拉"、盗用兄弟钱财者狄奥戈伊同以及骗子弗尔米奥………………………………………………………………209

 埃拉托斯塞奈斯——福过灾生的通奸者（约公元前400年）　216
 一次偶发的暴行——暴徒科农和他的儿子们（约公元前340年）　222
 姻亲问题——一位恶毒的继母？（约公元前420年）　226
 狄奥戈伊同——盗用兄弟钱财的外祖父（约公元前400年）　228
 弗尔米奥——一个骗子（约公元前360年）　235

专栏

　　塞奥弗拉斯托斯《性格概论》中论述的一些消极性格　211
　　无礼之人　225
　　帕西翁——昔日的奴隶成为雅典富有的公民钱庄主　229
　　喜好与恶棍为伍者　237

第8章　希腊化时代的科学、技术和幻想：
亚历山大和他的海下冒险……241

科幻小说的开端　248
亚历山大的潜水装置　254
传说变为历史　259
古代的潜水装置？　274
专栏
　　腓力之死——刺杀者保桑尼阿斯　244
　　医生以及心理学家埃拉西斯特拉图斯　251
　　天文学家阿里斯塔尔库斯　255
　　从现实和影片中看希腊人IV：《亚历山大大帝》——不够"伟大"的表演　263
　　非常庞大、先进的武器：德摩特里乌斯围困罗德斯——一项巨大的事业　270
　　希罗的"蒸汽机"　275
　　由平庸而非凡：托勒密五世、罗塞塔石碑与埃及象形文字的破译　276

结语……281

附录：
亚特兰蒂斯的居民：柏拉图的想象，或者是对米诺斯人的模糊记忆？……285

重要词汇与发音　301
译后记　310
出版后记　311

1

荷马之后

新时代的新声音——帕罗斯的诗人、战士、私生子阿尔基罗科斯

> 狐狸诡计多端,刺猬仅有一计,
> 但一计在手,百事无忧。
>
> (拉蒂莫尔[Lattimore],《希腊抒情诗》[*Greek Lyrics*],"阿尔基罗科斯"17)

荷马笔下的"人物"

荷马在《伊利亚特》与《奥德赛》之诸多篇章中形象生动地再现了希腊传说中最早一批著名英雄人物的形象。尽管荷马史诗充其量只能称为准历史著作,但其中所描写的人物,如阿伽门农(Agamemnon)、阿喀琉斯(Achilles)、奥德修斯(Odysseus)、埃阿斯(Ajax)、墨涅拉俄斯(Menelaus)和海伦(Helen)已是形象鲜明,各具个性。他们在特洛伊城下获取功绩的故事一直激励着之后二十六个多世纪的听者和读者,成为后人的宝贵财富。史诗中的故事激发了无数作家、诗人、戏剧家、艺术家和作曲家的想象力,而史诗中的一些术语,诸如"长途冒险旅程(odyssey)"、"阿喀琉斯之踵(Achilles' heel)"和"特洛伊木马(Trojan horse)"等也丰富了我们今日之词汇。

或许我们会很自然地倾向于相信这些英雄男女的古老传说,但将其置于现代学者的仔细研究中时,史诗中英雄人物的传说又并非完全属实。或许阿伽门农、阿喀琉斯以及其他人物曾经确实存在过,但对其生活的真实境况我们却无从得知,史诗中有关其光辉事迹的描述可能更多属于民间传说、神话和传奇而非事实。尽管荷马提及公元前13世纪阿卡亚世界的军事首领和贵族们住在坚固的要塞,穿着熠熠生辉的青铜铠甲,挥舞着闪闪发亮的青铜武器,但实际上史诗所反映的是一段很晚的希腊历史——很可能是公元前10世纪和公元前9世纪,或许还要再晚些。

尽管如此,在古典时代,大多数希腊人依旧认为荷马史诗是对特洛伊战争的准确记载。它们是希腊共同遗产的重要组成部分,其内容不容置疑。例如公元前5世纪的史学家希罗多德和修昔底德就认为没有理由对荷马史诗中有关特洛伊战争的记述有所怀疑。之后,亚历山大大帝追溯阿喀琉斯为其祖先,效仿其功绩,征战时还会随身携带《伊利亚特》的手抄本(或

图1.1 荷马的理想化雕像,现藏于伦敦大英博物馆(British Museum, London)。

图 1.2 美术家笔下公元前 13 世纪早期的特洛伊。

图 1.3 特洛伊城墙遗址,地层Ⅵ。按年表,特洛伊战争(Trojan War)发生于约公元前 1250 年。若真是如此,那么此城便先于卷入战争的那座城(ⅦA)。学者们认为图中的特洛伊城是由于地震而遭破坏,但最近也有一些学者主张此城便是特洛伊战争时的特洛伊城(见图 1.2)。

者手抄本的一部分)。希腊人用这些故事教育孩子,而且很多孩子还被冠以与神样英雄相同的名字。此外,史诗还不断地被梳理为相应版本和说教材料以适应各时代之需求。由此可见,荷马史诗在古代希腊社会所产生的影响十分巨大,毫不夸张地说,它们所产生的影响绝不亚于《圣经》对犹太—基督教(Judeo-Christian)社会的影响。

事实上,荷马所生活的时代距其所记述事件的时代已相去甚远——荷马大概生活于公元前8世纪,距离约公元前1250年(传统认为为公元前1194年)青铜时代的英雄们驾船前往特洛伊作战的时间已经过去了几百年。阿卡亚社会犹如先于其消失的米诺斯文明一样业已土崩瓦解。米诺斯文明是克里特岛上先进的前希腊文明,米诺斯人也是当时世界上最为聪慧之人,当阿卡亚文明在希腊大陆仍处发展之势,米诺斯文明就已达鼎盛之态。由于居住在由大型宫殿群(如在克里特北海岸的克诺索斯就有一个这样的宫殿群)控制的城区,米诺斯人不仅形成一个广阔的贸易网(据说其塞拉岛就是亚特兰蒂斯大

图1.4 位于迈锡尼的阿卡亚人要塞之城墙,一般认为这里是希腊人攻打特洛伊时的首领阿伽门农的家乡。

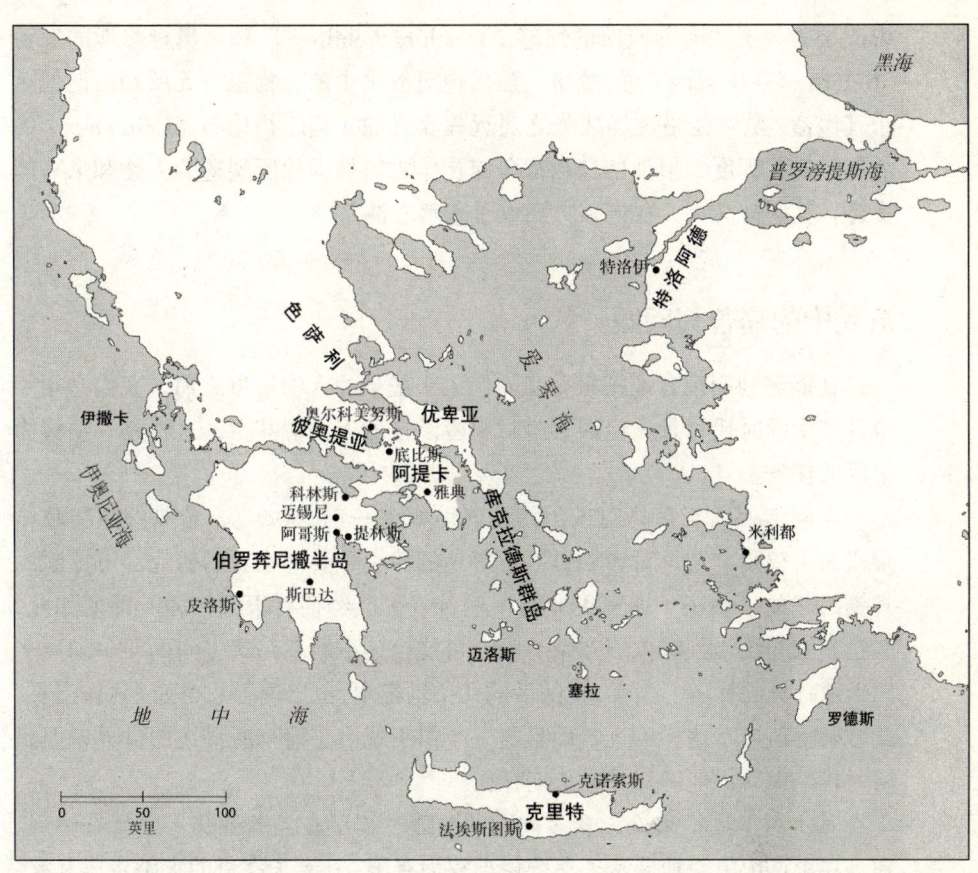

地图4　阿卡亚世界

陆消失这一故事的发源地；见附录，参看第287页），而且还将其农业知识、艺术、文学知识及航海技术传授给北部野蛮好战的希腊人。之后，米诺斯人成为其好战邻居们的牺牲品，米诺斯文明最终被来自迈锡尼或其他地方贪婪的军事首领们摧毁。阿卡亚文明也随之突然消失，灭亡的原因可能是由于特洛伊战争的削弱，也可能是由于内部斗争，还有可能是由于外族的入侵，或三者兼有。

　　自约公元前1100年起，"黑暗时代"来临——这一时期可谓文化知识长期匮乏，人民生活质量普遍下降。许多人背井离乡迁徙他处，大量希腊人渡过爱琴海向东迁移。当困难时期过去，古风时代（约公元前750—前500年）悄然降临，荷马作为一名游吟诗人居于小亚中部海岸的伊奥尼亚（Ionia）地区，他搜集了大量的口头传说，并把这些已被讹传、篡改、加工了几个世纪的传说改编为关于"阿喀琉斯的愤怒（Wrath of Achilles）"和"奥德修斯的返乡（Return of Odysseus）"的故事。虽然他对故事中的人物也一无所知，但他赋予其生命；虽然他距这场战争之遥远程度犹如我们距哥伦布（Columbus）的故事的遥远程度，但他使这场战争流传千古。如同他所塑造的人物和书写的史诗，其实荷马本人在诸多方面也是未解之谜。

成长中的痛苦与问题

在能够利用现有证据来充实希腊人中最早的人物形象之前，我们必须了解其产生的时代背景。但因文献材料匮乏且前人见解甚少，这将是一项极为艰巨的任务。

自阿卡亚人至荷马时期（约公元前1600—前750年），希腊的主要政体形式为王权制。通过对诸如迈锡尼等地的传说和要塞废墟的研究，可以断定青铜时代的一些王（通常无非是一些首领）已经拥有很大权力。即便如此，其控制权与统治领域依旧非常有限，可能接连不断邻邦诸王间的斗争加速了阿卡亚社会的瓦解。当然，在随后的几个世纪中，也出现了几个如"阿伽门农"或"阿喀琉斯"这样的王，而且这一小撮王统治了荷马所描述的世界，但黑暗时代结束后，他们并没有长期存在。

其实对于诸王来说，众多问题的酝酿过程早在《奥德赛》中就有体现。荷马在史诗中清楚地展示了奥德修斯权力有限：其妻子高贵的求婚者居其家，占其屋，对长久未归的伊撒卡（Ithaca）王甚是蔑视。到公元前7世纪早期，大部分希腊王已不复存在。他们已经变得如此微不足道，以至于连关于其覆灭的传说都未得以保存——罗马人与之不同，他们竟连续为公元前509年君主制的灭亡庆祝长达几个世纪之久。

最终，地方贵族取代了王，并组建起小的统治派系或寡头集团（尽管是非正式的）。起初，他们人数很少，主要通过积累财富、作战勇敢、决策明智、把持宗教及其他非正当途径获得身份地位。他们的身份不仅会随着时间的推移获得认可，而且他们还会以某位神明的后裔自居，使其地位进一步巩固。这些精英们在组织混乱的小城区作威作福，这些城区是刚建立不久的新城邦——仅是村落的集合体，仍在寻求自我认同感。之后，这些精英们逐渐发展成为真正的贵族，虽然他们是由一些出身并不很好的公民和富裕的公民组成，但是他们支持贵族的价值观念。他们一起控制肥沃的土地，共同防御

从现实和影片中看希腊人 I：特洛伊的海伦还是好莱坞的海伦？

在接下来几个简短的回顾中，我们首先要关注一下好莱坞影片是如何演绎希腊人的。当今社会，电影已经成为一种相当有影响力的媒介，以至于很多人将一些历史题材的影视作品视为历史之准则。仅仅基于这个原因，我们也很有必要对几部好莱坞史诗影片相关方面进行认真审视。按照时间顺序，依次为：《亚历山大大帝》(*Alexander the Great*)（1956 年）、《斯巴达 300 勇士》(*The 300 Spartans*)（1962 年）、《伊阿宋与阿尔戈号英雄》(*Jason and the Argonauts*)（1963 年）及《新木马屠城记》(*Helen of Troy*)（2003 年）。由于这些简短的影片以提供娱乐为宗旨，故尽管其一度引起人们对希腊的广泛关注，但通常严重误导了人们对准确史实的鉴别。

大约半个世纪之后，有人想对 1955 年版的史诗影片《木马屠城记》进行翻拍，并期望在各个方面均超过旧版。但当观众们听到阿伽门农的兄弟墨涅拉俄斯在片头告诫我们，其实我们听说的关于海伦与特洛伊战争的故事"并非是那样发生的"，"让我来告诉你们事情的真相……我知道，因为我就在那里"的时候，就应该预先感知到能从这部被过分吹捧的影视剧中期待什么了。虽然他也确实做了一件正确的事情——这"并非是那样发生的"，但荷马及其史诗中的古老传说还是被现代编剧改编得面目全非。

由于有专款赞助，故《新木马屠城记》于复活节前夕在美国有线娱乐频道（Cable Entertainment channel）进行了首映以对抗当时的网络电视《十诫》(*Ten Commandments*)。尽管《新木马屠城记》与犹太—基督传统没有任何关系，但很明显在这个票房至上的年代，这已无关紧要，况且在影片商看来，"若是古代的，必定与复活节有关"。在对电影预演宣传时，虽然他们宣称自己是如何苦心孤诣地追求影片的准确性，但这部由约翰·肯特·哈里森（John Kent Harrison）导演，罗尼·科恩（Ronni Kern）编剧的电影或许更加适合于《赫拉克勒斯之传奇旅行记》(*Hercules: The Legendary Journeys*) 或音乐电视（MTV）这样的剧本而非历史剧。影片中，似乎特洛伊人是好人，而希腊人是坏人。科恩决定主要围绕兄弟姐妹团体阵容——希腊方面以海伦、克吕泰涅斯忒拉、阿伽门农和墨涅拉俄斯为代表；特洛伊方面以帕里斯（Paris）与赫克托尔（Hector）为代表——来重述海伦与特洛伊的故事。尽管结果也是以几乎所有人的死亡而告终，但其具体死法和死亡时间都与荷马史诗之传说相悖：赫克托尔在一场蓄谋已久的决斗中分神，被阴险的阿喀琉斯用矛刺穿胸膛；阿伽门农被妻子克吕泰涅斯忒拉杀死在浴室中，但并不是在希腊的迈锡尼；克吕泰涅斯忒拉莫名其妙地出现在特洛伊并谋杀亲夫，但杀夫的原因不仅是因为阿伽门农把女儿做了人祭，还因为亲眼看到他强奸了海伦并在游泳池边纵情声色。帕里斯在从阿伽门农及其他希腊乌合之众手里挽救海伦时，被莫名其妙地刺死（他死时，将手伸向神明，似乎祈求他们的救助，结果却是徒劳的），而对于其所付出的所有努力，这对夫妇最终以极为短暂的超现实的重聚而满足——这种亡命鸳鸯在现代影视中已是司空见惯。由于已无人可依，海伦最终不得不尾随其疏远已久的丈夫墨涅拉俄斯步履维艰地穿过被毁灭的特洛伊。"我将跟随你"，她勉强地说。"好吧！"他回答道。随即，这部影视剧也在一个女人忧伤的歌声中结束，她的歌声似乎在诉说"悲哀啊……悲哀"。她是对的，这部影片确实令人感到"悲哀"。

与荷马史诗相比，《新木马屠城记》在主要角色的挑选及装扮上令人十分失望。首先要说的是剧中中心人物海伦。影片中海伦的饰演者西耶那·盖尔利（Sienna Guillory）虽也算清纯美丽，但她绝非马洛（Marlowe）著名诗篇中描写的那个拥有一张能够"促使千帆齐发"面孔的海伦。事实上，电影中有很多其裸露后背的场景，所以有人就会推测希腊人之所以千帆齐发，更多是基于其身体的缘故。其次，影片中最令人震惊的当属阿喀琉斯的造型。在《伊利亚特》中，他被冠以"捷足的"、"金发的"等称号，而影片《新木马屠城记》中的阿喀琉斯

除了会大声怒吼之外，根本没有展现其捷足和金发之特征（其实根本就没有头发），故他的这种形象更加适宜于出现在有格斗场面的影视中；至于服饰，影片中他自始至终都没穿盔甲，而是披着一件用皮条编制的马甲。如若盔甲在战争中无用，即使他是忒提斯（Thetis）之子，他的母亲也没有必要浪费时间去请求赫淮斯托斯为他打造一套新的（正如她在《伊利亚特》中做的那样），难怪在影视剧中帕里斯轻而易举地就将他杀死了。另外，仅就阿喀琉斯战车设计之粗糙而论，也可以断定无论如何他终将死得十分窘迫。

影片中也没有出现《伊利亚特》中描述的"闪闪发光的头盔"，而是一个跨越千年之久的头盔大杂烩，既有仿迈锡尼（pseudo-Mycenaen）的野猪獠牙头盔（影片中采用的是金属制品），也有来自大英博物馆的公元1世纪凯尔特人（Celtic）的盾牌与头盔的仿制品。很明显，这部影片在极力模仿当时业已成名的影片《角斗士》（Gladiator）：影片中特洛伊城墙前临时搭建起的"竞技场"上上演了一场矫揉造作的"短剑决斗"，使用的武器与保存下来的样本没有任何相似之处。另外，我们还需提及其他武器装备：特别荒唐的是，影片中所使用的矛都很短小；士兵们的胫甲也极不合身，一看就是用细绳系上去的。

如果考较史实，我们还会发现更多令人大跌眼镜的情节。比如，影片中特

洛伊战争的真正原因并非是希腊人要抢回海伦而是要获得"拜占庭（Byzantium）的丝绸与香料"——而这些东西在特洛伊连一星半点都找不到。实际上，当时特洛伊是一个商品贸易中心，其特产似乎是纱线（或纺织品），并且也饲养并出口马匹。导致这场战争爆发的真正原因还不明晰，但很可能与特洛伊人控制达达尼尔海峡（Dardanelles）有关，因为这条航道一直通向富藏黄金、谷物充裕的黑海地区。特洛伊和拜占庭（即后来君士坦丁堡［Constantinople］的所在地）也没有任何联系，因为直到公元前7世纪，希腊人才知道拜占庭——这距特洛伊战争已经过去了600年！我们似乎是身临其境地穿过一个特洛伊的集市，头脑中会回想起曾经看过的一部名为《野蛮人柯南》（Conan the Barbarian）（1982年），或较近一点的《蝎子王》（The Scorpion King）（2002年）中的场景；当我们正莫名其妙地凝视着刻有长凹槽的米诺斯圆柱时，竟有一些或穿着系扣子的长袍式束腰外衣，或戴着穆斯林头巾，或着东方服饰的人（可能他们向特洛伊出售丝绸）从我们身边飘然而过。而一个肚皮舞女的出现更使整个场面显得极不协调。

同时，将镜头向西穿过爱琴海，可以看到之前久居内陆的斯巴达人已将一支大规模的船队巍然停立于大海之上。其用意很明显，就是为帕里斯在最后关头为救海伦向阿伽门农求情做铺垫。由于被迫将与自己不爱的墨涅拉俄斯结婚，海伦打算纵身跃入一个深渊，此情此景，势必会让我们想起电影《泰坦尼克号》（Titannic）（1997年）中男女主人公杰克（Jack）与罗丝（Rose）在船尾甲板上的情景。另外，影片中的特洛伊距海也太近了，其距希腊人的船队不过一箭之遥，但据《伊利亚特》记载，在特洛伊是根本无法看清希腊人"坚固横甲板"船的样子的。由于连供军队扎营训练的场地几乎都未留出，故乔装打扮的希腊人能出现在特洛伊市场而未被发现也就不足为奇了。还有影片中的特洛伊木马（根据当时的技术水平或许还无法制造出如此精致之物），如此庞然大物突兀地出现在城门前竟没有引起人们注意，最后还是被一个孩童偶然发现。影片中的"叛徒"辛昂（Sinon）被留下来欺骗特洛伊人，说服他们将木马拉入城内。他看起来更像印度人而非希腊人，至于他为什么会被埋至脖颈（蝎子王？），特洛伊人何时发现了他，谁也说不准。实际上，这个历史传说还存在颇多争议，其中最为合理的解释是"特洛伊木马"实际上是一次地震的象征，这次地震恰好接近特洛伊战争发生的时间，特洛伊的部分城墙在地震中被摧毁。波塞冬（Poseidon）既是海神也是地震神，他有时会被描绘成马的形象。因此，纵然整个故事非常精彩，但可能只是将波塞冬用地震摧毁特洛伊城墙的故事人格化而已。

总之，由于先于其面世的影片《角

斗士》于2000年上映时获得了成功,所以,很明显《新木马屠城记》出人意料地开始拍摄的主要原因,也是想重现古老史诗影片的活力,以期从中获利。

还有一部耗资较大的名为《特洛伊》(称《阿喀琉斯》可能更合适,且这一称谓可能会令布拉德·皮特[Brad Pitt]的影迷很满意)的影片在本书此版刊印的时候也公布即将上映。尽管该影片涉及要对一个很难重构的历史时期进行处理,但是观众实在是搞不懂片中所堆砌的错误细节。影片对史诗传说进行了歪曲,却宣称是在遵循史诗基础上的一种延伸,甚至还大言不惭地说该故事是受了荷马的启发。与史诗传说中美丽的海伦相比,影片中的海伦显得多少有点相貌平平,而且出镜率很少;另外,特洛伊木马看起来更是粗制滥造(尽管有人要问为什么通过缝隙看不到里边的人呢)。的确如此,令人悲叹惋惜的场景,再一次出现在大家熟知的"古代世界"中。

图1.5 特洛伊Ⅵ的南门(或正门),侧面是一座城楼的废墟(见图1.2复原图的最左边)。荷马史诗中的"西门(Scaean Gate)"就是受此启发吗(以及"伊利昂[Ilios]之城楼")?传说海伦便是由此门进入特洛伊的。

外来袭击，集体颁布所有重要的政治决议。他们并没有法律准则：对于被统治者来说，贵族的言辞就是法律。

荷马可能无意间向我们提供了最早开始向传统贵族权力进行挑战的例子。史诗《伊利亚特》的很多章节所反映的其实更接近荷马自己生活时代的社会状况。作者在书中浓墨重彩地描写了一个叫忒瑞斯忒斯（Thersites）的人（《伊利亚特》，2.211-277），此人在特洛伊时曾挑战了其领主阿伽门农庄严的话语。最终由于无礼，他不仅受到相应训斥，而且令他痛苦的是，竟被警告要注意自己的身份。然而若将特洛伊战争的英雄画面再往前推几个世纪，事实上这一事件可能会激发更多同时代人对贵族统治的不满。即便如此，贵族会迅速消灭所有的反抗迹象，因为保证世袭权力的永存是至关重要的。由于猜忌，一些大的家族总是会相互对立，而唯一能将其团结起来的是保护其特权免遭诸如忒瑞斯忒斯之流的"污染"。即便忒瑞斯忒斯已经拥有这样做的资格，也不应该这样做。

贵族对希腊社会的实质性控制一直持续到"商业革命"（黑暗时代之后）所产生的影响开始显现出来之后。阿卡亚文明衰亡后，虽然希腊人与外界的贸易往来并没有完全中断，但经济已经萎缩，并呈现局域化。然而到公元前8世纪时，逐渐恢复并壮大的地中海经济开始对这些局域经济产生影响，随之而来的变化，注定会对贵族的统治产生不利影响。

非常具有讽刺意味的是，第一批从这一新的经济形势中攫取好处的人竟然就是那些拥有贵族背景的人，他们通过海外抢劫、易货贸物的方式获得很多用武力无法获得的物品，由于他们还是唯一拥有必备船只和国外联系——亦即主客关系（guest-friendships）及类似关系——的人，从而不仅使这种长途贸易成为可能，而且还可以留有剩余产品用于新市场的交换。他们还是后黑暗时代（post-Dark Age）最早一批掌握书写能力（他们所掌握的一种重要工具，如果他们想在新的世界中继续保持至高无上的地位，就将不得不对其进行限制）的人，因为贸易的复苏自然需要相应记录方法的出现。

然而，随着贸易范围的扩大和环地中海殖民地的最终确立，利用国内外新经济机遇的平民成分也在不断增加。而且这些机遇最终促使一个之前从未出现过的，至少是由希腊社会一些半文盲组成的新阶层——"中间阶层"（介于农民、牧人和贵族之间）——的出现，该阶层由一些发迹的农民及相当一部分的商人、零售商、雇佣兵、工匠和手艺人组成。它的出现加速了城邦向真正城市和商业中心的转化。

最终,"商业革命"带来的根本性改变被证明与许多贵族的利益格格不入。由于贵族权力之根基主要在地方,所以他们无法阻止新兴商业阶层的日益增多和繁荣。不久他们便发现,很多杰出的平民拥有的财富已经可以与自己相匹敌。由于不屑与他们所认为的下等、不良之人(在这场革命的初期,参与者中肯定会包含一些投机者、小偷、被剥夺继承权者及放荡不羁者)竞争,故大多数保守的贵族开始从商业圈中退出。而此次对商品贸易的疏远却导致他们后来在经济(和政治)上的失利。贵族们还发现,在新世界中随着他们需求的增加,不仅促进了其所憎恶之人的成功,而且还进一步增加了对新兴阶层的依赖。因此,那些更有远见的贵族继续扩大他们的商业利益。如果被逼无奈,他们甚至愿意牺牲自己的"贵族血统"与新兴商业阶层中最富有者进行联姻。而对这些新兴的富有者阶层来说,联姻的目的是寻求与其财富相称的声望与政治权力。

至公元前6世纪中期,货币——以金银合金、黄金、白银,及之后的青铜、铜的形式——已经开始被使用。尽管在希腊经济增长中,货币这一因素所起的作用可能并非像我们曾经认为的那样重要,但它不仅对促进贸易进一步发展有一定的推动作用,亦为确保更大规模的财富分配提供了一种新的流通方式。毫无疑问,"商业革命"对希腊社会的诸多方面均有影响。

对贵族传统地位有严重削弱的"商业革命"所产生的另一结果是引发了约公元前7世纪作战方式的改变。之前,贵族们以作为祖国的守卫者而自豪(尽管从荷马的《伊利亚特》的描述,可以看出至少个人荣誉通常要比公民的责任更重要)。一些重大的搏斗基本上由一对一的决斗组成,且决斗双方的身份地位相等。如果荷马可信的话,整个贵族阶层的行为准则中也必定伴有这种决斗,在决斗双方猛击对方的头之前,还会询问彼此的家世(没有人愿意伤害远亲或身份不明的家族朋友)。决斗通常会以死亡而告终,胜利者在发出胜利的呐喊后,会拿起失败者的盔甲并把它带回营帐作为战利品堆放在营帐的某个角落。如果说黑暗时代战斗方式还与荷马所描述的比较接近的话,那么,伴随着"重装兵战斗"的引入,该方式就被彻底改变了。

一名重装兵的装备包括:头盔(参看第17页图1.8),小腿上的护胫甲,套于左臂可以掩护脖颈至膝盖的盾牌,护胸甲,另外有一把短剑和一支长矛。战士在一个被称为"方阵"(Phalanx)的队伍中进行战斗,由于一个"方阵"由几个纵队组成,故与单打独斗相比,他不易受伤。由此可以断言,在战斗中他不会像其贵族前辈那样需要很多防护。尽管盔甲既笨重又昂贵,但

从现实和影片中看希腊人 II:《伊阿宋与阿尔戈号英雄》
——史诗中的"金羊毛"

其实，在荷马于其史诗《伊利亚特》与《奥德赛》中提及伊阿宋之前，《阿尔戈号英雄远征记》(Argonautica)(或《阿尔戈号航海记》[The Voyage of Argo])的传奇故事就已经诞生。但直到公元前3世纪，随着罗德斯诗人阿波罗尼奥斯(Apollonius)写作的权威版的阿尔戈号英雄寻求金羊毛故事的问世，这个丰富但又复杂多样的古老故事才形成最终定本。阿波罗尼奥斯写这个故事的时候已经是希腊化时代，当时，荷马史诗中英雄靠蛮力、英勇及神的意愿实现目标的故事已经不再为人们所信服，神也不像荷马时代那样受到人们的敬畏与尊敬，栩栩如生的神话也已成为过去式。人们有更多的怀疑，他们不再愿意相信伊阿宋的命运只是受到神的支配，亦不再愿意相信众神与万事万物之间有相互影响。阿波罗尼奥斯本人是一位学者，曾担任亚历山大城(Alexandria)图书馆馆长，认为众神是一种莫名其妙的东西，故他便采用更为现实的观点书写这一传奇故事。由于所有事情的发生均与神的干涉或不干涉有关，所以故事中还需要神的存在，只不过他们成为更加象征性或装饰性而非实效性的东西。虽然观众们依旧欣喜于这次成功的冒险，着迷于该神话传说，但大多数人将英雄们的精湛技艺与足智多谋视为其最终实现愿望的最可信方式。对于故事中荷马可以借助于神力的地方，阿波罗尼奥斯就必须使用他那个时代的理性表达方式，将故事更加完满地讲述清楚——尽管当时神力的运作在整个希腊世界仍颇受欢迎，亦以另一种可接受的手段在《阿尔戈号英雄远征记》中常有展现。

阿波罗尼奥斯与荷马的区别在于：他的《阿尔戈号英雄远征记》只适于阅读，不适于吟诵。尽管距荷马生活的时代已经过去了5个世纪，人们还是期望他在用史诗形式处理素材的同时，又能吸引受众的眼球。这种方式好比是现代人写的一部莎士比亚风格(Shakespearean)的戏剧，仍然会受到很多现代读者的青睐。浪漫的爱情是必不可少的，但荷马所描述的美狄亚(Medea)对伊阿宋强烈的渴望之情却不及《阿尔戈号英雄远征记》中的描述。因此，阿波罗尼奥斯的这部著作是一部文学作品，包含了所有被期望出现在史诗故事中的东西——金羊毛、保护金羊毛的毒龙(the Serpent)、撞岩(the Clashing Rocks)、鸟身女妖(Harpies)、喷火公牛(fire-breathing bulls)、地中长出的人(the earthborn men)及青铜巨人塔洛斯(Talos)。虽然故事中伊阿宋也是一位英雄，但并非特别英勇。他清楚必须做什么，但离开身边人的帮助，他又无法成功。他那艘非凡的阿尔戈号船是在雅典娜的亲自监管下建造的；他有足智多谋的女巫兼爱人美狄亚的保护；另外，他还有一些拥有特异功能的卓越船员——但只有在特定情形下，才能各显神通。他们类似于我们今天比较喜欢看的经典电影中的专家团队，如《豪勇七蛟龙》(The Magnificent Seven)、《纳瓦隆大炮》(The Guns of Navarone)、《职业大贼》(The Professionals)及《十二金刚》(The Dirty Dozen)。虽然他们的才能通常会超越想象——但并没有完全超越当时的认知力。

阿波罗尼奥斯备受古今众多评论家的关注。虽然他确实无法与荷马相匹敌，但他的诗中还是有很多闪光之处。例如他笔下的美狄亚，作为情人对伊阿宋可谓是无法自拔、渴望至极，但作为一位杰出的女巫，又足智多谋、信心十足，这种强烈的对比方式，他运用得可谓是天衣无缝，恰到好处。阿波罗尼奥斯给自己找了份苦差事。他在将《阿尔戈号英雄远征记》中的所有纷繁复杂的因素融合为一个整体的时候，虽然做得并非完美无缺，但事实上还是取得了极大的成功，因为他的这部史诗成为最终定本并且流传千古。例如，维吉尔(Vergil)就曾赞扬他的这部史诗非常杰出，其著作《埃涅阿斯记》(Aeneid)的部分章节就是受到该史诗的启发——特别是狄多(Dido)对埃涅阿斯(Aeneas)的痴情。好莱坞也很快利用了阿波罗尼奥斯史诗中英雄冒险故事的吸引力，但可以预见的是，它必定会根据自己的想象对该经

图1.6 雅典娜监督阿尔戈号的建造。发现于拉蒂纳城门(Porta Latina)附近的赤陶片(公元1世纪？)。现藏于伦敦大英博物馆。

典故事进行重新改编。

当下备受观众青睐的冒险片《伊阿宋与阿尔戈号英雄》是好莱坞于1962年拍摄的。影片采用了阿波罗尼奥斯最初的浪漫与冒险的主题——特别是寻求"金羊毛"的故事。然而该影片并非要真心实意再现这一传奇故事，而是将其作为展现酷爱幻想的奇才——雷·哈利豪森（Ray Harryhausen）——又一特技效果的媒介。电影《伊阿宋与阿尔戈号英雄》不仅在雷·哈利豪森的《辛巴达七航妖岛》（The 7th Voyage of Sinbad）及其他辛巴达（Sinbad）冒险故事等诸多冒险题材的电影中占有一席之地，同时亦对另一部大家喜闻乐道的神话题材电影《诸神之战》（Clash of the Titans）有很大启发作用，影片中的青铜巨人塔洛斯，保护"金羊毛"的毒龙（影片中是多头的许德拉[Hydra]），从地中长出的那些向伊阿宋及英雄们进行挑战的骷髅武士，都成为前数字时代荧屏上的"魔幻传统"，亦是哈利豪森在传奇故事中使用特技效果的典范之作。特技效果的使用几乎使所有人都对该影片记忆深刻。尽管该影片还创下较高的票房，但在很大程度上却忽略了整个情节，或改动或改变了故事的框架，使影片对原版伊阿宋冒险故事的保留可谓是微乎其微。例如，阿波罗尼奥斯著作的第四卷中大多描述英雄们返乡的故事就没有被搬上荧幕。相反，电影导演却将伊阿宋取得金羊毛——并获得美狄亚的爱后，他们"所有人从此以后一直快乐地生活着"作为电影的结尾。

然而，羊毛本身在这里就给我们提供了一个极为有趣的讨论话题。尽管我们通常认为"金羊毛"只不过是一种虚构的、象征性的灵丹妙药，但从现实意义来讲，它确实存在过。事实上，在过去的数千年里，已有无数人使用过不计其数的"金"羊毛。尽管几乎没有人能像伊阿宋那样出名，但金羊毛所显示的"魔力"时至今日仍经久不衰。这个故事的最初起源与黑海地区的一种人工采矿的方法有关（正如古希腊地理学家斯特拉波[Strabo]论证的那样[11.2.19]）。科尔基斯（Colchis）就是传说中金羊毛的所在地。由于有数条河流从高加索山脉（Caucasus Mountains）（位于现格鲁吉亚共和国[the Republic Georgia]境内）奔流而下，且河水中富含天然的金块和金片。因此采矿者们先将羊毛或羊皮钉在一块木板上，然后将木板放在水中的某个适当位置，当富含金矿的水流通过木板时，就可以收集到很多金片。由于黄金会粘在羊毛上，所以当把它从水中捞起时，羊毛就变成了"金色的"。这种普遍采用的采矿方法一直沿用到20世纪30年代（主要因为它不再被认为是一种可行的采矿方式而弃用）。由于古代该地区富藏黄金，而且古人相信稀有金属是对付所有疾病的"灵丹妙药"，所以就开始赋予故事中金羊毛以神奇的力量，使其成为希腊神话故事中的一大亮点。

图 1.7 重装兵战斗图(来自于约公元前 400 年利西亚[Lycia]克桑索斯[Xanthos]的涅瑞伊德斯纪念碑[Nereid Monument]),现藏于伦敦大英博物馆。

此时对于大多数富有的非贵族来说还是可以负担得起的(与此同时,冶金术与金属加工技术的进步或许也降低了军事装备的成本并增强了其重复使用性)。国家并不提供武器装备,而是由士兵自带,尽管与先前他们作为助援部队时穿的盔甲相比,重装兵的盔甲相当昂贵,但由于他们的地位已上升至头等重装兵,故很多新兴富有家族的成员还是乐意承担其费用的。

　　方阵的规模和组织是可以调整的。至少在平坦之地,方阵就比那些简单粗陋的战斗模式有绝对优势。在大多数早期战斗中——由于推挤相兼,故矛通常比剑有优势——若一个方阵将另一方阵冲破并逐出战场,那么前者就胜利了。普鲁塔克(Plutarch)的著作中保留有一段关于优卑亚人勇猛作战场面的描述,这可能是最早提及重装兵战斗的记载了:

　　　　平原之上,
　　　　两军相峙,
　　　　投石已止,

图1.8 希腊重装兵头盔,现藏于希腊奥林匹亚博物馆(Olympia Museum, Greece)。

箭簇已息。

两军交战,
短兵相见,
矛取其长,
剑取其险。

优卑亚人,
精于此道,
兵戈相向,
赐敌忧伤。

(《名人传·提修斯》[*Theseus*], 5.3, 引自阿尔基罗科斯)

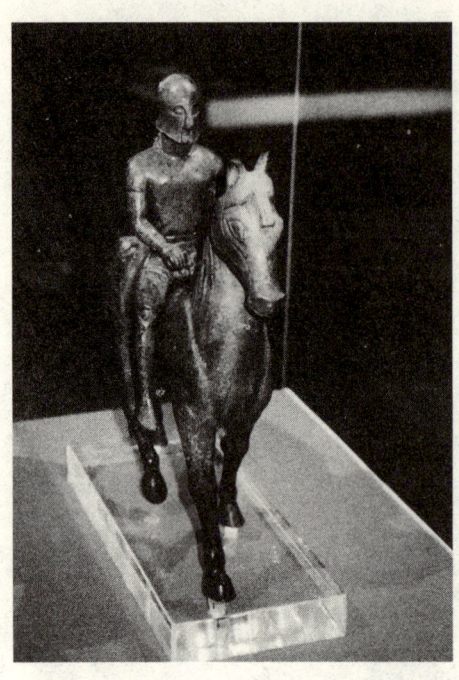

图1.9 一尊发现于他林敦（Tarentum）的希腊骑兵青铜小雕像（约公元前550年）。原本该士兵还持有矛与盾，而且其头盔的顶端还有鬃毛装饰，现藏于大英博物馆。

促使这种新型战斗方式出现的真正原因还不明晰，但是可以肯定的是，在社会处于急剧变革之时，战争的艺术也必定不会保持静止态势。其时，城邦体制业已形成，虽然规模很小，但对于旧的战争方式来说，它们已无法在这种组织严密的体制中发挥实用性。城邦间的战争需要招募更多的士兵，且有史以来贵族们不再是唯一一个会在战争中有所得失的群体。富裕的非贵族也注意到：一方面，战争会使其大发横财；另一方面，战争中他们的财产也需要受到保护。因此，一种新的战斗方式逐渐形成：攻、守均要组织严密、步调一致。贵族与平民均供职于方阵之中。

战场上，由于非贵族重装兵矛剑相见时，已不再关注门第家世，故贵族那套行为规范也很快成为历史尘埃。仅从数量上看，方阵作战方式就更适宜于新近出现的富人。由于新的"重装兵阶层"已经成为军事行动中不可或缺的一部分，故为了确保其积极参加战斗，贵族可能还向其提供了一些奖励或特权，结果贵族终于在战争中失去独断地位。就在重装兵出现的同时，我们发现同时期贵族墓中也已经不再将武器（须知之前武器可是其地位的象征）作为随葬品，这一现象的出现可能不是偶然（当然，其消失的原因还可能与现实有关，因为将如此贵重的战争武器作为陪葬品，并非是一种明智之举）。

图 1.10 从图画中突出的船头看,这幅早期夸张图画所描绘的应该是一艘战船及桨勇,它与发展中的希腊方阵与骑兵当属同一时期,现藏于伦敦大英博物馆。

一些最为卓越的贵族家族试图通过不断加入骑兵队来挽救其日益衰落的军事声望。因为骑兵战斗力的提高不仅需要有适合马术训练的场地(如色萨利 [Thessaly]),还需有驯马的传统(从装饰配备到功能的完备均要有安排)。只有那些拥有最多土地的人才能为马匹的饲养提供足够的土地——这些土地已经达到其生产的极限。然而,在这场贵族与平民的较量中,贵族还是失败了。这些新兴农商家族通过财富的积累和在保卫城邦中地位的上升不断扩大影响力,不久便要求在政府管理中占有一席之地。

这些新近出现的富人对贵族态度的转变,及对贵族在以自我为中心的世界中垄断地位态度的改变,在同时代的帕罗斯诗人阿尔基罗科斯(活跃于约公元前680—前640年)的诗中便有直接反映。

阿尔基罗科斯挑战"常规"

"我乃两物之合体",帕罗斯的阿尔基罗科斯直截了当地说,"一方面我是一个尊奉战神阿瑞斯(Ares)为上的斗士;另一方面我也是一个懂得缪斯(Muses)爱之馈赠的常人。"可以说他是继荷马之后,我们所听到的最早的希腊人的声音之一。虽其声音与荷马不同,但也有自己的特性——通常流露出不满与倨傲。

遗憾的是,这一声音也引起了颇多争论,因为阿尔基罗科斯在诗中谈及自己时,通常会沉迷于诗的破格或隐喻而非史实,这就使诗中的他给人一种朦胧模糊感。后人对其诗的意图、含义及特征的解读也是众说纷纭,莫衷一是,甚至已归于他名下的某些诗行是否出于其亲笔也存在很大争议。因此,阿尔基罗科斯就拥有了多重身份,有人认为他是一个"不安分的商业贵族",善于写精致的传统形式诗歌;也有人认为他是一个穷困潦倒的雇佣兵,拥有值得商榷的贵族背景,但从其心灵深处涌流出美妙的诗行。

真相或许就存在于两者之间。然而一方面,由于他的诗作主题比较零散;另一方面,由于在其后的几个世纪里,出现很多关于他的虚构的、奇闻轶事的、英雄主义的、宗教的传说;第三,由于他所生活的时代又是希腊历史上较为朦胧模糊的时期——所有这些糅合在一起就阻碍了我们对阿尔基罗科斯生活的探究。或许下面关于他如何成为一名诗人的例子就足以说明这一问题。

据说当阿尔基罗科斯尚幼时,有一次其父特莱西克勒斯(Telesicles)让他去乡下牵一头奶牛到城镇上卖掉。他早早起床,天还没亮就出发了,趁着皎洁的月光,牵着奶牛向镇上走去。当他走到一个叫利斯西德斯(Lissides)的地方时,他确定自己看到了一群女人,猜想她们应该是刚刚做完工并打算去镇上游玩的村姑。于是,他开始逗弄她们,而她们也以一些笑话和蠢举予以回应。然后,她们便问他是不是要卖牛,他回答说是的,她们又说她们愿意出一个公道的价格买下他的牛,但当她们说完这些话的时候,她们与牛都消失了。这个被吓坏的男孩只看到一把里拉琴放在自己脚边。过了一会儿,他回过神来,意识到刚才出现在他面前的那群女孩是缪斯女神,而里拉琴是她们赐予他的礼物。随之,他捡起里拉琴继续往镇上走去,并把路上发生的一切告诉了父亲,然而,当特莱西克勒斯听到这个故事,看着这把乐器的时候,心里充满好奇。于是,父亲继续寻找牛的下落,但跑遍了那个又长又宽的岛,却连牛的影子也没看见。后来,当他与吕坎拜斯(Lycambes)被派往德尔菲询问神谕时,他迫不及待,因为他急切地想询问这次奇遇,当他们到达并进入神庙时,神向特莱西克勒斯显现了这样的预言:

啊!孩子们的父亲,特莱西克勒斯,
你的一个孩子将流芳千古,

> 众人之中，
> 他善于吟唱，
> 诸子之中，
> 他是你离开神庙，
> 踏上故土，
> 第一个向你问候的孩童。

果不其然，当他们返回帕罗斯时，阿尔基罗科斯是所有儿子当中第一个见到父亲特莱西克勒斯并向他问好的孩子。

(《警句铭记》[*Mnesiepes Inscriptions*] E¹ Ⅱ, 22—54)

阿尔基罗科斯生于一个贵族家庭，其父特莱西克勒斯在萨索斯（Thasos）建立了帕罗斯人（Parian）的殖民地。据说他母亲是一个名为娥尼柏（Enipo）的奴隶。近来，学界将该说法视为后来传记作家的杜撰——很显然，娥尼柏这个名字应该是源于"enipe"一词，意为"受辱的小孩"，该词可能是阿尔基罗科斯在一首已散佚的诗中用于描述自己的——而试图将其摒弃的努力并未获得全然胜利。因为其母的真名从未被世人所知，所以，虽然这个名字可以通过解释而被消除，但还是无法消除附加于其母身上奴隶身份的污名。其他的辩解也未能推翻大家所普遍接受的关于他是"私生子"的说法，这种结果的出现，毫无疑问要归因于阿尔基罗科斯杂乱无章的生活和难以确定的身份。

仅从其诗歌中所寻找到的关于他的线索来看，我们有理由相信阿尔基罗科斯被称为希腊历史上的首位"个人"是当之无愧的（从我们的视角来看）。他正好处于贵族统治的旧世界与更为民主的新世界交替之时，价值观念正处于变化之中，他是这一时期主要的"发言人"。就像一位学者曾经说的那样："在一个社会交替之际，能出现一个像他这样既能向当时又能向后世描绘当时社会生活的天才实属罕见。"（蓝钦 [Rankin]，《帕罗斯的阿尔基罗科斯》[*Archilochus of Paros*] ,97)

尽管赫西俄德（参看第2章）是我们所知晓的第一个希腊人，因为在某种程度上，他的生平——多少还是脱离了神话与传说，而荷马却完全被其掩盖——还是可以被重构的。然而，阿尔基罗科斯却是第一个关注自己事情的人，一个将自己完全展现的个人。他敢爱，敢恨；有悲伤，也有快乐；获过胜利，尝过失败；他哭，他笑；目睹了生命所赐予的一切，也知晓生命的终点就是死亡。看得出几乎所有这些都是他的亲身经历。

至少伊始，阿尔基罗科斯似乎已是最早一批业余诗人中的一员，写诗的目的既不为利，也不为生计，而是才由心生。写作已成为其放松身心、抒发情感的一种有效方式。然而，很明显他也曾做过职业诗人，因为他既为阿波罗写过颂歌，也为狄奥尼索斯（Dionysus）写过酒神颂歌（亦即戏剧之雏形），这些颂歌要在公共场所表演，可能还获得了官方的认可。尽管如此，其诗歌所表现出来的最为明显的特征就是浓厚的"个人"基调，公元前5世纪的一位德高望重的古代评论家克里提亚斯（Critias）就认为他的诗向我们展现了很多有用信息：

> 因为如果不是他亲自在希腊人中公开发表这样的声明，我们就不会知道他是一个女奴娥尼柏之子；就不会知道他是由于穷困潦倒而离开帕罗斯前往萨索斯的；就不会知道当他到达萨索斯时，对当地人充满敌意，不分敌友地说他们的坏话。还有一些事实，如果不是从他那儿听来的话，我们还不知道他是一个奸夫；还不知道他是一个性爱狂和强奸犯（还有比这更加难以启齿的词语）；还不知道他是一个弃盾而逃的逃兵。因此，尽管他可谓是流芳百世、千古留名，但在诉说自己的事情时，他不是一位好的目击者。

（阿埃里安，《历史杂文集·克里提亚斯》[Critias in Aelian, *Varia Historia*]，10.13）

如果同时代和后世的评论家们通常会发现阿尔基罗科斯诗歌的基调与主题均是不英勇的或平淡朴实的话，那么他在战场上的表现，更会令人感到震惊，因为虽然他承认自己比较关注战事，但在战场上他却完全没有一个贵族所应该有的品质。他是一个厌战老兵，不会装腔作势，只懂得生存之道。从字面上看，他的名字的含义是"一群人的首领"，其实，他似乎更可能像他的朋友格劳库斯（Glaucus，通常会在其诗中有所论及）一样已经是位将军。然而，阿尔基罗科斯可能并非伴随着这个有预言性的名字"长大的"，而是在过上军人生活之后，才取了这个名字。无论在什么情况下，他都会坚持一个原则：绝不与那些缺乏经验且家谱比战斗的时间还长的贵族子弟结交。

> 那位将军我不喜欢，
> 虽两腿修长，油光满面，卷发垂肩，

图1.11 图中所描绘的是一位即将奔赴战场的重装兵向家人告别的场景。由于父亲和母亲（亦或妻子）对其未来还遥不可知，故图画中此刻的情感是不言而喻的，而他旁边忠实的家犬更是为图画中的离别场景增添了几分心酸。据此图我们可知握手已是一项古老的习俗。该器皿属公元前5世纪中期雅典的贮酒罐（Stamnos），现藏于大英博物馆。

> 却洋洋得意，自命不凡；
> 这位将军我甚是喜欢，
> 虽腿弯人矮，胡须满面，头发蓬乱，
> 但两腿稳站，内心勇敢。

对阿尔基罗科斯而言，战争并不是什么值得称颂的追求，因为战场上，荣誉、威望、名誉都统统濒临危机，生命也危在旦夕，而战争的结果也往往是以很多人的伤亡为代价。在他看来，长久以来贵族们关于战争中为荣誉而死的不切实际的想法是没有任何根据的："当一个人死在同乡身旁，没有人会尊重他，也没有人会再提及他。对于我们所有活着的人，我们还会结交活人，因此，死亡是件多么糟糕的事情。"

阿尔基罗科斯不会仅仅因为某些古老预言的指示，与别人发生冲突而丧生。"让他去吧"，他说道——他提及的大概是某个渴望战争的贵族——"阿瑞斯（战神）是很公正的神明，需知战场上并无特权之人。"

这也就意味着，在战场上若遇到不利情形，阿尔基罗科斯可以不顾一切地逃跑。事实上，大多数贵族会对他的这种行为感到气愤，但他自己却引以为豪并公开说道：

> 有个蛮人正挥舞着我精美的盾牌，
> 我在林中不得已抛下它无可厚非，
> 我总算没有落到丧命的下场，
> 那又有什么关系呢？
> 去他的盾牌，
> 我还可以买一个和它一样好的。

若按照那些享有特权武士阶层的标准，阿尔基罗科斯的这种想法绝不是什么"光彩的事"。他们要求士兵从战场上归来时"要么带着盾牌，要么躺在盾牌之上"！当这些武士们看到某个士兵没有带着盾牌，就会认为他是弃甲而逃的懦夫。

显然，阿尔基罗科斯不但对其弃盾而逃之事满不在乎，且从其言辞中还透露出他对这一拥有悠久历史的武器也甚为轻蔑——须知长久以来这可是贵族身份地位的象征。幸好对于阿尔基罗科斯来说，他可以随时到当地的"黑市"（这也进一步印证了当时武器的使用相当普遍的观点）上重新购得。可能这段话比他写的任何话都让同时代及后世的贵族感到愤怒。也可能由于这段话，据说他的诗歌在斯巴达受到禁止，因为斯巴达人认为他的诗歌具有很强的煽动性。

由于阿尔基罗科斯曾多次在诗中提到战争与战斗，所以有人就推断他应该是一名以武为生的雇佣兵，甚至他自己偶尔也会谈及此事。他似乎曾多次参战，所以应该不是一名公民兵，但好像也并非是一名普通的雇佣兵。如前所述，他有一个叫格劳库斯的好友，此人在萨索斯——阿尔基罗科斯多次战斗的地方——早期历史上非常有名。如果这对朋友能说明什么的话，那就是在当时雇佣兵必须有极高的才干；然而如果他们的职业真是雇佣兵，奇怪的是阿尔基罗科斯又为何告诫他的朋友不要过分依赖雇佣兵。

另外，在保护萨索斯免遭来自色雷斯（Thrace）和纳克索斯之敌的侵袭中，阿尔基罗科斯似乎显得比其他的雇佣兵都更为积极，他的这一举动可能是想向帕罗斯政府示好。虽然其言辞举止中也包含有一种责任感，但"兵痞"一

人们心目中的大英雄阿喀琉斯——拒服兵役的故事

虽然历史上人们经常会将战斗中英勇牺牲视为惨烈战争中值得拥有的荣誉，然而伴随而来的生命的丧失却并不是一件容易让人接受的事情——现代人这样，古人亦如此。当一把短剑或一支长矛刺入胸膛，就意味着有父母已经失去了将要为其养老送终的儿子，有妻子已经成为独守空房的寡妇，有孩子已经成为无父疼爱的孤儿。下面是公元前5世纪希腊著名悲剧作家埃斯库罗斯（Aeschylus）的生动描述，似乎是很多人的亲身经历：

> 送出去的是一个个征人，
> 迎回来的是一罐罐骨灰。
>
> （《阿伽门农》[*Agamemnon*]，433—436）

另外，古希腊著名喜剧作家阿里斯多芬（Aristophanes）的喜剧《吕西斯特拉特》（*Lysistrata*）在伯罗奔尼撒战争（公元前431—前404年）期间上演。作者在剧中借希腊妇女之口威正严词且言简意赅地描述了每位担忧母亲之真切心声："我们把儿子交付于你们，你们却派他们去战斗"以及"我们辛苦生下的男孩儿，你们却让他们去送死"。

尽管几乎没有人会否认这种情感，但是由于古希腊世界战事频繁（既有内部的，也有对外的），这就使得基本上一个人在其有生之年可能至少会参加一次战斗——若生活在一个大的城邦，参战的次数可能会更多。城邦的安全防御毕竟要比阿里斯多芬笔下所描写的母亲们的恳求更为重要。一般来讲，公民兵已足够应付各种紧急状况，多数城邦已将军事训练纳入到年轻人（年龄在18至20岁）的教育当中，而斯巴达更是将军事训练视为生活的一部分。由于强调战斗中的英勇行为，所以没人敢怠慢，对每位士兵来说，他们对公元前7世纪斯巴达诗人图尔塔埃乌斯（Tyrtaeus）的诗作都已耳熟能详："弃城而逃，受敌追赶，伏于尘埃最丢脸。"比死亡更糟糕的是：如果一个受人爱戴的人被知晓死的很不光彩，那么他的家人在生活中也会十分难堪。

正如所料，并不是每个人都愿意上前线。在雅典，那些不服兵役者（懦夫或逃兵）可能会被排除于广场（Agora）之外，或者起码会被禁止进入圣地和神庙。阿里斯多芬在其作品中曾多次提及（有时甚至指名道姓地）"逃兵役者"及那些以各种理由逃避国家义务的人。例如在其喜剧《马蜂》（*The Wasps*）中，歌队长有这样的台词："但是令我们最生气的是……在保家卫国中，一个不服役的逃兵，他的手不曾拿过船桨，不曾握过长矛，因此，也就不会磨出水泡。"（1117—1119）

另外，在雅典也流传有占星家迈同（Meton）试图逃脱兵役的故事。据说当他通过观测天象发现此次远征西西里将会以雅典人的惨痛失败而告终时，心里极为不安，所以他就装疯卖傻并烧毁房屋，企图以此来逃脱服役。还有一种说法，认为他的这种做法主要是想博得雅典人对他的同情，从而免去其子远征的义务（普鲁塔克，《名人传·尼西阿斯》，13.5-6）。在罗马，我们也发现很多类似不愿应征入伍的例子。公元前150年末，罗马为了在西班牙一场不得人心的战争而进行大肆招募的举动引发了一系列暴动。另外，据说罗马的第一位皇帝奥古斯都（Augustus）曾经不得不采取一系列极端措施"凑齐"兵员以补充日耳曼前线一支被击溃的军队。

不仅如此，甚至在一些至少我们认为不该出现此种情况的地方，也发现了一些不愿服兵役的例子。以希腊英雄传说为例，一般认为，在特洛伊战斗的众英雄中，阿喀琉斯是目前为止最伟大、最受认可的大英雄。他是唯一一个可以在战场上发出战吼，使特洛伊人落荒而逃的人。他从战争中退出可以使希腊人所取得的战果付之东流。或许没有哪一部文学作品中的人物能与完美体现粗壮有力与英勇好战的阿喀琉斯相媲美。然而，就在这个让其在特洛伊战争中成为最强大的军事领袖的传说中，我们也发现了一个令人极为震惊的故事：该故事是关于最初当阿伽门农召集各地领袖进行这场伟大远征时，阿喀琉斯是如何失踪，又去了何处的。

《伊利亚特》中有这样的记载（21.110-113），当阿喀琉斯在特洛伊时，他向吕卡昂（Lycaon）所说的一段话表明他已经接受了自己将会有短暂却很光辉一生的命运：

> 但死神与命运之神也会光顾于我，
> 在将来的某个拂晓、午后或正午，
> 有人会在战斗中取我性命，
> 或是投出的长矛，或是射出的箭矢。

阿喀琉斯的母亲海洋女神忒提斯也知晓她的儿子命中注定会死在特洛伊，所以作为人母，她也极力阻止儿子被选派远征，关于她想尽各种办法进行阻止的故事已经由罗伯特·格拉夫（Robert Graves）在其《希腊神话》(The Greek Myths, Vol. 2, 280)中进行了概括总结：

> 此时，忒提斯也知道一旦她的儿子参加了此次远征，也就意味着他再也无法从特洛伊活着返回，因为这就是他的命运：要么，取得荣誉、战死杀场；要么，留守家中、碌庸一生。所以她把他打扮成女孩儿模样，委托给斯库洛斯（Scyros）国王吕克美德斯（Lycomedes），在他的王宫中，阿喀琉斯使用科尔库瑟拉（Cercysera）、艾萨（Aissa）及皮拉（Pyrrha）等名字，而且与吕克美德斯的女儿德伊达美亚（Deidameia）有染，因此，他也就成为皮鲁士（Pyrrhus，后来被称为涅俄普托勒姆斯［Neoptolemus］）的父亲……

当英雄们被召集打算远征时，没有人能找到阿喀琉斯，因此，奥德修斯等人就被派去寻找他的下落。其实，刚开始奥德修斯也不愿加入远征队伍，也曾装疯卖傻，企图躲避此次远征：

> 现在，奥德修斯已经被一个预言警示："如果你去了特洛伊，你会在外漂泊20年，你会孤独寂寞、穷困潦倒。"
>
> 因此，他假装自己疯了。当阿伽门农、墨涅拉俄斯和帕拉美德斯（Palamedes）找到他的时候，发现他头戴一顶半蛋形农夫帽，并把驴和牛驾在一块犁地，还不时地一边走一边往自己肩上撒盐。他假装不认识他的这些贵宾，但当帕拉美德斯从其妻佩涅罗珀（Penelope）手中夺过其幼子特勒马科斯（Telemachus），放在他的犁将要经过的地方的时候，为了避免杀死独子，奥德修斯快速勒紧缰绳，但也暴露出自己是神志清醒的，因此，最终被迫加入了远征的队伍。
>
> （格拉夫，《希腊神话》，2, 279）

因为有预言说如果没有阿喀琉斯援助，希腊人就不能攻破特洛伊，所以奥德修斯带领一支搜寻队去寻找失踪的阿喀琉斯：

> 当传闻阿喀琉斯就藏在斯库洛斯国王的王宫中时，奥德修斯、涅斯托耳（Nestor）和埃阿斯便被派去接他，吕克美德斯允许他们对王宫进行搜查。要不是奥德修斯巧用诡计，他们也不会找到阿喀琉斯。事情的经过是这样的：当时奥德修斯在大厅中放了一堆礼物（大部分是珠宝、饰带、绣花衣等等），并让宫廷侍女们选其所爱，然后，他突然下令吹响号角并发出武器冲撞的声音以试探宫殿中的动静，果然，女孩当中有一个脱掉其紧身围腰，并迅速拿起混于礼物当中的盾与矛。此人便是阿喀琉斯，而后，他答应率领他的穆尔米冬人（Myrmidons）远征特洛伊。
>
> （格拉夫，《希腊神话》，2, 280–281）

具有讽刺意味的是，希腊人选择了伟大的阿喀琉斯充当逃兵役者的角色。如其所命，他最终死在了特洛伊，帕里斯射出的一支箭在阿波罗的引导下直穿其命门——脚踵。对于希腊家庭来说，当他们得知甚至像忒提斯这样的神明有时也会像凡人一样无法阻止战场上自己孩子的死亡时，或许会从中得到一些安慰吧！

词可能依旧是对其特性的最好概括。通过战斗可以积累财富，战斗本身也满足了阿尔基罗科斯的这一需求。另外，由于他还是一个极有修养的文人，所以他还涉足上层文化圈，与普通的雇佣兵相比，他有更多的机会经常出席一些交际酒会（最适宜于品酒与吟诵他的诗歌）。

如前所述，阿尔基罗科斯很可能是一位贵族与女奴之子。似乎也没什么理由不接受这一情形，因为早期希腊人通过这种关系生育儿女是很平常的。对于阿尔基罗科斯来说，这种卑微的出身并不是他的主要障碍，因为他的父亲已经通过宣布他是其合法儿子而稳固了他作为一位贵族的地位与权利。是否出于其父本意，我们不得而知（据说特莱西克勒斯接收到的关于其子将会是"不朽人物"的德尔菲神谕是后来发生的事，所以也不会对他的决定有影响），但《奥德赛》中的一个事件可能会给我们提供线索。

奥德修斯经历了20年的漂泊后，最终返回他的王国伊撒卡。女神雅典娜为了保护他免遭其妻求婚者的伤害，将他装扮成一个乞讨者。当他进入老牧猪者欧墨鲁斯（Eumaeus）的茅屋中时，由于不想暴露真实身份，所以当欧墨鲁斯问及其出身时，诡计多端的英雄奥德修斯就给他编了个故事。他告诉欧墨鲁斯，他的父亲是一位来自克里特的富人，不幸的是他的母亲是一个奴隶，因此当他的父亲去世后，他并没有继承多少财产———一间简陋的住处和一些其他财产——因为大部分财产已被其父合法婚姻下所生的儿子们分割完毕。由于分到的财产不足以养活自己，所以他就不得不出来自谋出路，最后竟沦落为乞丐。

从奥德修斯的故事中可以看出，尽管当时很少有社会污名附加于私生子身上，但在这种背景下，有些人在财产继承方面仍处于"第二位"——在合

图1.12 图中描绘的是两个来自底比斯的赤陶俑，一个正在书写，另外一个拿着一把里拉琴，其时代可以追溯到"抒情"诗时代末期，一般认为这两个赤陶俑反映的是阿尔基罗科斯及其同伴们进行创作和表演的过程，现藏于巴黎卢浮宫（Louvre, Paris）。

法的儿子们得到他们应得的财产之后，剩下的才能由私生子继承。有时，由于合法的儿子太多，甚至合法儿子当中那些年幼的也仅仅能留下个空名罢了。阿尔基罗科斯的困境也可能是起因于类似的境况。在诸多方面，他都与奥德修斯惊人地相似——一位贵族、一名斗士、一个流浪者，他也了解大海，知其危险；他也失去了亲人和朋友；他也是很多女人的情人；他也凭借智慧幸免于难。如果说阿尔基罗科斯会感到与奥德修斯有某种认同感的话，那么奥德修斯的乞讨者的故事会使这种认同感更为彻底。

在一首诗中，阿尔基罗科斯暗示道，其实他曾经也有"财富"，但在一次海难中全部丧失。对于他所提及的财富丧失，不管是一种比喻性的言辞还是确有此事发生，我们都不得而知。如果确有此事发生，那么他便无需描写任何有关家庭的继承问题，而只需简单地描述一下自己是如何在贸易风险投资中盈利，又如何在一场大灾难中毁于一旦的故事。虽然还有其他一些关于其财富丧失的暗示，但下面的这首诗（可能是自传）讲的却是他对自己总体情况的绝望（似乎还包括自己在创作才能方面的匮乏）：

> 神啊！
> 你操控万物，
> 毫不费力，
> 多少次，
> 你降下灾难，
> 将凡人狠狠打击，
> 站立的人们纷纷倒地，
> 长久地，
> 爬行于泥土里！
>
> 神啊！
> 你操控万物，
> 毫不费力，
> 多少次，
> 你使倒下的人们双脚有力，
> 重新站起！
>
> 还是你，
> 我的神啊！

> 刚站稳不久的凡人，
> 再度受到你的打击，
> 黑色的邪恶再次来临！
>
> 神啊！
> 你使人无家可归，
> 漫无目的；
> 你使人钱财散尽，
> 穷困至极，
> 你使人才能尽失，
> 智穷计尽。

还有一个问题，就是阿尔基罗科斯是否涉足过政治，因为按理说这应该是他无法完全避开的东西，但从他创作的一首关于其同时代吕底亚国王古戈斯（Gyges）的诗所提供的暗示来看，他似乎并没有参与过政治：

> 古戈斯的生活与黄金，
> 对我来说一文不值；
> 因为看到他的生活与作为，
> 我不羡慕，也不嫉妒；
> 我也不以僭主统治为荣，
> 因为这一切都非我所知。

还有一种说法，阿尔基罗科斯是由于穷困才离开帕罗斯，前往萨索斯寻求新生活的。萨索斯是离色雷斯海岸不远的一个荒凉且不宜居住的岛屿。其家族已经在那里建立了帕罗斯人殖民地，所以他可能是希望在那里有机会重新开始，并在政治上成为一名积极分子。但习惯于到处树敌的毛病使他在萨索斯又一次陷入困境，这也就意味着广受大众欢迎绝不是他的一种资本。

另外一个提及他离开帕罗斯的故事是这样说的：阿尔基罗科斯并不是自愿离开帕罗斯的，而是由于在酒神节的崇拜仪式上，他试图让公民参与某个低俗仪式而被放逐出去的（据说由于他们这样对待阿尔基罗科斯，酒神对岛上所有的男性给予惩罚，使他们丧失性能力）。

即使编写各种有关阿尔基罗科斯离开帕罗斯故事的后世传记家们可能也未必真的知道他为何最终去了萨索斯。他似乎很乐意离开帕罗斯，但是由于他诗中提及萨索斯的地方更多是关于军事及他在那里的像格劳库斯这样的上层朋友,所以他很有可能担任公职,负责保护帕罗斯人在当地金矿中的利益。那些金矿对帕罗斯极为重要。所以可能阿尔基罗科斯在萨索斯的状况并没有我们认为的那么糟糕,而且对于这位士兵诗人来说,他肯定不会错过敛财的机会。

阿尔基罗科斯诗作的主题并非只是局限于反对贵族,反对他们的理想,反对战争。他的诗还涉及饮酒、老年、动物寓言、性等主题,其中某些诗作还成为动物寓言故事的最早典范;他还是有意识、有计划地将性作为一首重要诗歌主题的第一人;他甚至还提及了日食(可能是公元前648年4月6日),如果这一记载准确无误的话,那么这将是希腊历史上第一个确切日期。然而,在他所有的诗作中,备受世人青睐的当属情诗。

阿尔基罗科斯对内奥布勒(Neobule)的爱

阿尔基罗科斯不仅生活不如意,就是爱情似乎也不顺利。但至少在他混乱的人生中,他找到了真爱——他自己也明白这种爱并非是那种低俗的、为了满足短暂性欲而与一个普通妓女在有伤风化的风月场所翻云覆雨,也并非是与一个长发的交际花或一个妩媚的清纯姑娘在其豪华的居所寻欢作乐。他找到的是一份浪漫的爱情,一份多少诗人心中可望而不可求的爱情。她的名字叫内奥布勒,帕罗斯人吕坎拜斯之女。

在这里我们看到一个别样的阿尔基罗科斯,在其努力塑造的厚脸皮的背后,我们也看到他柔情的一面。"唉!我多想摸摸内奥布勒的手。"他热切地期盼着。同时,我们也将这个公开承认自己是奸夫的人的弱点看得一清二楚,下面是他的诗作,可能是写给心上人的:

> 爱的激情触动了我的心弦,
> 招来迷雾遮蔽了我的双眼,
> 悄悄地
> 溜进我的身体,
> 偷偷地
> 带走了我柔软的心。

虽然他们可能已定有婚约,但后来由于吕坎拜斯的反对,两人并没有结婚。这件事肯定给阿尔基罗科斯带来很大打击。此吕坎拜斯应该就是曾经陪同阿尔基罗科斯的父亲去往德尔菲的那个人，后来他们还一起在萨索斯建立了殖民地。至于他为何要取消这门婚事，我们也无从得知。可能内奥布勒的母亲比较赞同这门婚事，因为即使在他们的关系破裂后，阿尔基罗科斯还曾在诗中提及她的去世，并称她是一个"可敬的女人"。可能在她死后，她的丈夫认为没有理由再把阿尔基罗科斯当作女婿了。另外，也可能因为阿尔基罗科斯是一个女奴的儿子，他的这一身份使得吕坎拜斯一度十分苦恼，最终认为这并不是一桩门当户对的婚配。如果阿尔基罗科斯曾经确实遭受过资金方面的巨大损失（如其诗中暗示的那样），并主要靠出卖武艺为生，那么这个推理似乎就显得特别合理。

也可能是因为他的某些诗太露骨、太逼真了——例如，"强有力地压在她的身上，紧紧相拥，腹紧贴腹，腿紧挨腿"——这使得他未来的岳父畏缩了，所以吕坎拜斯在对他的这位粗俗女婿重新审视后，认为他不可能让一个拥有这种名声的人成为家中一员。还有一种可能就是两家在政治上无法协调的分歧导致了这种紧张关系的出现，因为显赫家族成员之间经常会出现这种情况。（难道与他在一首破格诗中所提及的那个建议他要"握有绝对的权力"的预言有关？）

显然，不论是哪种情况，阿尔基罗科斯都已漠不关心，而且当他告诉我们的时候，我们也会相信他："我知道一件大事：如何对伤害我的人进行报复"，而且"我知道如何去爱爱我的人，去恨恨我的人，我要用辱骂的方式打击我的敌人，殊不知兔子急了还会咬人呢！"他借助诗歌发泄他受伤的自尊心：

> 逃离婚姻多么高兴，
> 我的脖颈如释重负，
> 再一次，
> 差点成为我岳父的吕坎拜斯，
> 我无法让你屈膝跪拜，
> 须知，
> 荣誉要以羞耻为前提，
> 而你却厚颜无比。

奇怪的是内奥布勒也成了阿尔基罗科斯发泄怒火的对象。是因为她伤害了他的自尊而且藐视他（他的一首诗中提到她曾经认为他很"懒惰"），还是因为她父亲的拒绝使他对她也产生怨恨？无论如何，他现在不再像之前想结婚时那样赞美她了：

> 内奥布勒，相信我，
> 我已将你彻底忘记，
> 男人终会找到红颜知己，
> 哎哎！
> 你的青春已逝，容颜已老。
>
> 你的花瓣已全部凋谢，
> 你的优雅已全然散尽，
> 你不认为你看起来像个男孩儿？
>
> 这样的女人会让男人发狂，
> 你应该担起稻草人的工作，
> 要让我吻你的双乳，
> 那我宁愿亲吻山羊的屁股。

在同一首诗中，还有一段描写他引诱一位少女的情节，该少女似乎是内奥布勒的妹妹。这一举动可能是他的最后一种报复方式（尽管有趣的是他似乎并没有付诸实践），但是我们很想知道他描绘的这一情节是真实发生过的事情还是诗人的想象。似乎他不太可能如此轻易地接近内奥布勒的妹妹——而且她还如此欣然地接受他——当时他已经被她家拒绝，而且他还对她的家人充满敌意。而所谓的引诱也引发出另外一种有趣的可能性：尽管阿尔基罗科斯已与内奥布勒定有婚约，但之前他可能与她的妹妹已有接近（这肯定是不合适的），他的这种行为激起了内奥布勒和吕坎拜斯的愤慨。

据说阿尔基罗科斯不断地写讽刺诗，嘲骂吕坎拜斯及其家人，使他们父女终于羞愤自杀。虽然这一说法刚好吻合公认的其品性恶毒的观点，但学界倾向于将其摒弃，因为学界普遍认为这是后世杜撰的一个关于其如何最终完成报复愿望的故事。另外，从保留下来的阿尔基罗科斯的讽刺诗来看，他在诗中对吕坎拜斯父女的嘲骂也不足以达到使人自杀的程度。然而这种说法具有很大的影响力，因为在一个仍保留有"羞耻"文化因素的社会中，虽然荣誉至高无上，但嘲骂也不容忽视。所以，阿尔基罗科斯在公众场合对吕坎拜斯家族"家丑"进行的无情宣扬，造成的影响使我们很难估计。一种观点认为吕坎拜斯父女自杀可能是导致阿尔基罗科斯被帕罗斯人放逐的真正原因。还有其他观点认为我们应该将该说法完全摒弃，而且否认阿尔基罗科斯和内奥布勒之间曾经有过浪漫的爱情。

阿尔基罗科斯之死

爱情上的失败，生活中的迷茫，对海洋的熟知，友人或战死或溺死（似乎是他的姐夫），对自己生活的模糊言辞，对几乎所有人的极端蔑视，对古老的寡头贵族价值观念的冷嘲热讽，有一个不名誉的出身——这些均出现于阿尔基罗科斯的人生历程中。下面这首军事题材的诗可能是对他人生哲学的最好总结：

> 啊！心，我的心！
> 当厄运将你猛击，
> 不要怕，站起来，
> 挺起胸膛，直面仇敌，
> 枪林中，
> 勇往直前，向敌进击，
> 直至仇敌仓皇逃离，
> 切记，切记！
> 胜不骄，败不泣，
> 欢乐时欢乐，
> 遇到困难莫垂头丧气，
> 须知，
> 这才是人生真谛！

因此，难怪大家会普遍接受阿尔基罗科斯是死于战斗的说法——死在一个来自纳克索斯岛的名叫卡伦达斯（Calondas）的人手中，此人有一个"乌鸦"的绰号。另据一个民间传说，阿波罗对于卡伦达斯杀死其宠儿阿尔基罗科斯（如前所述，阿尔基罗科斯的家人已与德尔菲的阿波罗有关联）的行为生气不已，所以，尽管卡伦达斯一再解释阿尔基罗科斯是在一场公平决斗中被杀死的，但阿波罗还是将他从神庙中驱赶出去。

一些有趣的人——对希腊人幽默的深入了解：
"荷马式的"青蛙和老鼠、斯巴达国王阿格西劳斯、王后戈尔戈及犬儒学派的第欧根尼

在这一章中，我们已经看到希腊人是何等崇敬荷马的《伊利亚特》与《奥德赛》，但我们也总能发现一些像阿尔基罗科斯这样的人，他们搜罗这些受人赞美的著作，并伺机对其中的典范进行抨击：荷马构建英雄人物，而阿尔基罗科斯却将其颠覆。阿尔基罗科斯喜欢"动物"寓言故事（而且之后还隐喻性地把自己写入故事中——见第38页），所以他可能更乐意欣赏下面这首模仿《伊利亚特》的讽刺诗，该诗被认为是由一个叫皮戈瑞斯（Pigres）的卡里亚人（Caria）所作，时间可以追溯到公元前5世纪早期。诗中用蛙军和鼠军两支大军取代了《伊利亚特》中希腊人和特洛伊人。在大下巴蛙王帕弗卓（Puff-jaw）将贵族老鼠克鲁姆斯纳彻（Crumbsnatcher）意外地溺死在湖中后，两军开始交战。这使我们想起了"诗人"向缪斯女神的祈祷："这场冲突令人畏惧，战场上吵闹喧天"，而当"老鼠向蛙展示出勇猛无比……因此战斗就开始了"。

老鼠在发表了优秀的煽动性演讲之后，他们武装起来：

他们先给小腿披上护胫甲，
并用已经被啃完且破为两半的
绿色豆荚将其胫部遮盖……
接着又把平摊在芦苇上的
精致胸甲挂到胸前。
再把那用星辰作为中心装饰的盾牌挎上
　肩头。
然后把坚果壳制成的头盔戴到头上。
最后抓起战神阿瑞斯制造的青铜长针，
这是他们杀敌所用的坚固长枪。

同时，蛙们也披挂武装（在鼓励性的演讲之后）：

他们先穿上锦葵叶儿作护胫甲，
接着披上绿色的甜菜叶儿制成的护胸甲，
然后挎上白菜叶儿巧妙地制成的盾牌，
再戴上那蜗牛壳做成的光滑头盔，
最后抓起锋利的灯心草制成的长矛。
待一切准备完毕，
他们整齐严密地站立在高高的河堤上，
信心十足地挥舞着手中的长枪。

故事继续讲述道：

昆虫们吹起喇叭奏响战事开始的号角，
克洛诺斯（Cronos）的儿子宙斯
也在天空以雷电助阵，
预示着一场激烈的战争将要来到。

洪声蛙劳德克罗克（Loud-croaker）
首先刺伤了舔食鼠利科曼（Lickman）
的肚子，确切地说是刺穿了他的上腹，
他砰地一声仰面朝天倒在地上，

武器与身体的碰撞声嘟嘟作响,
柔软的皮肤在泥土中沾满肮脏。
接着穴居鼠特罗戈罗戴特(Troglodyte)
将其坚固的长矛刺进泥浆工马德曼(Mudman)
儿子的胸膛,他倒下了,
死亡之神将其笼罩,灵魂从其口中转瞬消亡。
甜菜蛙贝提(Beety)直击访罐鼠波特维
  兹特(Pot-visitor)的心脏致其倒地
  身亡。
同时面包鼠布莱德尼布勒(Bread-nibbler)
猛击咆哮蛙劳德克莱俄(Loud-crier)的腹部,
使其迅速倒下,命丧黄泉。
当池塘里的嬉戏蛙庞德拉科(Pond-larker)
看到劳德克莱俄已经死亡,
他拿起一块儿类似磨石模样的岩石
迅速砸向特罗戈罗戴特,
将其柔软的脖颈击伤,
致使他感到脑中眩晕,眼前一片漆黑。
捷足蛙奥西米德斯(Ocimides)感到非常
  忧伤,
只因他投掷出去的锋利的芦苇矛无法取回,
庆幸的是他将仇敌当场击毙。
利科曼将他精美的长矛投向奥西米德斯,
恰好刺穿他的上腹使他倒地身亡。
当利科曼留意到食菜蛙卡比峙伊特(Cabbage-
  eater)已经逃亡,
自己摔倒在崎岖的湖岸之上,
即便这样,他依旧没有停止战斗,相反,
他转向另外一个敌人,
将其打倒在地并刺穿双肋与内脏,
使他的鲜血将湖水染红。
利科曼还杀死了奶酪蛙吉斯伊特(Cheese-
  eater)……

当芦苇蛙瑞迪(Reedy)看到
火腿鼠哈姆尼布勒(Ham-nibbler)的时候,
纵身跳入湖中,弃盾而逃。
无过失的波特维兹特
杀死了阴谋者布鲁俄(Brewer)。
嬉水蛙沃特拉科(Water-larker)用一块
卵石击中首领哈姆尼布勒的头部,
使其脑浆从鼻孔流出,鲜血在地上流淌。
完美的泥床蛙马克库克(Muck-coucher)
冲向舔盘鼠利科波拉特(Lick-platter),
用其长矛将其击毙,给其双眼带来黑暗。
当韭绿蛙利基(Leeky)看到此幕,
虽利科波拉特已被击毙,
为确保万无一失,他拖起他的一只脚,
将其扔入湖中,企图使其溺水身亡。
贼眉鼠克拉姆斯纳彻(Crumb-snatcher)为
战死的伙伴而战,在跳上岸之前,
他猛烈地撞向利基,并在厮打中
将其打倒在地,
利基的灵魂也随之飘向冥界(Hades)。
攀菜蛙卡比峙克莱末(Cabbage-climber)
将这一幕尽收眼底,所以他拿起一个泥块向
怯懦鼠茅斯(Mouse)掷去,
泥块刚好贴在茅斯的前额,使他几乎失明。
克拉姆斯纳彻被卡比峙克莱末
的这一行为彻底激怒,
所以他用他有力的手从地上捡起一块巨石
向卡比峙克莱末的膝下砸去,
致使他的整个右胫骨彻底粉碎,然后,
克拉姆斯纳彻又从他背后进行袭击,
使克莱末最终倒在尘埃里。
聒噪蛙克罗克逊(Croakerson)却避开
克拉姆斯纳彻,转而冲向茅斯,

他向茅斯的腹中刺去，
用他的芦苇矛将其彻底刺穿，
当他的强有力的手将矛抽回时，
敌人的肠子滑落一地。
而当特罗戈罗戴特看到这一场景时，
他在河岸上，正一瘸一拐地退离战场，
他痛苦地慢慢移动着，
然后纵身一跃跳入战壕期望逃脱彻底
的死亡……

老鼠当中，有个叫斯利塞斯纳科
（Slice-snatcher）的勇士，
他是无过失的盗食鼠布莱德斯蒂勒
（Bread-stealer）的儿子啮齿鼠诺俄
（Gnawer）的爱子，众鼠之中他最卓越。
他回到家中，命令儿子参加战斗，
自己却洋洋得意站在湖边。
他扬言要将蛙族彻底消灭，
并将一个栗子皮沿着接缝掰成两半，
拿于爪中作为武器，他的言辞与举动，
使蛙兵们立刻惊慌失措，纷纷跳入湖中。
若非克洛诺斯之子，人神之父及时发现，
对处于死亡当中的蛙兵们产生悯怜，
力大无比的斯利塞斯纳科
可能已将夸下的海口兑现……

（《蛙鼠之战》[Battle of Frogs and Mice]，5–6, 8, 124–131, 161–167, 199–250, 259–270 和 302–303）

宙斯结束了这场激烈的战斗。起先，他使用雷电对不屈不挠的鼠军予以警告，来挽救蛙军，然并未成功。于是他派遣一支蟹军（装甲兵）前去对付倒霉的鼠军，并使他们落荒而逃："夕阳西下，故一天的战斗也宣告结束。"

当有人提及古希腊人的幽默，我们会立刻想到阿里斯多芬的喜剧。斯巴达人通常不会想到他，因为他们肯定不会喜欢像阿尔基罗科斯这样"油腔滑调的"人。阿尔基罗科斯的作品在斯巴达是被禁止的，而且他的忠告——战斗时可以弃盾而逃——也被反对。相反，斯巴达人会使用这样的训诫词："要么拿着盾牌回来，要么躺在盾牌上回来"——也就是说要么取得荣誉，要么就战死沙场。斯巴达人并不善于"逗乐"，但正如普鲁塔克在其《名人传》中对斯巴达的立法者莱库古（Lycurgus）的记录那样，其实斯巴达人也有自己独特的幽默方式，这种幽默就像他们的演讲一样短小而精辟。在其《道德论》（Moralia）中，他列举了大量的斯巴达人的经典语录。下面所摘录的分别是阿格西劳斯（Agesilaus，公元前444—前360年），雷奥尼达斯（公元前480年战死在温泉关——参看第139页）的妻子戈尔戈（Gorgo），及无名斯巴达妇女的一些经典幽默。

阿格西劳斯：

当有人称赞一个演说者发表演讲时总能够以小见大，阿格西劳斯说，一个把大鞋穿在小脚上的鞋匠不会是一位好的手艺人。

（《道德论》，208c）

在亚洲，他看到一栋房子的横梁是方的，他就问房主是不是在那个国家木头都会长成方的，那人回答道："不是方的，是圆的。"他说:"哦,那要是它们长成方的,你是不是要把它们做成圆的?"

(210e)

当有个人邀请阿格西劳斯去听他模仿夜莺声音的表演时,他婉言谢绝道:"我曾多次听到过夜莺自己的声音。"

(212f)

戈尔戈王后:

当一位阿提卡妇女问她:"为什么你们斯巴达妇女是唯一敢对你们的男人逞威风的女人?"她回答道:"因为我们是唯一能够生养真正男人的女人。"

(240e)

无名斯巴达妇女:

一位斯巴达妇女在听到她的儿子抱怨他拿的剑太短时,她回答道:"那就往前迈一步。"

(241f)

当一个斯巴达妇女被问及是否是她主动接近丈夫的,她答道:"不是,我丈夫很主动。"

(242c)

一个男人问一个斯巴达妇女(被俘虏后作为奴隶出售)如果他买下她的话,是否她会成为一个好(奴隶),她回答道:"是的,不论你买不买我,我都是好(女人)。"

最后,犬儒学派的创建者第欧根尼(Diogenes,约公元前400—前325年)以其古怪行为而闻名。因此,有很多关于其标新立异行为的故事(大多数是轶事或伪作)。公元3世纪拉尔特的第欧根尼(Diogenes Laertius)在其《贤哲列传》(*Lives of Eminent Philosophers*)中,将下面这些经典语录归于犬儒学派的第欧根尼名下:

柏拉图将人定义为一种长有两足的无毛动物。他的这一定义受到赞同,第欧根尼就将一只拔光毛的鸡带到教室,并说道:"看!这就是柏拉图所谓的人。"

(6.40)

一个品行不良的阉人在其门上写道:"禁止任何邪恶进入。"第欧根尼就问道:"那房子的主人是如何进去的呢?"

(6.39)

当他正在晒太阳……亚历山大大帝走过来站在他面前问道:"告诉我你想要什么恩惠。"第欧根尼回复道:"别挡住我的阳光。"

(6.38)

我们知道,由于阿尔基罗科斯曾经多次参加与纳克索斯人的战斗,所以他在战斗中被某个纳克索斯人杀死也并非不可能。但他死于"乌鸦"之手的说法就让人难以接受了。考虑到他偶尔也会在别处把自己称作一只叫蝉的昆虫,因此某个写动物寓言故事的人亲眼目睹了他死于乌鸦之手的说法,很可能是后世传记作家所运用的一种比喻手法——把他比喻为动物世界中的一种

图 1.13 约公元前550年的伊奥尼亚式柱头。发现于帕罗斯,显然它是纪念碑的一部分,支撑着一尊阿尔基罗科斯的半身雕像。碑文(使用公元前4世纪的字母)写道:"特莱西克勒斯的儿子,帕罗斯的阿尔基罗科斯安息于此;奈奥克利昂(Neocreon)的儿子,多基慕斯(Docimus)建此纪念碑。"现藏于帕罗斯博物馆(Paros Museum)。

食物——所以并非是真实的历史事件。所以,卡伦达斯杀死阿尔基罗科斯的说法也未必可信。

帕罗斯人确立了对阿尔基罗科斯的英雄崇拜。他的一些格言已成为经典语录,在整个地中海世界都颇受欢迎。人们经常会把他与阿波罗、狄奥尼索斯和德墨忒尔(Demeter)联系在一起。在希腊和罗马,每一位学习希腊语的学童都知道吕坎拜斯不守信用。阿尔基罗科斯是继荷马和赫西俄德之后希腊诗学传统的发起者之一,他的著作影响深远,在其后的几个世纪中,或备受赞美,或备受贬斥。公元前5世纪雅典著名的喜剧作家将其追记为"讽刺文学之父"。而且甚至一直到公元6世纪,教父们依旧认为他的作品具有引用价值(尽管通常以一种消极的方式)。

诗人死后七百年,昆体良(Quintilian)是这样评论他的:"他的言辞苍劲有力,他的思想令人折服,简洁真实,且富有生命力和活力。"但也有人认为"他不如其他任何一位作家"。他不断将成功归于自己的主观意识,而非天赋(《雄辩要义》[*Institutio oratoria*],10.1.60)。不论赞成或反对,有一件事情很清楚:无论何时人们听到阿尔基罗科斯的名字,脑海中基本上都会浮现出下面这段伪造的碑文:

> 立于海边的这座陵墓埋示的是阿尔基罗科斯……好心的旅者,请你在穿过它的时候放轻脚步,以免惊扰居于这儿的马蜂。
>
> (《帕拉丁文选》[*Palatine Anthology*],71)

暴躁易怒，敏感傲慢的阿尔基罗科斯不仅是希腊最早的文人之一，重要的是，他还是目前我们所知的运用写作方式痛击先前贵族稳固世界——具有讽刺意味的是他本人也是该世界的一员——的第一位个人。虽然他所抨击的贵族观念依旧盛行，但是他的声音也表明希腊社会已经出现了寡头贵族与新兴力量之间的矛盾逐渐上升的趋势。

2

铁器时代与僭主的世界

游吟诗人赫西俄德、萨摩斯的波吕克拉泰斯及匠师埃乌帕里诺斯

> 我宁愿在第五代之前已辞世，或此后再生，
> 而不愿列入其中。
> 这是铁器的时代。
> （赫西俄德，《田工农时》，174–176）

社会与经济的变化

尽管古风时代希腊社会有所变化,阿尔基罗科斯在一定程度上也做过明确阐释,但贵族阶级仍无意主动让出特权地位。例如,密提林(Mytilene)诗人阿尔卡埃奥斯(Alcaeus,约公元前600年)似乎就曾借诗立誓,要为自己珍视的价值观而斗争。在另一首诗中,他则把城邦比作风浪中颠簸的航船,借此反映家乡的动乱。不管怎样,世界在变化,半个世纪后,麦加拉诗人塞奥戈尼斯(Theognis)以辛辣的笔触刻画了在他生活的时代,"新贵们"(nouveau riche)已经发展到了何种程度:

> 那些此前对诉讼及法律一无所知的人,
> 肩披山羊皮四处走动的人,
> 像野鹿一样生活在山林中,远离闹市的人,
> 摇身变为大人物……从前的贵族
> 现在沦为下层贱民。当事已至此,谁能容忍?
> 他们彼此欺骗,相互嘲笑,而且
> 不辨是非。
> (拉蒂莫尔,《希腊抒情诗》)

还有,

> 还从未有……哪座城市被贵族摧毁,
> 只有在卑劣之辈发动暴乱后,
> 为了金钱与权力而将自己的人民引入歧途,将权利赠与邪恶之人。
> 每当如此,
> 不要指望这个城邦可以持久稳定
> 尽管此时风平浪静,
> 尚没有诸如此类的活动搞得卑劣之辈群情汹汹,
> 亦没有任何个人因城邦的灾难大发其财。
> 因为这些造成了公民不和以及人们死于同胞和君主之手。

所以唯有祈祷我们的城邦永远不要这样。

（拉蒂莫尔，39ff.）

然而，并不是所有非贵族都受益于第1章所描述的商业革命。或许它从经济、军事以及政治方面加速了新的"中间阶层"的产生，也正是这一群体激起了阿尔卡埃奥斯和塞奥戈尼斯的愤怒，但新的"中间阶层"只是社会的一小部分。大部分希腊人一如从前——仍是穷苦农民，他们的命运每况愈下。

"从未听说哪个穷人是好人或是有价值的人"，阿尔卡埃奥斯总结道，贵族几乎不会反驳这一论断。虽然经济仍是地方性的，但穷人和地主之间很可能存在一定程度的相互依赖关系。穷人能够艰难维持生计，养家糊口，可有剩余以供出售或下一年的耕种。然而，当他们被迅速发展的新地中海经济完全打乱时，这种情况改变了。

具有新时代特色的商业思想很容易使这些不幸的农民成为贵族及新近形成的富有非贵族追求农业及商业利益的牺牲品。收益与利润的重要性超越了此前存在的任何"共同体精神"。甚至从原始社会发展而来的历史悠久的基本宗族、宗教、政治集团中的成员也仅仅为穷人提供了（如果有的话）一点点救济。许多贫苦农民无论获得什么援助都要被迫抵押自己及家人。可想而知，债务奴隶制是必然的趋势。这迅速发展为最获利的生意，因为提供给苦苦奋斗的农民一笔小额贷款最终会变成借贷人丰厚的收益。另外，对大多数债权人来说，他们当然愿意从不幸的同胞身上占得便宜，然后将其卖掉。

随着越来越多的家庭被拆散，并在本城邦贩卖或卖到希腊的其他地方及地中海诸邦，面临沦为债务奴隶的农民起而反抗，以保护自己和所爱之人是可以理解的。他们别无选择，因为大多数地方官员的腐化及漠然迫使贫苦农民抛弃谨慎与畏怯，之前他们就是以这种方式得过且过的。公元前700年游吟诗人赫西俄德的境遇最好地诠释了穷人易受伤害的程度。

神明与正义：赫西俄德的疾呼

赫西俄德是继荷马之后希腊文学史上的又一伟大人物。事实上两人通常被一起谈及。赫西俄德生于荷马之后，阿尔基罗科斯之前，他创作了两部重要史诗——《神谱》（字面意思为"神的诞生"）与《田工农时》。前者是将众多主要及次要的神明进行系统分类的首次尝试。它记述了诸神的起源、相互之间的关系、个性及职能，也提出了一种希腊创世神话论——起于宇宙初始,止于宙斯在奥林匹斯山确立权威。《田工农时》可看作是一部农民的历书,它涵盖了农业基本信息、手工织布技术、民间智慧及格言,甚至提及了航海技术。两部作品都为我们提供了有关赫西俄德生活的细节。

赫西俄德成为游吟诗人或吟唱者似乎是偶然的。同荷马一样,赫西俄德也出生在小亚,他的父亲涉足海上贸易,但显然无利可图。"可怕的贫穷"迫使他们举家离开阿埃奥利亚(Aeolia)的库迈(Cyme),迁往希腊中部多山的牧场彼奥提亚。他们在赫利孔山(Mt. Helicon)附近阿斯克拉(Ascra)的"不毛之地"安家,"此处冬季恶劣,夏季更甚,没有好时候"。赫西俄德在那里牧羊,这是一件令人生厌的事情,看来未来的游吟诗人是以吟诵和作诗来消磨时间的。

田园牧歌的社会理所当然是神明最常造访的地方,也是最能引发人们对神明幻想的环境。因此也就不足为奇——赫西俄德告诉我们,在一个炎热的午后,他正强打精神,独自牧羊,这时"奥林匹斯山的缪斯"开口对他说话:

> "旷野中的牧人们,无耻之尤、徒具皮囊,
> 我们懂得那些酷肖真相的谎言,
> 我们也懂得道出实情。"
> 伟大的宙斯之女如是训导。
> 她们折下茂盛的月桂枝,
> 作为节杖赐予我,又用不可思议的神启之音对我耳语,
> 让我叙说往昔之事,并预言未来。
> 女神们还命我赞美那些永生的神佑一族,
> 并在歌的开篇和结尾歌唱她们。
> (《神谱》,26—34)①

尽管此时诗歌已成为赫西俄德生活中的一个重要部分,但在父亲辞世前他可能很少有机会仔细雕琢他的抒情诗及颂歌。他曾提到,自己参加过一次在优卑亚的卡尔基斯(Chalcis)的安菲搭马斯(Amphidamas)葬礼赛会(后来的传说把荷马也加入到了这项赛事中——荷马有时甚至被认为是赫西俄德的堂兄!——这样他就能和最著名的对手竞赛了),并在"歌唱竞赛中"获胜,但很可能发生于晚些时候,因为此时赫西俄德还是无名之辈,不会受邀

---

① 译文系引自赫西俄德《神谱》,王绍辉译,张强校,上海:上海人民出版社,2010年,第17页,略有改动。——译者注

参加如此重要的赛事（安菲搭马斯无疑是最著名的将领，约公元前700年在勒兰托斯战争［Lelantine War］中牺牲）。另外，如果此时赫西俄德已有名气，他父亲的死就不会对他的未来有如此重大影响。

直到那时，这位初出茅庐的诗人生活还是艰难的，但要好于他周围的大部分农民。他的父亲在彼奥提亚显然比较成功，因为赫西俄德指望继承一笔遗产以使生活好过些。不知道他是否预见了自己真的要以诗才谋生。令赫西俄德意想不到的是，他的兄弟佩尔塞斯（Perses）与当地权贵——"贿赂挥霍王公们"——阴谋骗走属于他的大部分遗产。这种行为显然与赫西俄德在《神谱》中期望的理想化统治者大相径庭：

> 大神宙斯的女儿们将会荣耀每一位巴西勒斯（国王）
> 从宙斯所抚育的巴西勒斯出生之际便开始关注，
> 她们为他倾吐甘露
> 使他口中能说出温柔之语，
> 当他公正地裁决诸多争端时，所有的人们都尊敬他
> 他裁决得迅速而毫无错谬
> 即便是大的纷争也能平息。
> 由此可见，巴西勒斯是有理性的，当人们在集会上
> 受误导行事时
> 他会极力婉言相劝。
> 在集会上，他神样的威严与仁慈
> 使人们仰慕，心怀敬畏。
> 他是众缪斯给人类神圣的恩赐……
> 巴西勒斯也承惠于宙斯。
> （81-96）①

赫西俄德从那些欺骗他的王公那里得到的待遇与诗中的理想相差甚远；因此，他最后几乎无以为生。很有可能是这种境遇迫使他急切地钻研专业的作诗技巧。他的禀赋足以使他成为那个时期行业中最成功知名的人。

赫西俄德的《田工农时》旨在劝说他暗中与人勾结的兄弟，恳求佩尔塞斯归还以卑劣手段拿走的东西，力劝他用"额头的汗水"，以正当手段谋生。

---

① 译文系引自赫西俄德《神谱》，王绍辉译，张强校，上海：上海人民出版社，2010年，第21页。——译者注

他还向佩尔塞斯讲述了要想在工作及生活中获益就必须知道的每一件事情，他警告道，宙斯是正义之神，如果他的兄弟没有认真听取并改过自新，就会因其卑劣的计谋而遭到宙斯的惩罚。

"佩尔塞斯"，他说道，"你要遵从正义，克制鲁莽行径。""向善之路是明智的选择。因为正义终能战胜暴力。愚人只有在遭受苦难后才能领会这个道理……当贪图贿赂、用欺骗的手段裁决案件的人强拉正义女神时，她会怒吼。"赫西俄德继续道："饥荒从不侵袭公正之人，厄运亦然。他们只会在收获中尽享劳动的喜悦……但是，克洛诺斯之子、千里眼宙斯是荒唐行恶者的审判者。"

赫西俄德相信众神是公正而明辨是非的，这是一个相对新颖的思想，在他之前只有荷马在《奥德赛》第二十四卷中做过强有力的阐明。在原始社会，诗人很大程度上肩负着塑造众神个性及行为的义务。在所有希腊人中，赫西俄德是先驱。

衰退的世界

赫西俄德对"改造"他的兄弟没抱什么希望，他的兄弟当然也没有理会，诗人的痛苦在《田工农时》中展现无遗。赫西俄德也被认为是西方第一位"命运先知"，因为他以倒退的顺序描述了"人类的五个时代"。第一个是美好的黄金时代，诸神公正地统治世界，一切尽善尽美，不存在任何问题。随之而来的白银时代次之，其间人类触犯了宙斯，宙斯将其埋葬并创造了第三个时代——青铜时代。青铜时代不及黄金时代与白银时代，比之低劣腐化得多，但当这个时代也终结后，在第四个时代有了一丝希望的回归——英雄时代。赫西俄德认为这是一个更好更公平的时代，世界暂时停止了衰退，赫西俄德敬畏在特洛伊和底比斯战斗的以及生活在这个时代的英雄们。但是，第五个也是最后一个时代，即赫西俄德所在的时代，他认为是五个时代中最糟糕的，将它与黑铁等同：

> 我宁愿在第五代之前已辞世，或此后再生，
> 而不愿列入其中。
> 这是铁器的时代。
> 人们辛劳悲苦，日夜无休。
> 诸神降下无尽忧虑，

使他们的命运悲喜交错。
若初生便两鬓灰白,
宙斯将毁灭这一种族。
父不父,子不子,
宾不宾,主不主,
兄弟友朋之间再无关爱。
子女不敬年迈双亲,
无端指责,恶语相向,
不畏神谴;
不报答父母的养育之恩——
律法的践踏者——劫掠彼人之邦。
正直守信的善者不受褒奖,
作恶多端的恶棍反受尊崇。
强权成为公理,廉耻心消失殆尽。
卑鄙小人用欺骗的话语泯灭良知,
反而发誓自己为善。
嫉妒摧残着整个苦难的人类,
恐怖狰狞的嫉妒以毁灭他人为乐。
羞耻与惩罚身着
美丽的白色长袍,从大地宽广的路径
走向奥林匹斯山,
成为不死的神族一员,
悲苦留给世人,世人面对伤害,无可奈何。

(《田工农时》,174–201)

当然,赫西俄德是沮丧的,他对自己所受的不公永远也不能释怀(讽刺的是,恰是他的兄弟间接地使他成名)。但是,如果赫西俄德这么轻易就被伤害——可以说他比一般的希腊人相对富有——那么很明显,在面对强大而富有的人时,社会上大多数农民实际上是无助的。

众多的农民面临沦为债务奴隶,并为社会平等公正而呼号;需要政治平等的新贵家族与旧贵族之间的敌意日增,这就难怪紧张氛围在希腊小城邦中激增。除了对财产所有权的争论外,疾呼重新分配土地,适当控制人口增长,将贫困农民从农村移民至城市,以及城内潜在的分歧和暴力都成为迫切要解决的问题。

殖民运动与僭主的出现

为了缓解城邦面临的各种压力，希腊人开始向希腊其他地区及地中海沿岸殖民。有证据能说明其中至少有一个母邦是通过抽签选出殖民地居民的，如果拒绝前往，他们将面临死亡并被没收财产。这一具有说服力的证据表明殖民者并不像一些人认为的那样，主要是出于商业投机。

然而，许多殖民者却是自愿前往，他们把开始新生活的机会看作是相对于家乡生活的愉快转变。例如，对于一个即将沦为债务奴隶的农民而言，离开并没有什么损失。寻求政治权力的新兴家族成员或许会在新的城市如愿。即便是没落的贵族可能也把它当作获取财富与权力的机会，使之与他们空有声望的名字相称。

殖民地通常预先获得了德尔菲神谕（参看第3章）或其他可以预见神意志的神示所的许可，获得小型军队的保卫。尽管有家族与宗教为纽带，以及潜在的经济利益使其与母邦有持续的联系，但殖民地一经确立，殖民者就无需再拥戴母邦。最终，大约经过两个世纪的殖民运动之后，希腊城邦已东达黑海，西至西班牙。但主要集居地是从南意大利和西西里到小亚海岸之间的区域。

然而，殖民地的建立并不能解决希腊人面临的诸多问题。它至多算是个

图2.1　发现于公元前7世纪的赤陶小雕像，表现的是一个来自彼奥提亚的农民和他的犁与一组马。彼奥提亚是希腊的一个地区，约公元前700年赫西俄德生活的地方。现藏于法国卢浮宫。

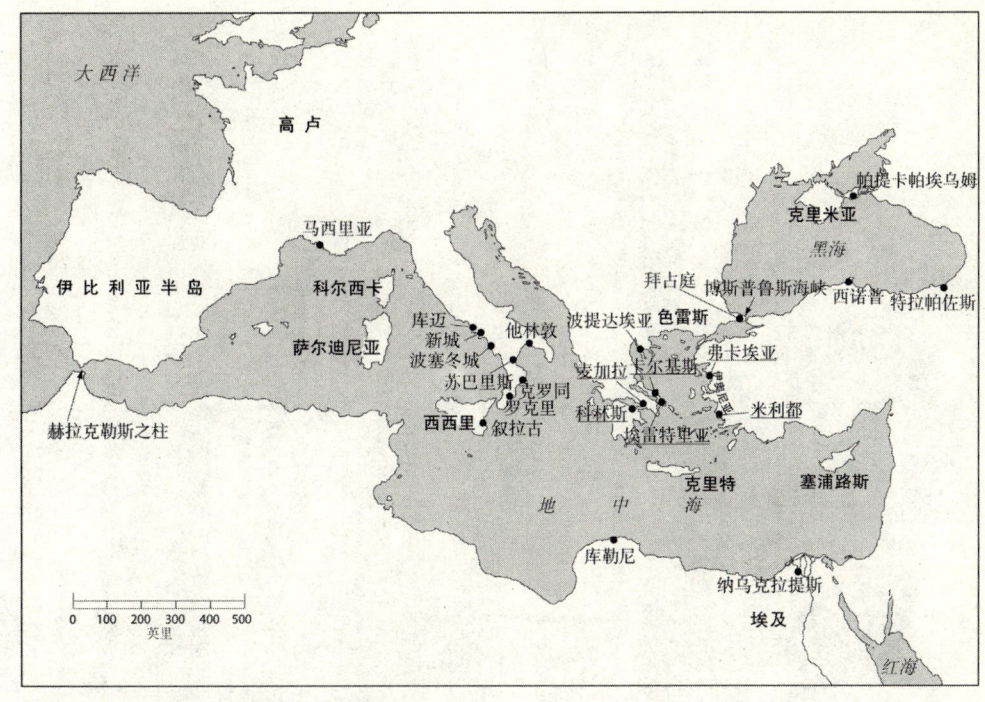

地图5 主要的殖民地及母邦（带下划线的为母邦）

权宜之计，只是短期的缓解。不久，新的政治体制——僭主——从当时的社会、经济、政治困境中发展起来。

今天，"僭主"一词承载了许多贬义内涵，这在原始希腊用法中，至少在公元前4世纪之前是没有的。对于希腊人来说，僭主只是一个以非常规、不符合任何法律程序的方式夺取或被赋予权力的人。"僭主"从来都不是正式头衔或官员职位。似乎是阿尔基罗科斯在谈及吕底亚的古戈斯时首次使用了该词。他把"僭主"看成是"国王"的同义词，并被以后的诗人沿用。在很多方面，僭主代表了君主制的复兴，但是"独裁者"或"铁腕人物"或许是更恰当的翻译。

僭主一般通过武力夺取职位，但并不都是。在既存的贵族政权不能成功应对社会问题时，他们接手，实施更有效的律法。然而，平衡公众需求与个人野心并不总是主旋律，许多僭主变得高压残暴。他们有的残忍，有的善良，有的称职，有的不称职。他们形态迥异。唯一的共同点是都有贵族背景。

僭主利用一些城邦内部党派倾轧确立权力。僭主的兴起与重装兵军事改

图2.2 希腊殖民地——意大利的波塞冬城（后来称帕埃斯图姆［Paestum］）遗址，由希腊殖民地苏巴里斯于公元前7世纪中期建立。前面是赫拉神庙（Basilica of Hera）的内殿（公元前6世纪中叶），保存最为完好的希腊世界古风时代神庙。其后是纳普顿神庙（Temple of Neptune，公元前5世纪中叶），也保存甚好。

革之间势必有某种联系，因为二者在同一时期出现，而且僭主往往有重装兵的拥护。僭主往往代表着反对贵族的革命，尽管他们也许随处都可找到拥护者——甚至在他们的同侪中，贵族在应对非贵族反对者时通常需要握有领导权。非贵族集团也可能寄希望于一人。有时，甚至各种内讧会相互妥协达成一致——将权力赋予某个公认的个人，在特定的时期，由他解决城邦的问题。然而大多数僭主得到了民众的拥护，基于此，僭主制度必须被看作是古希腊迈向民主政治的一步——尽管在当时看来是相反的。

僭主时代很短暂，到公元前500年大多数僭主都已消失。僭主制度很大程度上是家族事业，但很少持续到子孙或其他男性亲属，尽管西库昂（Sicyon）的僭主统治达一个世纪之久。一个人的一生涵盖了拥有此制度的大多数城邦

一次思想革命——第一位希腊哲学家米利都的泰勒斯

公元前8世纪至前6世纪间,传统的社会和政治信仰与价值观迅速变化。于是,荷马和赫西俄德在作品中描绘的、确立已久的对宇宙及众神本质的解释受到缜密推敲就不足为奇。在公元前6世纪的伊奥尼亚,最早的哲学家们(为数不多,他们的思想从未被广泛接受——也从未被理解)开始不满意传统的宗教神话对事物为何如此发生所做出的解释,并且开始为其寻找更为合理的解释。其中第一人是米利都的泰勒斯,活跃于公元前585年前后,被认为是"西方哲学之父"。

在充满政治变化与商业机遇的时代,开始"希腊启蒙运动",探求知识的人被卷入政治并成为一流的生意人是正常的。对于后一种事业,亚里士多德只想以哲学应用的角度来看待泰勒斯赚钱的能力,他这样记述泰勒斯的精明:

> 有一个关于米利都人泰勒斯及他的经济手段的轶事,其中包括一个可以普遍应用的法则,但因他以智慧闻名,这个法则就归于他。他因贫穷而受到责难,因为这表明哲学是无用的。据这个故事所述,虽然还在冬天,但他据观星象得知来年的橄榄会丰收;因此,尽管没什么钱,他还是交付定金,预定了基奥斯(Chios)和米利都所有的橄榄压榨机,他是以很低的价格租用的,因为没有人和他竞争。当收获的季节到来,橄榄压榨机被抢一空,他以满意的价格租出,赚了一大笔钱。以此他向世人证明,哲学家只要愿意就可以轻易致富,但他们的志向并不在此。
>
> (《政治学》[Politics],1,1259a)

如果泰勒斯真的垄断了橄榄油市场,而这样做是否仅仅是为了证实一种哲学观点,这是有疑问的!

从泰勒斯开始对世界的合理观察被其他米利都人继承,并且从米利都传播到地中海世界,而他们经常采用更为形而上学的观点。因泰勒斯是第一人,古人将其列入古希腊"七贤"之一而使其名垂千古,还把一些不属于他的哲学和科学成就归于他的名下。其中最著名的就是预测公元前585年5月28日的日食,基于当时的知识水平这是不可能的事。传记中综合出的结论提供了混杂的细节,如下文的摘录证实,这是摘自公元3世纪拉尔特的第欧根尼的作品:

> 希罗多德,多里斯(Duris)及德谟克利特(Democritus)均认为泰勒斯是艾克詹姆亚斯(Examyas)与克里奥布莉娜(Cleobulina)之子,属于腓尼基人西里德埃(Thelidae)亦或尼里德埃(Nelidae?)家族,是卡德姆斯(Cadmus)及阿吉恩(Agenor)后裔中的最尊贵者。如柏拉图所证实,他是七贤之一。亦如法勒鲁姆的德摩特里乌斯(Demetrius of

Phalerum）在其《执政官年表》（*List of Archons*）中所提及的，在达玛西阿斯（Damasias）担任雅典执政官时，首次提出了七贤的称号，而泰勒斯是首位获此称号者。当他和被腓尼基放逐的尼里奥斯（Nileos）一道来到米利都时，他被接纳为这里的公民。但大多数著作家认为他是纯正的米利都人，并且出身显贵。

从事政治活动后，他成为了自然的学生。据一些人说他没有留下任何文字……另一些人则认为他只写了两篇论文，《论至点》（*On the Solstice*）和《论二分点》（*On the Equinox*），他认为一切物质都是可以被认识的。据说他是第一个研究天文学的人，第一次预测了日食，第一次确定了至点……还有一些人……宣称他是第一个坚持灵魂不朽观点的人。他是第一个发现太阳从一个至点到另一个至点的轨道的人，有人说，他是公开说明太阳的大小是太阳轨道的七百二十分之一，而月亮的大小是月亮轨道的同样分数的第一人。他是第一个把每月的最后一天命名为"第三十日"（Thirtieth）的人，还有人说，他是第一个讨论物理问题的人。

亚里士多德及希比阿斯证实，泰勒斯因在磁铁和琥珀实验中得出结论，他甚至把灵魂或生命归于无生命的物体。潘弗利亚（Pamphilia）陈述道，从埃及人那里习得几何学后，他第一个在圆内内接直角三角形……还有人说这个人是毕达哥拉斯（Pythagoras）……泰勒斯还曾为政治事件提出过极好的建议。例如，当克洛埃索斯派人到米利都提出结盟要求时，他挫败了这个计划；事实证明，他挽救了城邦，因为居鲁士（Cyrus）赢得了胜利。赫拉克里德斯（Heraclides）以泰勒斯之口说道，他自己一直离群索居，远离城邦事务。但一些权威人士说他结过婚，并育有一子……还有人说他未曾结婚，但是收养了他姐姐（妹妹）的儿子，当被问及他为什么没有自己的孩子时，他答道"因为他爱孩子"。故事还讲到，当他母亲试图强迫他结婚时，他说"为时尚早"，后来母亲再向他施压时，他说"为时已晚"。罗德斯的希埃罗尼姆斯（Hieronymus）……讲述道，为了证明发财是多么容易，泰勒斯预测第二年夏将是橄榄丰收的季节，便出租所有的榨油机，因此赚了一大笔钱。

他认为水是宇宙的最基本物质，世界是有生命的，而且充满神力。据说他发现了一年中的四个季节，并把一年分为365天。

他没有老师，只是去过埃及并和那里的祭司相处过一段时间。希埃罗尼姆斯告诉我们，他测量了金字塔的高度，方法是当我们的影子和我们的身高等长时测量金字塔投射的影子。他与……米利都的僭主拉苏布罗斯（Thrasybulus）生活在一起。

（1.22—27）

> 由上述可知，泰勒斯认为水是基本物质，所有固体、液体、气体都在其基础上形成（他还认为地球是漂浮在水上的圆盘状物体，这就很容易解释地震）。经过简单的观察就会发现水无所不在（米利都本身就眺望着广阔的海洋），水赋予人类、动物及植物以生命，这对任何人来说都不是秘密。虽然看起来这种合理探究会使泰勒斯质疑神明的存在，但事实正相反，因为他认为世界不仅有生命，而且"充满神力"。
>
> 泰勒斯的结论立即受到米利都思想流派其他成员的挑战。阿那克西美尼（Anaximenes）拒绝承认水是基本元素，他认为是空气。泰勒斯的亲戚阿那克西曼德（Anaximander）否认这两种观点，认为地球就像悬于太空中的鼓，其上栖居的所有生物都从湿气（种子）产生。阿那克西曼德似乎是第一个制作世界地图的人，他假定了一种进化论观点，相信宇宙是由他定义为"无限（Infinite）"的物质所统治的，"无限"是神圣的、不朽的，是一切事物的本源。
>
> 像这些理性的思想织成了新世界的外衣，公元前4世纪柏拉图与亚里士多德在他们的著作中将其推向了顶峰。

的大部分经历，正如僭主家族中的一员，雅典的阿基狄斯（Archedice）的墓志铭所证实的：

> 尘埃湮没阿基狄斯，希比阿斯——当时希腊最伟大的人——之女；尽管她的父亲、丈夫、兄弟及儿子都曾为僭主，但她从不骄傲自负。
>
> （修昔底德，6.59）

僭主政治迅速消亡的原因之一就是僭主很容易成为刺杀对象：一个政权会因一人遇刺而覆灭。然而，这种政体在如此短的时间内兴起与消亡的最主要原因是产生僭主的社会环境很快消失了。僭主填补了旧秩序被打破与新秩序尚未建立之间的空白。

在希腊西部还有另一个僭主时代，因其是建立在晚期殖民基础上的，所以相比东部滞后；但是最终东部和西部都走向了更加完善，更加稳定的政治体制——民主便是其中之一。

萨摩斯的波吕克拉泰斯

在公元前7世纪与前6世纪间统治的诸多僭主中，最伟大的当属萨摩斯的波吕克拉泰斯。他在统治时期（约公元前532—前522年）将萨摩斯——一个广袤富庶的伊奥尼亚岛屿——发展成为主要的商业中心和希腊最早最强大的海上力量之一，其影响遍及周遭岛屿、小亚海岸及其他地区。他还支持艺术家及诗人，使岛屿成为一个重要的文化中心。一位古代作家（尽管他不总是可信的，有时言过其实且品行不端）对波吕克拉泰斯的统治做出如下评价：

> 在《萨摩斯年鉴》(Samian Annals) 第三卷中，阿莱克西斯（Alexis）说波吕克拉泰斯用许多城邦（的资源）装饰萨摩斯。他引进摩罗西亚与拉西第梦的犬、斯库洛斯与纳克索斯的山羊以及米利都与阿提卡的牛。阿莱克西斯还说他以很高的薪金召集手工艺人。在成为僭主之前他就为自己制作奢华的卧榻与水杯，给新婚的或参加盛大庆典的人使用。基于这些，我们有理由感到惊讶，这位僭主此次并不是因派人到处寻找女人和男孩而被提及，尽管他有与男性私通的激情；他因爱上诗人阿纳克莱昂（Anacreon）而成为一个妒忌的情敌，曾气愤地剪掉爱人的头发。波吕克拉泰斯是建造船只的第一人，并以他的家乡命名——"萨摩斯号（Samian）"。但克利阿考斯（Clearchus）说，奢华的萨摩斯僭主波吕克拉泰斯是因无节制地修习吕底亚人的女子气而被摧垮的。也是为此他在城中建立了萨摩斯集市，来与萨尔底斯（Sardis）著名的"甜蜜的拥抱"（Sweet Embrace）（妓院）竞争；为了对抗"吕底亚人之花（Flowers of the Lydians）"，他建立了恶名昭著的"萨摩斯人之花（Flowers of the Samians）"。在这些（邻邦）中，萨摩斯集市是一条妓女（的）小巷。小巷无疑以享乐与淫乱填充着希腊。
>
> （雅典娜埃奥斯［Athenaeus］，540d–f）

波吕克拉泰斯出身显赫，他的父亲阿伊阿卡斯（Aeaces）是一个有影响力的人物。他成长为僭主的具体环境不得而知，但萨摩斯的衰败很可能是由于波斯的压力。约公元前532年，据说波吕克拉泰斯仅在十五名重装兵的援助下夺取了权力，开始似乎是和他的两个兄弟共同统治，后来一个被他处决，另一个被放逐。

作为唯一的统治者，波吕克拉泰斯的霸权迅速扩张，他的船队由100艘萨摩斯战船及1000弓箭手组成，当时几乎无人能敌。尽管有些评论家将波吕克拉泰斯归于海盗之流，他的所作所为却表明他远非一个随意劫掠者。他发起的，或者以战船干涉的战争，无论对敌对友，都以确保萨摩斯在商业领域的霸主地位为首要目的。自然，经常与萨摩斯发生战事的敌人要抗议，尤其是附近的大陆城邦米利都。有一次波吕克拉泰斯打败了一支来自莱斯沃斯（Lesbos）援助米利都的船队，并使战俘围绕城墙挖一条护城河。

波吕克拉泰斯最大的敌人是邻近的波斯帝国，如其一贯举措，波吕克拉泰斯选择冒险的方式与波斯打交道。他决定成为波斯最大的对手，而不是它的附庸。尽管波斯人可能觉得萨摩斯在他们掌控之内，但波吕克拉泰斯强大的船队不可对抗，他们必须躲避，据说这是使波斯据萨摩斯岛最近地区的官员欧洛伊铁斯（Oroites）窘迫的事情。同时，波吕克拉泰斯从不愚蠢地远离波斯人，在对他有利时甚至还和他们合作。

波吕克拉泰斯扩大贸易的愿望及反波斯的态度促使他与对波斯意图持怀疑态度的埃及法老阿马西斯（Amasis）联合。他们之间的友谊显然来自一个希罗多德讲述的关于波吕克拉泰斯的著名故事。

被公认为第一个历史学家的希罗多德并不是波吕克拉泰斯的狂热追捧者。虽然生于哈里卡尔纳索斯（Halicarnassus），但是为了逃避那里的僭主制度，他迁往附近的萨摩斯，在那生活了一段时间。因此，他非常熟悉该岛的历史。他对僭主的反感和对所有反波吕克拉泰斯者的同情贯穿公元前5世纪前半期，这使他为波吕克拉泰斯描绘了如索福克勒斯悲剧一样的结局。

希罗多德还认为人类将因傲慢（hubris）或极度骄傲而受到神明的惩罚。在这个关于波吕克拉泰斯的小型悲剧中，他使僭主经历了舞台上悲剧人物必经的整个过程。据希罗多德所述，阿马西斯开始警惕波吕克拉泰斯无休止的好运，并提醒他要谨慎，因为神明会注意到他的成功。阿马西斯告诉波吕克拉泰斯，他应趁还没有冒犯并触怒神明之前扔掉最贵重的财物来证明自己的谦逊。波吕克拉泰斯便将绿宝石金指环投入大海——但为时已晚。

几天后，渔夫捕到一条鱼，鱼的大小和特征是如此引人注目而被当作特殊的礼物带到僭主面前。波吕克拉泰斯很高兴，但他最初的喜悦很快变成了惊慌，因为当他切开鱼腹时发现了他的指环。他的供奉未被接受，而且神明已经开始采取行动带给他毁灭。阿马西斯知道他的朋友难逃厄运，就断绝了与他危险的友情。

故事虽然有趣，却有漏洞。断绝这份友谊的是波吕克拉泰斯而不是阿马西斯。事实上，精明的僭主波吕克拉泰斯比阿马西斯活得长久，约公元前525年他的朋友阿马西斯去世时，他抓住机遇，援助波斯入侵并征服埃及。

然而，波吕克拉泰斯"背叛"埃及，最终却没有获得预期的好处。他派出的四十艘战船先遣队由政敌组成，他认为这些人不可能远征归来。但是他们回来了——带着颠覆僭主的意图回来了——他们团结了同样对波吕克拉泰斯充满愤怒的斯巴达人和科林斯人。在四十天的围攻中波吕克拉泰斯身处困境，但得以活命并成功保卫了城邦。

最终，僭主的好运走到了尽头。据说波吕克拉泰斯被阴谋设计与波斯官员欧洛伊铁斯秘密会面，欧洛伊铁斯事先承诺用财富回报他的援助，以此勾起他的欲望，波吕克拉泰斯中计，约公元前522年他被残忍地迫害致死。

匠师埃乌帕里诺斯

波吕克拉泰斯留下了丰富的文化遗产。诗才有阿纳克莱昂和伊布科斯（Ibycus）这样的人，后者因其合唱抒情诗而成为希腊悲剧最重要的先驱之一。波吕克拉泰斯最著名的御用艺术家是塞奥多罗斯（Theodorus），他为其保护者制作的艺术品中就有那枚不祥的绿宝石指环。有意思的是，波吕克拉泰斯未能挽留住另一位工匠之子——哲学家毕达哥拉斯，如果不是约公元前530年逃往意大利，毕达哥拉斯将会成为僭主宫廷中最杰出的人。

在波吕克拉泰斯统治时期，萨摩斯完成的所有工程中有三个最为杰出：赫拉女神庙，它是当时此类建筑中最大的，很可能也是后来建造的所有伊奥尼亚神庙的典范；保护萨摩斯海港的巨型防波堤，据希罗多德所说，在水中部分约370米长，37米深；还有一条穿山而过引水入城的隧道。希罗多德无疑亲眼看过并调查了隧道，他做出如下记述：

> 我对萨摩斯人的事情描写得更为详细些，因为他们缔造了希腊三项最伟大的工程。其中一项是隧道，它完全穿过一座高280米的山的山基，隧道两端各有一口。切断的长度几近1600米——其高与宽均为2.5米。沿着整个隧道，另有一个切口，9米深，1米宽，水从水源丰富之地通过这里用管子引到城中。这一工程的设计者是麦加拉人，纳乌斯特洛佛斯（Naustrophus）之子埃乌帕里诺斯。
>
> （3.60）

尽管希罗多德弄错了隧道的长度——实际长度为1000米——但它仍是古代最杰出的工程壮举之一，它的创造者，麦加拉的埃乌帕里诺斯在城市工程

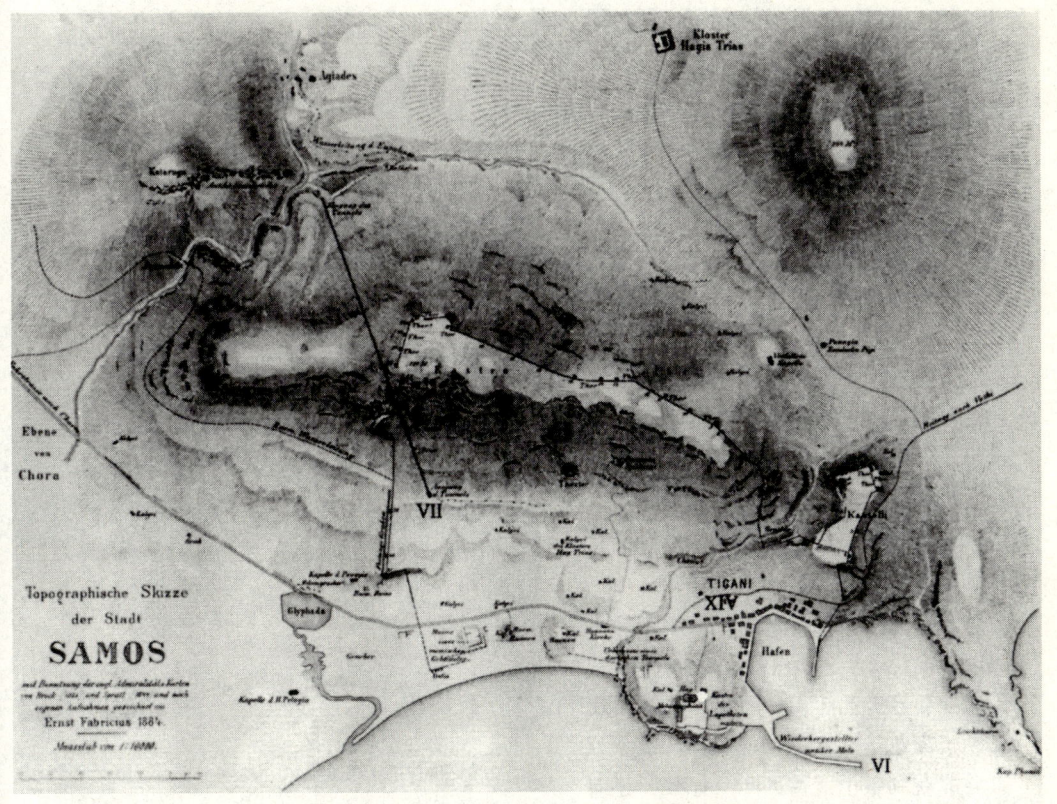

图2.3 19世纪重现古代萨摩斯与埃乌帕里诺斯隧道的计划图（德国）。隧道切断卡斯楚山脉（Mt. Castro），在标记Ⅶ处露出，将水引入下面的城市。标记ⅩⅣ是古城的中心。希罗多德提到的巨大海港防波堤在Ⅵ处。

历史上享有极高地位是当之无愧的。在当时完成这一壮举令人震惊，因为我们无法得知埃乌帕里诺斯建造隧道的详细方法，现代学者尝试用理论解释他是如何做到的。尤其令人称奇的是，这一工程隧道挖掘从山的两端同时开始，只做了轻微的修正，它们便得以在中间会合！埃乌帕里诺斯是怎样在山的中心校直隧道的，这的确是个值得深究的问题。

在埃乌帕里诺斯建造隧道时，毕达哥拉斯曾出现在萨摩斯，一些学者据此推测他为匠师提供了"毕达哥拉斯定理"来指导隧道的挖掘。然而，通过对山附近地面的测量，这一设想被推翻，问题在于——该地地势崎岖，任何几何规划都难以成功应用。

对于有方形切断面的隧道，如何在完全黑暗中切断坚硬岩石的问题已有更为合理的解释，那就是镜子的应用。在今天的埃及，这是一个广为人知的

阿里昂——为生命而歌的乐师

像波吕克拉泰斯这样的僭主总在寻找新的人才增色他们的宫廷。与其说他们是艺术的赞助人（当然有一些确实是），不如说他们希望借此获得招贤纳士的好名声。公元前7世纪，科林斯伟大的僭主培里安德吸引了当时最负盛名的里拉演艺者及歌者——麦提玛（Methyma）的阿里昂。

阿里昂是当时新商业机遇的受益者之一，他的才华将他从家乡莱斯沃斯岛带到整个地中海地区的观众面前。他的专长是祭酒神合唱歌，或狄奥尼索斯合唱颂诗（后来悲剧即由其发展而来），他因表演而富有。然而，阿里昂的故事也反映了商业革命较黑暗的一面。债务奴隶并非获利重于道德的唯一体现，还有其他表现形式。定期往返海上贸易航线的危险亦不单指风暴。

希罗多德述称，当运载阿里昂的船员认为，对他们来说，阿里昂的死会比活着更有价值时，他是怎样逃过一劫的：

> 据说，在培里安德的官廷中度过大部分时间的阿里昂，有航行到意大利和西西里的夙愿；但他在那赚了一大笔钱后，又想回到科林斯。因此，他从他林敦出发，因为科林斯人是他最信任不过的了，他便从科林斯雇了一船人。然而，等船离岸后，这些科林斯人就阴谋把阿里昂抛入大海并夺取他的财富。当他获知了他们的意图

图2.4　科林斯僭主培里安德。现藏于罗马梵蒂冈博物馆（Vatican Museums）。

> 后就乞求活命，答应可以牺牲金钱。但是他无法说服这些船员，他们命令他或者自杀——这样登陆后他或许能有一座坟墓——或者直接跳入大海。所以，既然他们如此坚决，无助的阿里昂便哀求船员允许他盛装站在后甲板上弹唱，他们站到一边观看，他保证唱完立即自杀。对船员来说，能听到世界上最伟大的歌者歌唱将是一件多么愉快的事，因此，他们便从船尾退到船的中部。阿里昂于是穿上盛装，手拿里拉琴，站在船尾尽情歌唱奥尔提欧斯歌（High Shrill Song）（纪

念阿波罗的一首著名颂歌），曲终时，他突然盛装跃入大海。船员继续驶向科林斯；但是，传说有一只海豚驮起阿里昂并将他带回泰纳隆海角，他从海豚背上上岸，前往科林斯（盛装），一到那里便讲述了所发生的事。培里安德——因为他不相信阿里昂所说的——把他监视起来，不许他去别的地方，并留心等待船员们归来。等船员到达时，便把他们召集到面前并且问他们是否有阿里昂的消息。是的，他们说，他一定在意大利某个安全的地方，因为他们离开他林敦时，他在那里富足地生活着。这时，阿里昂出现在他们面前，就和他从船上跳下去的时候一模一样；吓得目瞪口呆而谎言又完全被识破的船员再也无法否认自己的罪行了。这就是科林斯人和莱斯沃斯人所说的，而且，在他林敦有阿里昂的一件献纳品，一个骑着海豚的男子的青铜雕像。

（1.24）

阿里昂到底是如何安全上岸的（希罗多德与培里安德均持怀疑态度）我们无从知晓。古代流传许多人类与海豚之

图2.5 公元前4世纪他林敦的货币证实了该城"海豚背上的男孩"这一主题的广受欢迎。有意思的是，也正是从他林敦，阿里昂起航并遇见了驮起并救他一命的海豚，如上图。

间友好的故事，其中一个甚至涉及亚历山大大帝，现代研究证实了这种生物的智慧及其与人类的类同。然而,他林敦（阿里昂起航,开始不祥旅程的城市）货币（见图2.5）上的图徽表现的是塔拉斯（他林敦）以与阿里昂相同的方式骑在海豚上,使这个故事太过巧合以至于不符合事实。或许他是被他林敦人（Tarentines）所救，故事不可避免地按照现在的情节发展下来。阿里昂故事中海豚的角色也很自然，因为歌者和乐师是受到阿波罗庇护的，而阿波罗的圣物便是海豚。

方法，例如，要从底比斯照亮横跨尼罗河（Nile）埋葬的古埃及人坟墓要使用镜子。一个人用镜子收集一束太阳光，将其传送到站在坟墓入口下的另一个人的镜子上。然后这个人将反射的光照向墓内——如果必要的话，传向另一个人——通过这种传递，即使是墓的最深处也可被照亮。

埃乌帕里诺斯隧道的工作组成员可能采用了类似的方法。在南入口以内一小段距离，在古代隧道入口之前，有一个垂直的采光井向黑暗内端发射耀

图2.6 埃乌帕里诺斯隧道,古代伟大的工程壮举之一。

眼的太阳光。一面大镜子很可能以固定的角度固定在地基上,被放置在光线的底部,用来捕捉光线。当光线倾泻进来,就以精确的线路被投射进入隧道,工人沿此挖掘。在长距离的山洞内部,单一光源不能保证有效指导。于是我们推测,和埃及人一样,用多面镜子传递光线的有效方法在隧道挖掘过程中得以确立,严谨地遵循着原始方向。

这种方法,或者其他某种类似水平的简单方法,就是两条隧道能够在山中间相接所需的全部保证。隧道墙体小的变化主要是因为工人在挖掘过程中不得不遵循自然"赋予"岩石的形态,但他们总是回到原始的路线。幸运的是,这一地区有许多晴朗的日子,因为乌云密布的天空势必会妨碍工程的进展。

镜子理论的基本假说在隧道中已经得到成功的验证,而且在萨摩斯,早在波吕克拉泰斯时代镜子就已出现(来自阿马西斯的礼物),所以对镜子的应用是没有疑问的。我们只发现了一个垂直的采光井，虽然如果光线可以通过其他的方式直接被反射入隧道，就不需要另一个采光井，但是在北隧道同样存在类似设施的推断也是合理的。

在远处看镜子反射的光线——正如现代萨摩斯孩子用镜子照射海上船只的游戏——很可能也有助于埃乌帕里诺斯探知隧道两端正确的起点。因此，一开始看似复杂至极的问题可以用非常简单的方法解决。我们已习惯于先进的技术方法，有时却忘记了用最少的资源可以做多少事。

3

泛希腊赛会

克罗同的法乌罗斯——早期体育英雄

……人生在世,没有什么能比以双脚的速度和双手的力量所赢得的荣耀更伟大。

(荷马,《奥德赛》,8.147–148)

城邦的兴起

　　古风时代见证了诸多变革和新思想的产生，但毋庸置疑的是，城邦（polis）的兴起与壮大是走出黑暗时代最具意义的发展。林立的村庄，大多在地理上各自孤立于多山的地区，以共同的亲缘关系为基础，逐渐从几个世纪前的无序状态中显露出来，成为一个个典型的小型城市中心。每一个都是绝对独立自主的，并且拥有自己的政治制度、主要的神祇、"民族"认同以及领地。

　　这些城邦之间经常剑拔弩张，大国争霸，小国图存，最终导致同盟的形成。历史上的希腊人以一个既没有联邦政府也没有中央集权政府的松散民族而发展壮大——这是我们难以理解的观念，因为一提到统一的国家，我们就会联想到明确的疆界和都城的统治地位。

　　第2章中我们提到的殖民运动进一步加速了城邦分立，城邦制度随之在整个地中海世界得以确立。由是，我们或许可以这样认为，希腊人所居住的任何地方都是古希腊的"国界"。除希腊半岛和周遭海岛之外，他们还主要集居在南意大利、西部的西西里岛和东部的小亚海岸。这个广阔的领域，比其他任何地区都重要，构成了古代希腊（希腊人称之为"赫拉斯［Hellas］"，称自己则为"赫拉斯人［Hellenes］"）。

　　虽然希腊人在政治上颇不统一，而且在地理上遍及地中海世界的广大地区，但他们还是有很多共性。就像我们，即使祖国失去了周围的疆界，我们也不会失去作为美国人的认同感。希腊人，无论国界有无，在种族、语言、文化上都是紧密相连的——无论生活在哪里。比如，希腊人认为荷马史诗是他们的共同遗产，也因其产生共鸣。他们拥有共同的宗教信仰与神明，以及著名的神庙，如德尔菲的阿波罗神谕所（the oracle of Apollo）。另外，还有泛希腊赛会（Panhellenic Games）。

　　就泛希腊赛会而言，热衷于运动与竞技是希腊社会的一个显著特征，这种无与伦比的狂热一直持续到当下。纵观那几个世纪，在所有参加泛希腊赛会的运动员中，鲜有留下与克罗同的法乌罗斯同样声誉的。他及同他一样来自南意大利或其他地区的人来到希腊半岛参与竞技,此举表明已身居他乡的希腊人依然是那样强烈地崇尚传统习俗。在若干个组成泛希腊赛会的体育节庆中,最具代表性的是古代奥运会。

吕底亚的克洛埃索斯:
谜与灭亡——在德尔菲阿波罗神谕所求神谕的异国之王

对于能否成功,如果没有求得神明的暗示,希腊人从不愿做任何重要决定。他们可以直接去求神谕的一个地方就是德尔菲的阿波罗神殿(the shrine of Apollo),位于帕尔纳索斯山(Mt. Parnassus)的山坡上,俯瞰着科林斯湾。(见图5.14德尔菲复原图。)

德尔菲被认为是世界的中心,而且长期以来,甚至在阿波罗掌管这里之前,就被视为神圣的地方。早在古风时代,这个神示所就作为求神谕的首选之地出现了,甚至非希腊人也来此求神谕,如小亚的吕底亚王克洛埃索斯。

当然,求神谕者不是直接面对神明,而是从皮提娅(Pythia)(一位能在神的启示下预言的女子)那里获知问题的答案。对重要的询问她通常谜一般地做出答复,或者至少是模棱两可的回答,因为直白的答案会使尊贵的客人不悦,继而驳斥神庙的神力。尽管如此,对神谕的重新解释并不鲜见,而且德尔菲似乎永远也无法从其没能成功预言希腊会赢得希波战争(Persian Wars)的失败中痊愈。

据古时的记载,皮提娅端坐在三足器上,吸入一口"圣灵之气"或从地缝中升起的气息,从而使自己处于通灵的迷幻状态。地缝散发出的气体有甜蜜的味道,既可作游离气体飘浮,也可在圣洁的卡索提斯(Kassotis)泉水中升腾。这个古老的传说,虽然被公元2世纪的著名传记作家和伦理学者,也曾担任德尔菲阿波罗神庙祭司的普鲁塔克证实,但到20世纪却被否认,因为考古学家并未在阿波罗神庙(Temple of Apollo)的地下找到大的裂缝。另外,学者们认为这种令人迷醉的气体只有在火山区才能形成,而德尔菲并不是火山区。但是最近,包括约翰·霍尔(John Hale)教授在内的一个由考古专家和科学家组成的团队所做的调查显示,阿波罗神庙被精心地建筑在两个地理断层的交汇处,还有一个季节性泉眼涌至地表。科学家通过对神庙的水和岩石所做的实验室分析发现了含有乙烯的石油化学物质。乙烯是一种甜味气体,既可导致临时性强烈谵语,也可诱发轻度"灵魂出体"的迷幻状态。据霍尔教授的看法,这些科学证据证明了古代著作家记述的准确性。如果从宗教角度理解这种迷幻,据普鲁塔克自己说,"圣灵之气"只是诱因:女祭司精神

图3.1 德尔菲阿波罗神庙遗迹,德尔菲求神谕处。

上的准备和对肉身的洗礼是其神力最重要的源泉。还有人认为皮提娅咀月桂树叶,饮圣泉之水。在这样的迷幻状态下,她成为阿波罗发布神谕的媒介。

虽然神庙全年开放,但阿波罗每月只"出现"一次,一年仅九次,所以在他"出现"的日子,只有最重要的求神谕者才有机会被接纳。德尔菲把特权地位授予某些城邦及个人,这会使神庙在求神谕之前或求神谕之时获得大量捐资。求神谕过程的细节难以再现,尤其是神庙最初的岁月,后人的观点也永远不会完全达成一致。无论是口头的还是书面的形式,当然有时也是秘密的,所有的询问都被视为神圣的,被预先交给祭司,很可能是为了给他构思答复的时间——虽然他对皮提娅言辞的解释应该是即兴的(显然,往往不是很好的)诗歌或散文。

在奉献了必要的宗教供品之后,求神谕者被带到阿波罗神庙的接待厅,并在此等候,这时祭司前往已处于迷幻状态的皮提娅所在的隐秘处向她提问。答复并不统一,不同的女祭司会用各种不同的方式发布信息,正像普鲁塔克在神庙的辉煌岁月过去几个世纪之后所叙述的那样(《道德论》,397c),每一位皮提娅都依据自己的个性以及感受神的启示程度做出答复。这与德尔菲人流传的那位意外发现皮提娅最后所在位置的牧羊人的故事（《道德论》, 433cd）相吻合。他开始滔滔不绝地说一些只能被理解为"神明的话语"的东西。毫无疑问，这种一次性的强烈气体从裂缝中发散出来是势不可挡的，在神谕所在的高度，雾气可能会使皮提娅对自己说话的内容及方式失去控制——显然，这就是在求神谕时需要两个女祭司，外加一个替补的原因之一。无论什么情况，"答复"肯定是模糊的（但不排除诗意的语言），只有祭司能"理解"，他将以口头的或者书面的形式将阿波罗的答复告知当事人。求神谕就结束了。神庙不提供正式的解释员，如果求神谕者没有带自己的解释员来，无疑会有很多解释员就在山下，或者求神谕者的城邦等着呢。普鲁塔克记述道，在德尔菲的后期岁月，希腊世界其他的神庙甚至都不再行使职责了，引起不满的原因是神托的答复过于简洁（《道德论》, 409c）。

对于大多数希腊人来说，这是正统的也是可以接受的获知神意志的方式。因为是阿波罗的圣地，德尔菲也尽世界银行的职责，它是可靠的标志，诸城邦认为将大量资金存放在那是安全的。祭司们坚信不疑地认为自己是作为阿波罗的工具在经营着神庙。然而，不用说，他们能够而且的确欣然为德尔菲以及他们的朋友们操纵神谕——他们左右了当地

图3.2 吕底亚的克洛埃索斯发行的斯塔特。希罗多德提及，这个国王在德尔菲分发了许多斯塔特，希望他的询问能得到肯定的答复。

的，甚至世界上的大事。例如，阿里斯多芬在戏剧《骑士》(*Knights*) 中，通过笔下的人物帕弗拉功（Paphlagon，意在表现雅典狡猾的煽动者克里昂［Cleon］）尽情地展现了暗中对神谕的滥用与变更。

在德尔菲，或许最著名的就是前面提到的克洛埃索斯所求的神谕。公元前546年前夕，他派人去求神谕。克洛埃索斯对波斯王居鲁士日渐忧虑，因为居鲁士已经对他的王国构成威胁。在慷慨地用昂贵的赠物获取德尔菲人的支持后，他做好了准备。希罗多德这样记述了这个故事：

> 克洛埃索斯下令给那些将要把礼物送到神庙的吕底亚人，命他们去询问神谕："克洛埃索斯应该和波斯人作战吗？应该为自己寻求同盟力量吗？"当吕底亚人到达了目的地并奉献了礼物后，便请示神谕，说道："克洛埃索斯，吕底亚以及其他各民族之王，因为他认为这里的神谕才是世界

上唯一的神谕，因您的灵验，他奉纳您应得的礼物在您面前；所以他现在向您请示，是否应该与波斯作战，是否应该为自己寻求同盟力量。"这就是他们所问的；两个神谕结果一致，向克洛埃索斯宣布，如果他与波斯作战，他会灭亡一个大帝国；并且忠告他找到希腊人民中最强大的势力作为自己的盟友。

当克洛埃索斯听到从神明那里传递回来的答复，他对神谕极其满意，满怀信心地期待着自己会摧毁居鲁士的王国。他派人去德尔菲并赠给德尔菲人每人两个斯塔特（经询问已得知了人数）。作为回报，德尔菲人把求神谕的优先权、免税权和在节庆中拥有最优等席位等特权赠予了克洛埃索斯及吕底亚人；此外，任何一个吕底亚人，只要他愿意，就有权成为德尔菲的永久公民。

因此，在赠给德尔菲人金币之后，克洛埃索斯再一次请示神谕；因为既然他相信神谕再可靠不过了，就想更充分地利用它。现在他想知道的问题就是：他的政权会长久吗？于是皮提娅如此答复：

一旦一头骡子成为君王
米底人之王，
那么，孱弱的吕底亚人，
就要沿着多石的赫尔姆斯河（Hermus）逃跑
逃吧，不要幻想可以牢牢地站住，也不要
羞于胆小软弱。

当克洛埃索斯得知这些话语，他欢喜得无以复加；因为他知道一头骡子绝不可能替代人成为米底王，因此，他坚信他及其后裔都不会丧失权力。

（1.53–56）

可想而知，克洛埃索斯的大喜过望是愚蠢的。他以自己希望的方式解读了神谕（而且他的确花了足够多的钱财从神谕那里期待这个结果），但是他本该对谜的另一面做好准备。神谕只是说如果克洛埃索斯"与波斯作战会灭亡一个大帝国"，不幸的是，她没说是谁的帝国。公元前546年，居鲁士——神谕里所指的"那头骡子"（因为像骡子一样，居鲁士是混血）——打败了克洛埃索斯，并灭亡了他的王国。切记，解读神谕时一定要谨慎！

奥林匹亚赛会

为众神之父宙斯献祭的宗教仪式——奥林匹亚赛会（Olympic Games），是希腊所有体育节庆中最为盛大的。奥林匹亚赛会每四年在奥林匹亚（Olympia）举行一次，奥林匹亚是埃利斯（Elis）的阿尔斐俄斯河（Alpheus

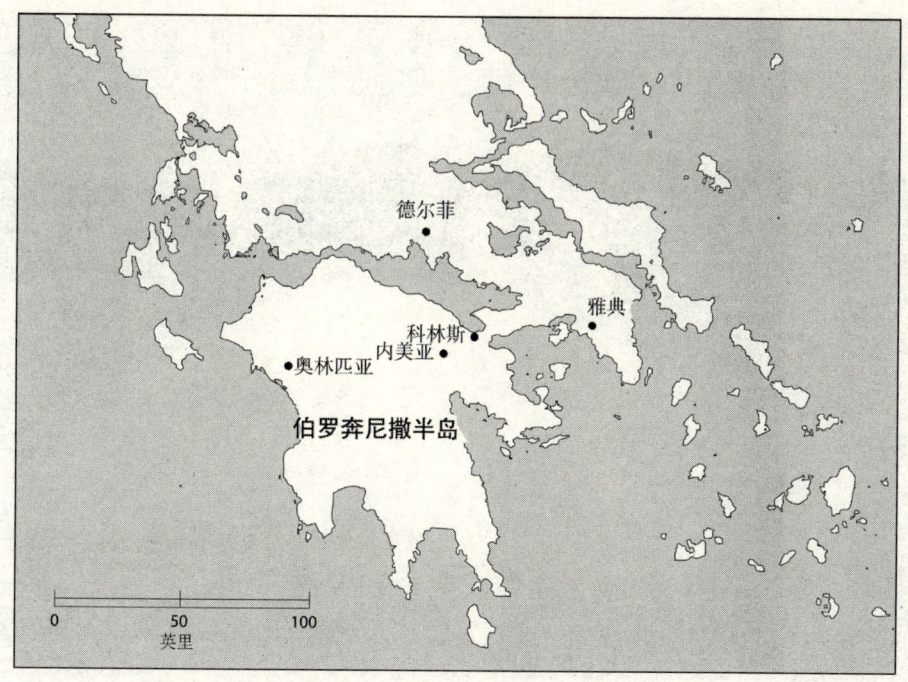

地图6 希腊主要赛会举办地。奥林匹亚赛会在奥林匹亚举行；德尔菲赛会在德尔菲；科林斯附近的地峡赛会在地峡；内美亚赛会在内美亚。这四个赛会构成了古代希腊运动节庆的"大满贯赛"。最重要的本土赛会要在泛雅典娜大庆期间在雅典举行。

River）岸边的宙斯圣地，位于伯罗奔尼撒半岛（Peloponnesus）西部的一个乡村。虽然古老的传说显示这个场所早就与运动竞技有关，但据希腊历史上最可靠的早期记载，奥林匹亚赛会却直到公元前776年，当埃利斯的科罗厄波斯（Coroebus）戴上第一个奥林匹亚获胜者的桂冠时才正式开始。赛会持续了近1200年，很可能是在公元393年，信基督教的罗马帝国皇帝狄奥多西（Theodosius）废止所有异教团体时终结了赛会。

奥林匹亚赛会起初规模并不大，唯一的赛事就是约为200米的赛跑，直到半个世纪之后，才增加了第二项赛事——400米赛跑。到公元前7世纪末，长跑、五项全能（一项耗尽力量与耐力的比赛，包括跳远、掷铁饼、掷标枪、摔跤和200米冲刺跑）、摔跤、拳击（奥林匹亚赛会中最危险的项目，因为选手的手臂和拳头都缠着厚厚的皮条）、单马和四马战车赛、盛行的搏斗（糅合了摔跤、柔道、拳击、甚至殴打！）以及大多数少年项目都已经产生了。

图3.3 奥林匹亚的体育场,古代奥林匹亚赛会举办地。

最初,可能所有的非马术赛事都在宙斯圣域内的宙斯祭坛(the altar of Zeus)附近举行,或者在阿尔提斯(Altis)。公元前6世纪,组织工作的简陋和观众的不断增多催生了一个不太大的场地,而它便是三个体育场中最早的一个。这个世纪还见证了奥林匹亚一个重要建筑工程的开始,那就是于伟大的公元前5世纪完工的宙斯神庙(Temple of Zeus),内有雕塑家斐迪亚斯(参看第6章)用金与象牙雕著的巨型宙斯神像——"古代世界七大奇迹"之一。

公元前472年,运动会延至五天,可能除了双马战车赛外,其他主要赛事的程序都已成定式。不过,赛会还会继续增设新项目,如下表(包括了所有奥林匹亚赛会的赛事)所示:

奥林匹亚赛会赛事	增设年代
200米赛跑	公元前776年
400米赛跑	公元前724年
4800米赛跑	公元前720年

图3.4 准备赛跑的、正在摔跤的、手握标枪（五项全能中的三项）的运动员们。墓碑碑基，约公元前510年。现藏于雅典国家博物馆（National Museum）。

五项全能	公元前708年
摔跤	公元前708年
拳击	公元前688年
四马战车赛	公元前680年
搏斗	公元前648年
单马战车赛	公元前648年
少年200米赛跑	公元前632年
少年摔跤	公元前632年
少年五项全能	公元前628年（同年取消）
少年拳击	公元前616年
武装赛跑	公元前520年
骡车赛	公元前500年（公元前444年取消）
牧马赛	公元前496年（公元前444年取消）
双马战车赛	公元前408年
号手赛	公元前396年

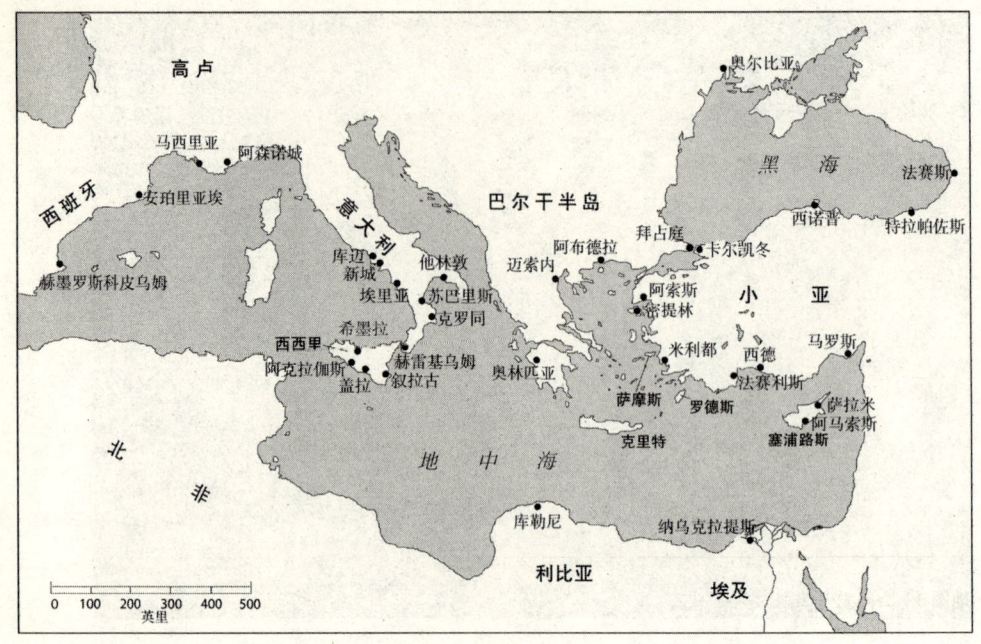

地图7 希腊奥林匹亚赛会运动员的家乡。参赛者来自整个古代地中海世界，尤其是南意大利和西西里岛。

传令官赛	公元前396年
四马战车赛（幼马）	公元前384年
双马战车赛（幼马）	公元前268年
单马战车赛（幼马）	公元前256年
少年搏斗	公元前200年

注：古代奥运会没有增设像接力这样的团队赛事，马拉松也是现代增设的项目。

我们无法准确重现历时五天的节庆日程表，但简单来说，活动安排和准备工作大体按如下程序：在奥林匹亚年的夏天，至少在运动会开始前一个月，选手就要来到控制奥林匹亚赛会进程的埃利斯，在十位裁判的监督下训练。这些裁判选自埃利斯当地贵族，他们会监督整个节庆。他们决定谁是最好最有价值的运动员，淘汰较差的运动员，核实与公民身份有关的事项，剔除有奴隶或犯罪背景的参赛者，同时做所有其他必要的决策。赛会开始前两天，有参赛资格运动员的随从、他们的教练以及裁判便踏上了前往奥林匹亚的旅程，他们会在节庆的前夕抵达目的地。

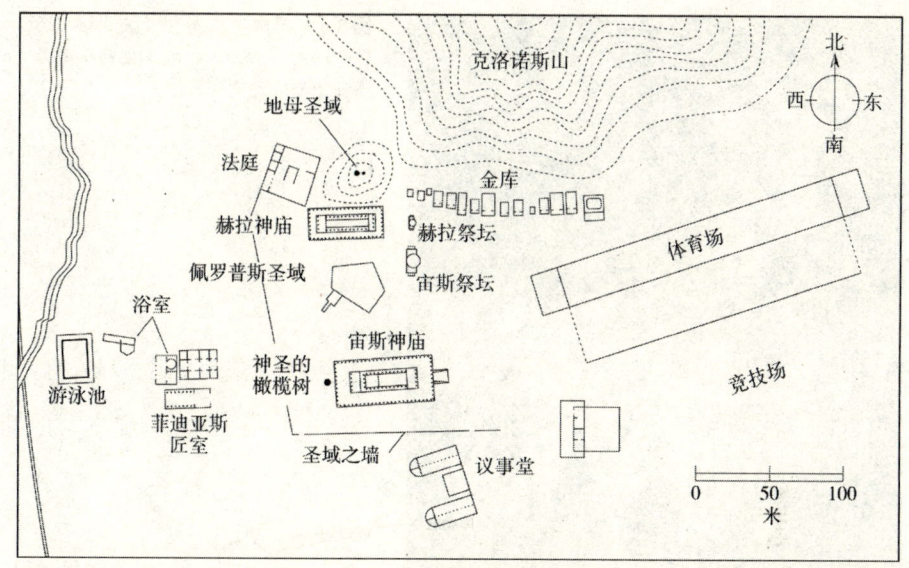

地图8 公元前5世纪的奥林匹亚

第一天没有安排体育赛事，但是所有的庆典、牺牲、祈愿以及裁判和运动员宣誓等应办事项在这天举行。第二天，竞技开始，首先是战车赛和赛马，在跑马场或赛道（毗邻奥林匹亚体育场的一个开阔平坦的区域）进行。在奥林匹亚赛会中最炫目也最昂贵的赛事是四马战车赛，它的参赛者出场时喧嚣的盛况，可能是古代赛会中最接近开幕式的场面。五项全能运动员在第二天下午比赛，虽然我们无从知晓冠军具体是怎样产生的，但是最大的可能是赢得这五个项目中多数项目的选手获得冠军。如果没有明确的获胜者，有机会争夺冠军的选手还要在摔跤中为胜利的桂冠而战。

节庆的第三天，也是五天中间的这一天，要经过精确计算使其正值满月（可以在指定的奥林匹亚年［Olympiad］的八月或者九月），这是奥运会中最神圣的日子。向宙斯祭坛——举行百牲大祭的地方——行进的浩荡的游行队伍，是这天早上所有或公开或秘密的宗教仪式中最令人叹为观止的。牺牲剩余的肉会在稍后的牲祭大宴上被享用。同天下午举行少年组竞技。第四天的赛事包括个人赛跑和身体对抗赛，随着武装赛跑竞技的结束，此次运动竞技全部结束。第五天，大多数胜利者（如果不是所有的）戴上冠军的花环，做完更多的献祭，为胜利者举行庆功宴后，奥林匹亚赛会结束。

有史记载时期，奥运会上每项赛事只有一名选手获得奖赏，奖品是一个

图3.5 宙斯站在类似于奥林匹亚竞技中的那种四马二轮战车上的小雕像。现藏于伦敦大英博物馆。

简易的橄榄枝花环——宙斯的圣物,它与赛会背后的宗教和自然理想相称。然而,随奥林匹克冠军而来的是很多非官方的收获。例如,他的英雄事迹可能会被那个时代某位大诗人——或许正是那位歌颂了无数运动员的胜利的品达(公元前518年—前438年)——歌颂并传扬,从而使自己在诗歌中不朽。在品达所歌颂的人物中就有科林斯的色诺芬(Xenophon),他歌颂了色诺芬在公元前464年奥林匹亚赛会中的伟大成就:

> 神父宙斯,
> 在奥林匹亚之巅
> 统治万物的神啊,
> 心中不怀嫉妒
> 不违背我的话语
> 现在及永远。
> 使这里的人民远离伤害,
> 扬起色诺芬好运之风帆。
> 来吧,因他的荣耀而来的狂欢。
> 他来自比萨(Pisa)平原,胜利者——
> 前无古人——

图 3.6　品达。他在颂歌中颂扬了许多奥林匹亚赛会的胜利。现藏于罗马卡皮托里尼博物馆（Capitoline Museums [Montemartini]）。

赛跑和全能中也不曾有过。

（《奥林匹亚颂》，13.24-31）

　　可能还会为获胜的运动员在奥林匹亚圣地立一尊雕像，这对于获胜者和他的家人，以及从其城邦来的游客和后代来说都是引以为豪的资本。保桑尼阿斯（Pausanias），公元2世纪参观并记述了奥林匹亚的希腊旅行者，为我们详尽地描述了这个古老的场所（《希腊行纪》，卷5-6 [Description of Greece, Books 5-6]）。他亲眼目睹了上百尊这样的雕像，尽管最早的是用木头雕刻的，但他见到的大多是大理石或铜制成的。为表示感激，城邦可能还会在家乡为英雄立另一尊雕像，同时还会奖赏他为数可观的金钱、终生免费食宿以及其他类似的荣耀。传说某些希腊城邦甚至拆毁一段城墙来迎接奥林匹亚赛会的胜利者，尽管（至少在古典时代）这是未经证实的，但我们确切知道，整个城邦都会为英雄庆祝。例如，在公元前412年，西西里的阿克拉伽斯（Acragas）200米赛跑冠军克塞埃内托斯（Exaenetus）返乡时，民众给予极高待遇，用白马拉的双轮战车护卫他进城，另有三百辆战车陪同。名利双收，看来奥林匹亚赛会的胜利者已无所求了。

当然，成为奥林匹亚赛会冠军是很多人的梦想，但是只有少数人能够实现。运动员很小就开始训练，在公元前6世纪之前，训练是很不正规的，因为当时既没有体育馆也没有专业的教练员提供正规的指导。尽管如此，有迹象显示，运动员已经采用并分享一些他们发现有用的培训技巧、练习及饮食方法了，并且全天，或者几乎全天，投入到提高运动技能的训练中。尽管有人认为早期的运动员都是贵族，却没有证据能说明此观点。实际上，第一个奥运会冠军科罗厄波斯似乎是一个厨子。宣称贵族在追求运动生涯中大多占有更好的位置或许是正确的，但是和现在一样，竞技场为非贵族的年轻人提供了在各自所在城邦中提升社会地位和改善经济状况的机会。

最终当体育场被使用时（很可能是出于保证身体健康的公民服役的需要），它很快就成了社会和宗教中心，以及各种形式运动的聚集地。其中包括对希腊年轻人的竞技训练。专业教练员，退役运动员，有时获胜者本人被城邦（也经常被个人）雇佣来监管训练以及指导那些显示出最有前途从事运动职业的人。赛会的胜利带给获胜者所在城邦以威望和荣耀，希腊人不为失败而战。训练是严肃的事情——不是娱乐。仅仅参与毫无意义，对于失败带来的那种羞耻，品达在他的另一篇颂歌中这样描述：

> 皮提娅庆凯旋，
> 他人哪得享。
> 败者回到娘亲旁，
> 亦无欢声笑语扬。
> 局促一隅避顽敌，
> 任凭惨败情伤。

（《皮提娅颂》，8.83—87）

训练和比赛都是伴随着音乐裸体进行（"体育场 [gymnasium]"一词源于希腊语"gymnos"，意思就是"裸体的"），传说和艺术作品中都是这样描述运动员的，在正式竞技中裸体完成——参加马术赛事的除外。然而，在早期奥林匹亚赛会中，人们显然是缠束带的，常识决定，在一些赛事中，哪怕只是为了保护运动员也应缠束带。

那些在奥林匹亚获胜的人几乎被奉为神明。他们可以人类所能的最大程度接近神灵，而不会冒犯神灵。他们在希腊社会拥有特殊地位，相比今天任何一个受到大肆吹捧的运动员，他们以更高尚、更理想的方式受到尊重。然而，为了避免希腊运动会及参赛者被过度理想化，我们也该注意到，许多困扰现代奥林匹克运动会的问题也使他们苦恼。

希腊的政治氛围引起很大争议，因为主要的城邦不断地互相竞争——不光是体育方面，还有军事以及其他方面。这些城邦之间一般不能友好相处，他们唯一能够达成一致的就是，一个希腊人，无论来自哪个城邦，都要优于任何一个非希腊人。通常这种种族观念阻止了外邦人参与奥林匹亚赛会。然而，我们要知道，也没有那么多希腊世界以外的人对竞技感兴趣，因为几乎没有哪个城邦拥有相似的运动传统。即使政策允许一些重要的没有希腊血统的人来参与比赛，裁判也可能区别对待，而且裁判有时确实这样做了。

且不论赛会的宗教寓意，奥林匹亚年之前不同城邦之间既存的敌意会被奥林匹亚休战时的友好竞争精神取代，这很难让人相信。对手只是以另一种方式表达敌意。不像今天的赛会，那时和谐不是主要的考虑因素。在竞技中，运动员可能死亡，恐怕不是所有的死亡都是意外！因此，运动场在某种程度上来说也是战场。甚至奥林匹亚本身都可能在举行赛会时被军队袭击，像公元前364年，阿卡狄亚入侵者就抵达了圣域。

军事寓意也不足为奇，因为运动的源头本就植根于战争赛事——帮助士兵应对严酷的实战而准备的赛事。西方文学中对体育竞技的最早描述是荷马的《伊利亚特》和《奥德赛》，发生在一个勇士部落的葬礼赛会上。这里，没有不是战士的运动员，而且希腊语中，战役和竞技是同一个单词——agon。许多奥林匹亚赛事就是从军事训练发展而来，像掷标枪和矛、赛跑、白刃战（摔跤和拳击）和骑马。武装赛跑就时时提醒着我们士兵和运动员之间的联系。

对古代奥林匹亚赛会一个长久以来的错误观念是参赛者都是严格的业余者。这显然是错误的。如果一个业余者被定义为不从他或她的运动才能中获取利益的话，那么在古代没有业余者。具有讽刺意义的是，现代对业余的概念是由19世纪浪漫贵族对希腊运动的错误概念衍生出来的，古代并不存在。赢得奥林匹亚赛事是如此尊贵的荣耀，不是唾手可得的。参赛者和他们的教练都是出色的专业人士，受优待并享受津贴，由所在城邦供养。大的城邦甚至试图（很多时候成功地）用金钱的许诺吸引来自小城邦的准冠军。来自南意大利卡乌罗尼亚（Caulonia）的迪肯（Dicon）就是接受这种恩惠的运动员之一。公元前388年迪肯在奥林匹亚赢得少年组200米赛跑后，叙拉古人提供给他钱财，使其宣布为叙拉古竞技。事实证明这是一个英明的投资，迪肯可以继续在这个项目赢得成年组的比赛，在下一届奥林匹亚赛会上他为叙拉古人赢得了两项胜利。很明显，迪肯的例子是有影响力的，在公元前384年同一届运动会上，克里特的索塔德斯（Sotades）赢得了长跑比赛，但是四年后为以弗所（Ephesus）而战。

这种"不良行为"在奥林匹亚赛会中并不鲜见，尤其在公元前5世纪之后，其他"违反运动精神的行为"的事例更是屡见不鲜。来自西库昂的索斯特拉托斯（Sostratus），一个公元前4世纪中叶的搏斗选手，三次赢得奥林匹亚赛会的胜利，他有一个恶劣的习惯，那就是直接将对手的手指折弯（显然是折断）。他以"断指人"著称。另一个搏斗选手，来自亚历山大城的撒拉皮翁（Sarapion），在公元25年第201个奥林匹亚年，当他发现比赛太难以应对时便逃跑了。雅典的卡里普斯（Callipus）在第112个奥林匹亚年的五项全能赛事中"收买"了他的对手；据说，公元93年的赛会阿波罗尼乌斯（Apollonius Rantes）迟到了，却未如实告知裁判他的下落。

我们还知道一些成年人谎报年龄，这样就可以参加少年组（12—18岁）的赛事。因为没有出生证明，一个有男孩特征的成年人或许就可以蒙混过关，以期用他的成熟窃取胜利。这种行为一旦被发现，大多数有过失的运动员会被判罚款或禁赛。有些甚至会遭鞭打，这是不常见的惩罚，因为通常是对奴隶施行的。但欺骗也会引起宙斯的愤怒，所以罚款大多用来建造雕像或祭献给神，这可以平息神的愤怒，也是一种警示他人不要这么愚蠢的方法。很明显，体育运动中的瑕疵不仅仅是我们这个时代特有的。城邦甚至也会受罚，斯巴达在公元前420年因为没有遵守休战的规定而被罚款和禁止参赛。

像现在一样，运动员的许多过失不为一般的狂热者所知，然而批评家对此的批判就更加无情。在古代，有些人发现空前的奉承与他们的不良行为相混杂，让人无法接受。他们认为，这些人对社会所做的贡献与他们获得的赞扬、尊重以及财富不相称。伟大的雅典悲剧作家欧里庇得斯，在公元前420年创作的《奥托里库斯》（Autolycus）中表明了他的异议：

> 存在于希腊的上千种罪恶中，没有哪一种比运动员的竞赛更罪恶。首先，它们于生存无益，恰当地说，不能由此学会生存。一个食不果腹的穷人怎么能获得比他的祖辈更多的财富呢？另外，这些运动员无法忍受贫穷，但也不能支配自己的财富。因为他们还没有养成好习惯，他们无法应对困难。在全盛时期，他们像城邦的神像一样耀眼，但是当老年的苦涩来临，他们就像褴褛破碎的毛毯。因此我谴责这个习俗，希腊人

聚集在一起观看运动员比赛，尊崇一无是处的娱乐，就为了给大餐找一个借口。有哪一个人曾通过赢得摔跤的桂冠或者跑得快或者铁饼掷得远或者给对手的下巴一记上勾拳来保卫祖先的城邦？难道人们不是用他们手中的铁饼进行战争亦或穿过盾牌列队将敌人驱逐出祖先的土地？站在钢铁般的敌人面前时，没有人傻到要去赛跑的地步。

我们应将桂冠给予善良的人和智慧的人，能较好领导城邦的人，公正的人，用他的话语指引我们远离罪恶、战役、内讧的人。这才是使每一个城邦以及所有希腊人受益的事情。

（残篇，282）

其他人控诉运动员利用因胜利得来的地位在政治上抬高自己。诚然，例如来自佩勒内（Pellene）的查埃龙（Chaeron）在奥林匹亚赛会摔跤项目的四次大获全胜（公元前356—前344年）对他成为城邦的僭主有着绝非偶然的影响。还有一些人只不过拿运动员取笑：

查尔姆斯（Charmus）有一次和其他五个选手进行长跑赛跑，但是他跑了第七名。你一定会问："既然有六个参赛者，他怎么会是第七呢？"原因是他的一个朋友冲到跑道上喊"查尔姆斯加油！"于是他就第七了，如果他再有五个朋友的话，最后他就得第十二了。

（《帕拉丁文选》，11.82）

和今天一样，专业化、政治化、行贿受贿、种族主义、阿谀奉承及暴行与嘲弄也是古代运动竞技的一部分——恐怕更甚。尽管如此，赛会为希腊人提供了重要的社会与宗教经历，总的来说，赛会的积极意义多于消极意义。

其他泛希腊赛会及地方性赛会

除奥林匹亚赛会外，重要的泛希腊体育节庆也在希腊的其他地方（见地图6）举行。皮提娅赛会每四年在德尔菲举行一次，意在为阿波罗神献祭；在科林斯附近，纪念波塞冬的地峡赛会两年一度，内美亚赛会在内美亚，也是为纪念宙斯的。奖品分别是月桂花环、松枝花冠和野生鲜芹花冠，但是如同奥林匹亚赛会一样，获胜的运动员回到家乡后会得到更多的"可供私用的"

奖赏。四个赛会一起构成了一个"大满贯赛",这样的安排使得每位运动员每年至少可以参加一个赛会的竞技。这三个"相对不重要的"赛会可能会起到在相聚奥林匹亚前淘汰实力较弱竞技者的作用。

还有一些其他的地方性赛会,它们确实提供价值不菲的奖品。其中最典型的是与泛雅典娜大庆——为纪念城邦守护女神雅典娜的节庆——有关的。在这里,胜利者收获颇丰,运动员因他们的胜利成果可以收集几酒罐的橄榄油,这在市面上的价值也是一笔小财富。幸存下来的一份公元前4世纪上半叶的泛雅典娜赛会奖品清单让我们吃惊地发现,选择运动职业是多么的获利不菲。大卫·杨(*The Olympic Myth of Greek Amateur Athletics*, 124)计算出,如果按现在的日薪101美元计算,一个男子200米的获胜者获取了相当于121200美元的收入,这些赛会的其他获胜者获取了同样不菲的奖赏——上万美元。

图3.7 德尔菲的体育场,皮提娅赛会举办地。

图3.8 地峡的体育场（地峡赛会）。前面是残存的三角形起跑石。右面的坑是起跑者蹲踞的地方。起跑信号发出时，运动员要拉他握在手中的绳子，从而打开两侧的起跑门，赛跑者会在同一时刻出发。体育场的其他地方长满了树木和灌木丛。科林斯运河的地峡是排水道，在图的左上方。

图3.9 在内美亚重建的体育场，内美亚赛会在此举行。

女子赛会

除贞女和德墨忒尔的女祭司之外,妇女不允许观看奥林匹亚赛会,任何妇女都不可以参加竞技。然而,有意思的是,尽管她们不可以在现场,但以她们的名义参加战车比赛(很可能是马车赛)却是允许的。例如,斯巴达王阿基达姆斯二世(Archidamus Ⅱ)之女库尼斯卡(Cynisca)就在公元前396年和公元前392年赢得了胜利,并且在奥林匹亚献祭以纪念她的胜利。之后的几个世纪,其他"大满贯"赛会增设了一些女子赛事,但在沙文主义盛行的奥林匹亚从来没有过女子赛事。但是,有一个女子"奥运会"在不同的时间和男子"奥运会"分开举行。保桑尼阿斯描述了纪念宙斯妻子赫拉,被称为赫拉节庆(Heraea)的女子赛会。从埃利斯所有女性中选出十六位来监督赛会进程:

图3.10 公元前6世纪的青铜人物小雕像,正准备起跳的年轻斯巴达(拉哥尼亚)女运动员。现藏于雅典国家博物馆。

第 3 章 泛希腊赛会 83

女健将——特里福萨、海代娅和狄奥尼西娅三姐妹

从大约公元45年开始，德尔菲后期的祭献表明女子的运动地位有所提升，在早期罗马帝国治下的希腊，女子运动在德尔菲、地峡、内美亚以及各种地方性赛会中显然很盛行。我们在此纪念的这三位年轻女子肯定主导并广泛参与了这些赛会。她们在几年时间内能够到这么多的地方竞技并且获胜，说明她们有足够的资金支持，而且不是业余的。(也有人注意到在每个姐妹赢得赛跑的节庆中，安提戈努斯[Antigonus]这个名字都会作为节庆负责人出现。)

赫尔迈西亚纳克斯(Hermesianax)，狄奥尼西乌斯(Dionysius)之子，凯撒的特拉莱斯(Caesarean Tralles，亚细亚的一个城邦)和科林斯的公民，为他拥有相同公民身份的女儿们制作了这些雕像，向皮提娅阿波罗致敬。

他的女儿特里福萨(Tryphosa)在德尔菲，于安提戈努斯作为赛会负责人这一年是少女赛跑的获胜者，在克里奥曼基德斯(Cleomachides)是负责人时再次获胜，在下一届地峡赛会中，朱温提乌斯·普罗克劳斯(Juventius Proclus)是负责人时再次获胜，她是第一个有此成就的女子。

他的女儿海代娅(Hedea)是可敬者科尼利厄斯(Cornelius Pulcher)作为负责人时地峡赛会中战车比赛的获胜者，安提戈努斯为负责人时内美亚赛会的赛跑获胜者，美诺伊特斯(Menoites)为负责人时在西库昂再次获胜。她还在雅典赢得了纪念神皇的里拉琴比赛，当时是努维奥斯(Nuvius)，腓里诺斯(Philinus)之子作为负责人。她是在长时间内作为[名字告失]公民的第一个女子。

他的女儿狄奥尼西娅(Dionysia)在安提戈努斯为负责人时在[节庆名告失]，在尼科泰勒斯(Nicoteles)为负责人时在伊庇达洛斯(Epidaurus)的阿斯克勒庇俄斯赛会(Asclepian Games)中均赢得了赛跑比赛。

[W. Dittenberger, *Sylloge Iscriptionum Graecarum* (*Syll³*) 802 (Leipzig, 1924); L. Moretti, *Iscrizioni Agonistiche Greche* (*IAG*) 63 (Rome, 1953); and H. W. Pleket, *Epigraphica* Ⅱ: *Texts on the Social History of the Greek World* No.9 (Leiden, 1969)]

在奥林匹亚，每四年十六位女子都要为赫拉编织长袍，并且发起赫拉节庆竞技。这项竞技是不同年龄的贞女的赛跑。她们分成三组比赛：首先是最年轻的，然后是稍微年长的，年龄最大的妇女最后比赛。她们这样跑：头发下垂，穿着一个到膝盖稍上一点的宽大衬衫，右肩裸露到胸。

图3.11 赫拉节庆或者女子"奥运会"是向赫拉献祭的，见于一个4世纪在埃利斯——监管奥林匹亚赛会的城邦——发行的货币上。

她们也使用奥林匹亚体育场，但是跑道缩短了六分之一。获胜者得到一顶橄榄枝花冠和祭祀赫拉的羊的一部分，她们还有权利献祭刻有她们名字的雕像。像赛会发起人一样，那些侍奉十六女子（Sixteen Women）的也是妇女。贞女竞技也要回溯到古代。

（《希腊行纪》，5.16.2–8）

观众

另外还须提到千里迢迢前来观看体育表演，尤其是来观看奥林匹亚赛会的观众。全面休战为人们来到奥林匹亚提供了条件，在古代恐怕没有任何其他的定期赛事会吸引如此多的观众，使虔诚的体育爱好者从希腊各地在同一时间前往同一目的地。

观看赛会是免费的（虽然鼓励捐赠），但是这并不能真正抵消前来观看比赛的人所需忍受的艰苦。有些人无疑觉得该得到奖赏的是他们，而不是运动员。例如，奥林匹亚是圣地——不是城市，所以没有固定的设施或住所。在这为期五天的节庆中，观众不得不尽所能安顿好自己。除了裁判以及显贵，其他人没有座位，所以人们不得不在体育场或跑马场寻找一个有利的位置或坐或站，来观看比赛。在公元2世纪之前没有完善的供水和卫生设施，典型的蝇虫、治安问题以及"快餐"都是赛会的组成部分。关于"快餐"，阿里斯多芬在《云》（The Clouds）中指出，胃痉挛和胃不舒服是在泛雅典娜大庆期间购买小贩炖肉导致的。

为了看一眼正在比赛的自己最喜欢的运动员而和人群推挤，或许只是观众面临的一个不太困难的问题，正如斯多亚学派哲学家埃皮科特托斯

第 3 章 泛希腊赛会 85

罗德斯的卡利帕忒拉——一位勇敢的母亲

古代奥林匹亚赛会是男性的大本营。但据传说,这并没有阻止爱冒险、热爱运动的母亲,一个叫卡利帕忒拉(Callipateira)的寡妇,冒着受惩罚的危险去指导她的儿子夺得胜利并分享他成功的喜悦时刻。埃里亚有这样一则律法:在奥林匹亚节庆中或在其周边发现的妇女将被扔下附近的悬崖。保桑尼阿斯在提到这则律法时,讲述了下面这个著名的故事:

人们说除了卡利帕忒拉(有人说这位妇女的名字是腓瑞尼斯[Pherenice],而不是卡利帕忒拉)之外,从没有哪位妇女被发现。她丧偶并假扮成男教练带着儿子来到奥林匹亚参加竞技。当她的儿子费斯罗德斯(Peisirodus)获胜时,卡利帕忒拉跳过挡住教练员的围栏,暴露了自己。于是人们发现她是女性,但是出于对她父亲、兄弟和儿子(都曾是奥林匹亚的胜利者)的尊重赦免了对她的惩罚。但是,他们通过了一项法律,那就是以后教练员也要裸体来参加竞技。

(《希腊行纪》,5.6.7–8)

(Epictetus,公元1至2世纪人)所记述的:

生活中有足够多令人厌烦、讨厌的事情;这些事情难道不是和奥林匹亚节庆一样糟么?难道到达那里不会被炎炎烈日烤焦么?难道不是在人群中被推搡么?难道不是很难为自己梳妆打扮么?难道雨水没有浸透到皮肤么?难道你不是被噪音、喧嚣和其他令人厌烦的东西困扰么?但是在我看来,一想到你将要看到的吸引人的场面时,你们似乎能够而且欣然忍受这一切。

(《论说集》[Dissertations],1.6.23–29)

显然,对有些观众而言,与赛会有关的节庆的吸引力大于赛会本身:皮提娅赛会举办地德尔菲的一块碑文规定称,任何人携带葡萄酒到体育场赛道附近,将被定以冒犯阿波罗神的罪名,还要被处以罚款!

图3.12 搏斗选手,很可能是在公元1世纪。在罗马帝国时期,体育运动已经成为了一种商业,许多运动员都属于联合会(guild)。这个人物的姿态表明他是专业的。现藏于巴黎卢浮宫。

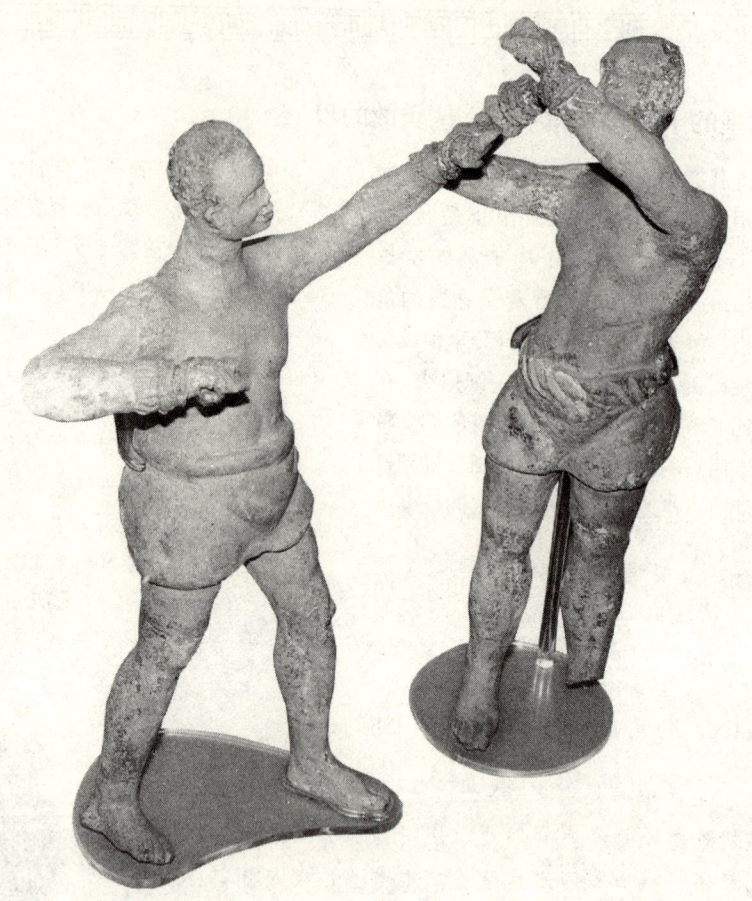

图3.13 珍稀的意大利赤陶小雕像,两个非洲黑人在进行拳击,公元前2世纪或公元前1世纪。与"大满贯"赛会时的体育热情不同,在后来的希腊—罗马的世界,运动已经退化成公共的或私人的表演——这里,很可能也出现了包括奴隶在内的赌博,因为从拳击手的条件和年龄看,他们不像是真正的对手。他们佩戴致命的罗马拳击专用手套,即装备铅球的手套,右边的这个人正在向后摇晃着躲避一记精准的上勾拳。死亡或者至少终生难愈的伤,是这样的比赛中常见的结果。现藏于伦敦大英博物馆。

后期岁月

希腊世界屈服于罗马人之后,主要赛会继续举办,但运动的商业意义(运动员隶属于联合会)已经超过了娱乐。他们还发起了上百个真正的"大奖赛"和"神圣"赛会,大多数是在希腊,或者说帝国的东半部。罗马人对其治下的臣民的运动形式从没有真正足够的热情,但即便这样,像皇帝尼禄(Emperor

Nero）这样了不起的人物也无法抗拒将自己与盛名的希腊节庆联系在一起。对于尼禄，人们为他提供了一种方法，使他既获得体育竞赛的奖赏也获得音乐竞赛的奖赏，而且同时嘲弄比赛进程。通过这个方法，尼禄也对自己的才能更加自负。据说，正是他首次在奥林匹亚增设了音乐竞赛，如果苏埃托尼乌斯（Suetonius）的这篇轶文可以映射出观众对尼禄表演的反应，那他的荣誉就令人怀疑：

> 在他表演期间门是锁着的，任何人不准离开剧场，无论是多紧急的理由。曾有女人在现场生产的故事，还有些男人对表演是如此厌烦，他们翻过剧场后面的墙而偷偷溜出去，或者装死而被带走埋掉。
>
> （《尼禄》[Nero]，23）

最终，并不是像尼禄这样的人的堕落与羞辱终结了奥林匹亚赛会及所有其他赛会，而是一个新的信仰——基督教。直到赛会终结的那一天，赛会上的胜利仍是一个运动员运动生涯的至高荣誉。

克罗同的法乌罗斯

在泛希腊赛会全盛时期参与竞技的希腊运动员中，克罗同的法乌罗斯当然不是最著名的，但他的故事却是最有趣，最引人注意的。同许多其他的运动员，尤其是在公元前480年之前出现了大量奥林匹亚冠军的克罗同的其他运动员一样，法乌罗斯融运动场上的英勇与军事生涯的卓越于一体。

在第二次希波战争中，意大利的大多数希腊人拒绝援助半岛上正在抵抗薛西斯侵略的希腊同胞（参看第5章）。法乌罗斯装备了一艘战船并将它带到了萨拉米（阿提卡——雅典就坐落在此——海岸的一个岛屿）。公元前480年，就在该地，他帮助希腊半岛摧毁了波斯船队。仅仅这一壮举，就决定了他是一个非凡的人物；事实上，亚历山大大帝对法乌罗斯此举非常钦佩，于是在下一个世纪征服波斯帝国后，他派人送一份战利品到法乌罗斯的故邦，以表示他的钦佩之情。不过，法乌罗斯主要还是因他作为跳远运动员的技艺而为世人铭记。

虽然从未获得过奥林匹亚赛会的胜利，但法乌罗斯参加过德尔菲的皮提娅赛会，早在公元前5世纪（公元前480年之前），他就赢得了五项全能中的两项胜利，还有200米的第一名。然而，他在五项全能其中一项的表现才是

克罗同的米洛

在古代没有哪位运动员比克罗同的米洛享有更大的名望，摔跤场上的英勇使他赢得了当时及后世狂热者的钟爱。在法乌罗斯之前他就已经替科林斯运动员确立了声誉，从公元前536年以少年身份开始，在长达三十年的时间里，他收获了数量惊人的"大满贯赛"冠军。他赢得的胜利包括六个奥林匹亚冠军，六个皮提娅赛会冠军，十个地峡赛会冠军，另外九个在内美亚。

被称为是哲学家毕达哥拉斯密友的米洛显然认为前者的自然哲学及政治哲学是有魅力的。他将政治与体育结合在一起，他曾领导他的城邦给附近的主要对手苏巴里斯以毁灭性打击。可想而知，几个世纪过去，他的伟大功绩不断被夸大，奇异的故事也按惯例归到他名下。他的胃口是人们最喜爱的一个话题：据说他一餐吃了40磅肉和面包，喝了8夸脱的酒。另一个故事说他打算杀死并吞吃一头四岁的公牛，并扛着它在奥林匹亚体育场周围招摇而行。看来吞食整个公牛或母牛对米洛来说是很平常的一件事（有意思的是，毕达哥拉斯信徒是禁止吃肉的），因为他在其他场合也吃过！

尽管被传奇笼罩，米洛真正的体育才能是毋庸置疑的。保桑尼阿斯保留了一些不太荒诞的记述：

米洛在奥林匹亚赢得了六个摔跤冠军，其中包括一个少年组的（公元前536年）。在德尔菲他赢得了六次男子组和一次少年组的摔跤冠军。他为第七次冠军而来到奥林匹亚参加摔跤比赛（公元前512年），但他没能打败与他同邦、拒绝住宿在他附近的后起之秀提玛西修斯（Timasitheus）。还传说米洛将自己的雕像带到了阿尔提斯（Altis），另外还有关于他与石榴和铁饼的故事。他手握一个石榴，没有人能抢走它，他也不会因过于用力挤压而将它捏碎。他站在一个涂油的铁饼上愚弄那些冲向他并试图将他撞下铁饼的人。他还做了其他的事来炫耀。他在前额系一条绳子，好像那是丝带或王冠。然后他屏住呼吸，直到头上的青筋暴露，用血管的力量挣断绳子。另一个故事说他使右臂从肩到肘垂直向下，前臂向前伸出与上臂垂直，拇指向上，其他手指并拢伸直，这样，小拇指处在最下面，没有人可以使其小拇指和其他手指分开。传说他是被野兽杀死的。在克罗同，他看见了一棵枯树干，里面插有楔子使它劈开。米洛自负地将手插入树干，楔子掉了，米洛被树干夹住，直到狼来发现了他。

（《希腊行纪》，6.14.5–8）

最值得注意的。在那项比赛中，据说他跳出了人类最远的记录——令人难以置信的16.8米！相传，法乌罗斯跳得太远了以至于落在了沙坑之外，并且折断了腿。你一定想知道他是怎么做到的，因为他的成绩超过现在的纪录将近7.9米。按理说，人类跳这么远是不可能的，如果不是传说在公元前7世纪斯巴达人基奥尼斯（Chionis）跳出15.8米，我们或许还可以不去理会这个故事。况且，有证据显示古代跳远沙坑的标准长度是15.2米！

对这个不寻常的距离或许可以做这样的解释，古代跳远运动员采用的是手拿重两磅或更重的重物（halteres）的方法。他们试图用这样的方式使重物与跳跃相协调：在跑过一小段后，选手在跳跃的瞬间将重物前摆，然后猛地向后掷出以给自己增加动力。重物这时被丢弃，完成余下的跳跃不需要它们。兴起用重物的观念是很奇怪的，因为它们似乎干扰了运动员正常的跑动和跳跃节奏，但是我们必须知道，这项赛事也是发源于军事训练。这种实践可能源于一种训练技巧，这种技巧是为了帮助士兵适应在战场上手握武器时能有效的跑跳。

完善这一技巧无疑需要花费大量的时间，而且运动员的跳跃是只有站着落在沙坑中才算数的，这进一步证实了这项赛事的军事背景。如果士兵跳过了障碍物却后背着地，这在战场上的生存几率是很小的。后来，这种练习就成为了一种竞技，负重训练依然是其不可分割的一部分。现代运动员重现古代的跳远技巧是困难的，很可能是因为手拿重物的方法与他们所采用的训练方法相反。然而，对于古代运动员来说，这项赛事不能脱离重物而存在，多年的训练使后者与身体运动达到完美的结合。在古代赛事背景下，重物明显是有效的——但是这重物还是不能推进任何人达到，哪怕是接近15.2米的距离或更远。

还有人说，古代跳远更像我们今天称为三级跳远的赛事，法乌罗斯和基奥尼斯是用这种方式成就难以置信的成绩的。可是没有有说服力的证据能证明古代存在三级跳远。即便它的存在可以被证明，这个距离还是很离奇，因为在奥林匹克运动会上，直到1960年也没有三级跳超过法乌罗斯的16.8米的。浪漫主义者会满足于古代运动员可以等同甚至超越现代运动员这种解释，但这种观点不切实际。那时运动员的身材比现在矮小，他们的训练技巧也要低级得多，而且像法乌罗斯这样的人和他当时的对手相比是否有竞争力都值得怀疑。另外，如果负重跳在单跳中都会引起麻烦，在三级跳中成功操作它们更是根本不可能的。

图3.14 陶绘表现的是一位手握重物正在跳远的运动员。在开始跳时向前摆动,落地之前向后猛掷,重物显然增大了距离。至少艺术传统描绘古代运动员是裸体竞技的。(私人收藏)

最后还有一种说法,赛事是立定跳远,不是跑跳,选手的距离是几跳加起来算的。对这种观点有几个驳斥的论点。首先,从现代可用的数据来判断,至少要五跳才能取得超过15.2米的成绩。这项赛事的笨拙本性决定,哪怕是最好的立定跳远运动员,每一跳之间也不会有大的差异,法乌罗斯和基奥尼斯也不能比别的运动员跳得远多少。因此,也就没有足够的理由去记住他们的成就或者对他们刮目相看。其次,古代关于各种级别跳远的艺术展现,清晰地表明这项运动是跑动的,不具有立定跳远的特征。再次,没有证据说明在古希腊立定跳远受到广泛欢迎。即使是在现代奥林匹克运动会,它的历史也是短暂的。

对于法乌罗斯所跳出的距离没有合理的解释,那么我们还剩下两种选择:要么,作为人类历史上最伟大的体育成就接受它,要么,把这个故事归于民间传说的范畴。后者当然是正确的选择,至于是怎样把这个伟大成就与法乌罗斯联系起来的我们无从知晓。然而,应该知道,他所谓的跳远发生在第一个历史学家希罗多德写作之前。之前所流传的历史不过是混淆的事实——也有一些真实的,但很多不是。世界上第二远的一跳——基奥尼斯,发生在希腊历史上一个更为模糊的时期。当联想到古代人——不像我们今天——记录运动员的成绩是相当草率的(胜利的次数才是他们所关注的),我们就开始

萨索斯的塞阿戈奈斯

塞阿戈奈斯是搏斗选手、拳击手、长跑运动员,与法乌罗斯同时期,是另一个受尊捧的希腊运动英雄。塞阿戈奈斯在所有"大满贯"赛会中赢得过多项胜利,在古希腊运动员中,或许只有米洛能比他更著名。可想而知,像米洛和法乌罗斯一样,他的功绩由事实与虚构混合而成,正如保桑尼阿斯在下面的摘录中所记录的,看来塞阿戈奈斯甚至在死后仍是不容忽视的力量!像塞阿戈奈斯这样成功的运动员(他在所有赛会中的1400项胜利大多数被认为是夸大其词的)经常成为英雄崇拜的对象,他们因取得的功绩而被看作是有魔力的。保桑尼阿斯写道:

> 据说塞阿戈奈斯九岁时,在从学校回家的路上,伫立在广场中的某位神的神像激发了他的想象力,他拿起那尊神像,扛在肩上带回了家。公民被他的行为激怒,但是一个受人尊敬的长者说服众人不要杀死这个男孩,而是要求他马上回家把神像带回广场。他这样做了而且很快因他的力量闻名,他的事迹在整个希腊传扬。(保桑尼阿斯提到,他早些时候曾对塞阿戈奈斯在公元前480年奥运会上拳击胜利做出评论,接着说道。)……在下一个节庆中(公元前476年),塞阿戈奈斯赢得了搏斗比赛。他还在德尔菲赢过三次拳击比赛。他在内美亚的九次胜利和在地峡的十次有的是拳击,有的是搏斗。在色萨利的皮提娅赛会,他停止了拳击和搏斗的训练,致力于通过赛跑项目在希腊人中赢得名誉,他战胜了那些参加长跑比赛的人。他一共赢得了1400次胜利。在他死后,他的一个对手每天晚上来到萨索斯的塞阿戈奈斯雕像前,鞭打这个青铜雕像,就好像他在鞭打塞阿戈奈斯本人。雕像以倒下砸到这个人的方式来结束他对自己的侮辱,但是他的儿子们却控告雕像犯有谋杀罪,依据德拉古为雅典人制定的杀人罪法律,哪怕是无生命的物体倒下并致人死亡也要遭放逐,因此萨索斯人将雕像投进大海。然而,随着时间的流逝,饥馑困扰着萨索斯人,他们派使者到德尔菲。阿波罗告诉他们召回他们放逐的人。他们这样做了,但并没有终结饥馑。他们第二次派人到皮提娅那里并说道,虽然他们遵循了教诲,但是神对他们的愤怒还在。皮提娅这样答复他们:
>
> 你们没有铭记你们伟大的
> 塞阿戈奈斯。
>
> 萨索斯人便陷入了困惑之中,因为他们不知道该如何找回塞阿戈奈斯的雕像。但是出海打渔的渔民碰巧用网捞上了雕像并把它带上岸。萨索斯人把雕像立在原处,并像对神一样对塞阿戈奈斯献祭。我知道许多地方,包括希腊地区和蛮族地区,都有塞阿戈奈斯的雕像。他作为有治愈能力的力量为人们所崇拜。
>
> (《希腊行纪》,6.11.2–9)

图3.15 表现法乌罗斯的同时代作品。有趣的是,这个以及其他瓶绘表明他因掷铁饼和标枪的技艺而著名——如果他作为跳远运动员的声望是有事实依据的,这就很奇怪。现藏于加利福尼亚州马利布市格蒂博物馆(Getty Museum)。

明白法乌罗斯和基奥尼斯是怎样有可能"成就"记录的了。

15.2米长的沙坑?在这一点上,传说也一样不堪一击。我们不知道是否所有希腊跳远沙坑通常都是这么长,至少,在赛会初期,每一次竞技都要重挖沙坑,通常是二到四年的间隔。从现代校准跑道和场地设施引发的问题来看,在这么多个世纪期间,使不同场所跑道的长度精确地符合一个具体的距离是不现实的。况且,即使我们接受一个15.2米长的沙坑,也不意味着就有人可以跳那么远。我们应该注意到,现代跳远沙坑的长度也比任何人能跳到的距离长得多。关于法乌罗斯和基奥尼斯难以置信的成绩的故事,不管如何开始,可能是从神话篡改成历史的,它使后代的希腊人相信这个距离是可以达到的。他们可能会说——只要神愿意——它可以再次发生,所以他们最好准备好长距离的沙坑。当然,没有人有跳过沙坑的危险,但是会给跳远运动员自信——那就是,"既然法乌罗斯能做到,那么……"

还有最后一个证据来辩驳法乌罗斯的记录的准确性,那就是与他成就惊人记录的一跳同一次五项全能运动中掷铁饼的成绩。据说他仅掷出了29米,比现代纪录少了将近45.7米(但是很有意思,这和1896年雅典第一届现代奥运会中毫无经验的罗伯特·B·加勒特[Robert B. Garrett]掷出的距离差不多）。当然，我们有权对像法乌罗斯这样的人物有更好的期待。然而，29米对于古代铁饼选手来说是一个可信的距离（奥德修斯除外），正是因为这是一个符合实际的成绩，就更加说明了法乌罗斯跳远的问题。一个人不可能在跳远时有神相助，而在投掷时却与林间仙女为伴。甚至古代的运动爱好者都会对这个差异感到诧异。

至于传说法乌罗斯跳出了沙坑1.6米，还摔断了一条腿，在1928年圣莫里兹冬季奥运会上，有一名挪威跳高滑雪运动员越出了不够大的场地11米远，受了重伤。后面的这个故事只不过是现代运动会中再小不过的一件事。然而，如果挪威人生活在法乌罗斯的年代，人们不知道着陆区域比标准的小，或许他也会像法乌罗斯（还有基奥尼斯）一样，带着他那看起来是历史上最伟大的跳高滑雪纪录一起上升到不朽的地位。也可能这个古代超过15.2米的一跳正是由这种相似的情况引起的。无论是什么情况，我们要清楚，法乌罗斯的功绩必定归于虚构范畴，归于那种传说的"体育传奇"，某个时代沸腾的狂热者因这些传奇而颂扬他们运动场上英雄的丰功伟绩。

腓底皮德斯——子虚乌有的马拉松送信人

现代马拉松比赛基于一个古代雅典人流传的最著名的故事：关于一个报信者，通常被说成是腓底皮德斯（Phidippides）。公元前490年，为了将希腊击败强大的波斯军这个激动人心的消息送达雅典，他从马拉松一路跑到雅典（参看第5章）。传说继续道，在宣布了马拉松大捷之后，腓底皮德斯力竭而死，从此他的名字被铭记。现代马拉松比赛的距离精确到42.195公里，被认为是重现腓底皮德斯跑到雅典的距离。许多人误以为现代马拉松比赛也是一项古代运动赛事，但它却是1896年雅典第一届奥林匹克运动会时增设的赛事。在此之前没有马拉松比赛。

在今天的雅典，人们依然可以通过参加为卫城带来荣耀的"声光"表演成为古代马拉松运动传奇的一部分。在最具戏剧性的时候，马拉松送信人带着他那不朽的消息从战场归来，使观众如临其境，仿佛他的脚步在行进（从一个振奋的说话者传到另一个），仿佛他穿过乡村来到城市报告这个消息。脚步声越来越大，就好像他越来越近。当然，一个人也没有，但这并不影响每一位观众坐在这个曾经是雅典人集会的露天场地里，不知不觉地使头跟随他的行进声而转动。最后,当送信人跑到最后一个说话者面前时——我们假设,他想象中的目的地——脚步停止了。他用最后一口气息脱口说出胜利的消息,然后,伴随着一个模糊的声音,他倒地而亡。观众见证了马拉松送信人的传奇之后,合时宜地屏息离开。

马拉松战役准确的信息当然源于希罗多德,我们已经提到过,希罗多德是第一位历史学家,他记述的历史涵盖了希波战争。尽管希罗多德确实描写了这场战役,也确实提到了腓底皮德斯(6.105-117),但是这就有两个问题。他绝没有提到任何关于马拉松送信人的事,只是谈到腓底皮德斯是一位信使,在马拉松战役发生之前,雅典人派他去斯巴达求援。因此,与之年代最接近的史料(而且希罗多德没有忽略太多戏剧性的故事)中却没有记载这个故事。事实上,正如W·斯威特所描述的(《古希腊运动与娱乐》[Sport and Recreation in Ancient Greece], 34),我们第一次了解到关于马拉松送信人的信息是大约600年后,普鲁塔克的记载:

> 黑海的赫拉克里德斯(Heraclides Ponticus)报告,[雅典市区]埃罗埃达埃(Eroeadae)的色尔西普斯(Thersippus)从马拉松带回捷报;但是大多数认为是埃乌克勒斯(Eucles),一个全副武装,还在酣战状态的人,冲进城邦首领的门,只有力气说出"欢庆吧,我们胜了",随即倒地而亡。
> (《道德论》,347c)

对于色尔西普斯带回了有关马拉松捷报的传说,普鲁塔克引用赫拉克里德斯的报告作为证据。赫拉克里德斯生活在公元前4世纪,时间上比普鲁塔克更接近这个事件,但还是和马拉松战役相差了一个世纪。但是,普鲁塔克继续述说,大多数权威人士(不论是谁)不同意赫拉克里德斯的看法,而且断定这个送信人显然是参加了战役的名叫埃乌克勒斯的士兵。著名的讽刺作家琉善(Lucian,出生于公元2世纪,普鲁塔克去世的年代)写道,这个送信人的名字是"腓里皮德斯(Philippides)",很明显这是对"腓底皮德斯"的错误拼写并在后来"取代"了它。因此,在回顾了相关历史材料后,我们以一个令人困惑的细节混淆结束:的确有一个名叫腓底皮德斯的送信人,但是他与给雅典带去马拉松捷报这件事无任何关系。他的名字是怎样错误地与这个故事联系在一起的是谁也说不好的事,而且更糟的是,后来流传下来的故事中把他的名字改成了腓里皮德斯;传说做了这件伟大的事的至少还有两个人,色尔西普斯和埃乌克勒斯。我们有三个人,还有一个被拼错的词一起带着这个捷报跑到了雅典。

不用说,整个故事都值得怀疑。像马拉松这种情况,派回传令官对希腊人来说是正常程序,但是如希罗多德所述,我们甚至不能确定曾有传令官被派

第 3 章　泛希腊赛会　95

图3.16　马拉松平原（1994年），公元前490年波斯人在这里被打败，也是在这里，传说腓底皮德斯开始他超过42公里的奔跑，把胜利的消息带给雅典。

回雅典。还有，距离、时间及当时情况都使我们质疑这个马拉松送信人故事的真实性。首先，这个距离刚刚大于42公里。相比之下，腓底皮德斯跑到斯巴达则大约是233.4公里。希罗多德详尽地叙述了（6.116）在马拉松作战的雅典人以最快速度冲回雅典以保卫它不被波斯人侵占，波斯人已经登船，正扬帆驶向阿提卡，以期在军队赶回防御之前攻克这座城市。士兵们如此之快，事实上，他们确实及时赶了回来抵御波斯人。那么，派回一个带着捷报，只是比"全速奔跑"的军队稍微提前一点点的送信人意义何在呢？我们暂且只讨论这42公里，哪怕是对于一个疲惫的全副武装的人来说，这也不是一个难以克服的距离。如果说普鲁塔克对埃乌克勒斯的记述还有一点可信度的话，那就是，一个显然参与了战役还身着盔甲的士兵，第一个带来关于马拉松的消息，这消息还包括波斯驶向了附近。因此，根据这个说法，带回捷报的是最早从马拉松返回的士兵，而不是专业的传令官。

况且，据希罗多德记述（6.115），只要波斯人出海，在雅典的亲波斯者就预先用"盾牌"发出信号（猜想是在高处反射太阳光）暗示波斯人，他们的"朋友"已做好准备，只要他们能在雅典周围航行并且在军队回来之前占领雅典，就可以实施援助。虽然希罗多德不理会是一个显赫的雅典家族该对这个信号负责这种"诽谤"，但他自己也没有拒绝承认这个信号。如果波斯人在马拉松获胜,就不需要这个信号了——雅典随后会被波斯的水军和陆军征服。因此,发信号者知道战役的结果,如果这个信号能被在海上的波斯人看见,那很可能也会被在马拉松的军队以及雅典有关当事人员看见。那雅典军队派回送信人还有什么意义?马拉松的捷报领先了他一大截,而且送信人的消息有可能会被失势的公民,包括想把这座城市拱手送给他们朋友的有权的亲波斯者接收。更合逻辑的策略是让整个军队全速返回,保卫他们深爱的人们免受践踏,保卫财产(这些是重装兵)不落入波斯人之手。这个动机能使重达120磅的盔甲变轻——并且可以为之穷尽力量。

最后,腓底皮德斯(或者是别人)带来的这个信息本身就使整个情节都值得怀疑。考虑到波斯的水军力量和马拉松的残余军队正在苏尼乌姆海角(Cape Sunium)附近航行,而且很快就会到达并占领这个城市,事实上,宣告一个马拉松胜利对雅典人没有什么意义。真正的消息应该是"欢庆吧,我们胜利了……",还有"另外……波斯船队正在起航"。如果带来这个消息的人在传达完之后倒地而亡,他的尸体很可能会被那些冲出去保卫城墙的议事会成员踩踏,因为在这个关头,看不出来雅典人有任何胜利——城邦仍然在危急之中。如果在马拉松战斗的10000雅典重装兵中的幸存者没有及时赶回来,他们将无处返回。本来就没有理由欢庆。但是最终,士兵及时回到了雅典,波斯人意识到不会有什么收获了,驶回了亚洲。很可能在这之后不久,神话开始遮蔽了马拉松的真实细节,马拉松送信人的故事也开始被"铭记"。

总之,一个名叫腓底皮德斯的送信人,或别的送信人将马拉松胜利的消息带回雅典的故事,尽管是个美丽的传说(也是一个鼓舞希腊人的传说),但没有事实基础。我们至多可以说,可能有人把消息带回城邦;但是,所有的可能性只是,他是一个最先到达的曾在马拉松战斗的士兵,他主要关心的还是让愿意战斗的同胞做好准备,抵御波斯水军入侵雅典。

4

不受束缚的厄洛斯

希腊人中的双性恋——莱斯沃斯的萨福、雅典的哈尔莫底乌斯
与阿里斯多基同以及塞奥多托斯和他的情人们

记住,那种情欲是所有人本性中不可或缺的一部分。
(吕西亚斯[Lysias],《演说辞》[*Oration*], 3.4)

双性恋的文化背景

正如在之前的章节中所看到的，古风时代见证了许多在希腊社会新出现的和已经改变的现象。同样是在这个时期，公元前6世纪早期，同性恋，或者更为恰当地说，双性恋，作为一种在希腊男人中早已确立并广泛流传的社会习俗达到了成熟阶段。同时代的诗人如塞奥戈尼斯对其有所提及，而一系列令人印象深刻的瓶绘则公开地描绘了同性恋行为。

必须强调的是，并不是所有的希腊人都是双性恋，同性恋关系的习俗在希腊各个城邦也并非完全相同。它主要是一种存在于上流社会精英中的现象，并且受到社会（有时是法律）的约束，而同样的约束在任何社会都会影响到性行为。正如滥用公民身体那样，纵欲和女性化是被反对的；同岁的情人间的性关系以及比较年迈者之间的任何形式的同性恋行为同样都被认为是令人不快的。

高尚的、有教育意义的理想关系——在公共集会地如体育馆（年轻人赤身裸体训练的地方）受到公开鼓励、推动并且成为惯例的——是在一个年轻的未婚男人（年龄通常为28至30岁）和一个"没有胡须的"少年之间。表面上这种关系仅限于人生的一个阶段，而且当婚姻将一个男人的喜爱之情从他同性成员那里转移到妻子身上时，这种关系应该终结。之前那种情欲的依恋随后通常会转化成为毕生的友谊，并且此后的岁月会证明其在政治或其他方面是大有裨益的。然而，从若干例子中可以清楚看到，就像丈夫可以随意地与并非他妻子的女人（奴隶、娼妓、还有高级妓女，而不是其他已婚妇女，可能除了像在斯巴达那样的地方外）发生性关系那样，事实上很多已婚男人和寡妇会继续追求少年。他们享受着这种关系并且愿意承受可能存在的奚落与尴尬。

鸡奸，即成年男人与少年间性关系的起源，在古代希腊是一个极其混乱的问题：在黑暗时代狭小的、军事化的希腊社会中，男性以勇士的友爱之情团结在一起——还有对体魄和美丽的敬佩——必对这种关系的产生有影响。举例来说，斯巴达的军事化政府就发展出了习惯性的同性恋。也有可能这种关

图4.1 大型赤土陶器，描绘了宙斯将伽尼莫德带往奥林匹斯山，在那里特洛伊国王的儿子成为了神的侍酒童子并被赋予了永远的青春年华。在许多希腊人眼中，宙斯对伽尼莫德的情欲有助于使鸡奸行为神圣化。现藏于奥林匹亚博物馆。

系在某种程度上是必需的，即需要为那些在战争中失去父亲的少年提供某种形式的指导。而妇女会有意识地让自己处于男人的从属地位，这种落魄（或者惧怕）导致在希腊精英阶层以及模仿他们行为的那些人中，在结婚之前两性都被完全的隔离开来。在古典时代的会饮中，男人的亲密关系被进一步加强，而且憎恶女性的态度一直存在；会饮是男人专有的朋友间的娱乐活动，主要由饮酒、对话和快乐的消遣——包括为一些人雇佣的妇女和为另一些人雇佣的少年——组成。中产阶层的成年男子似乎会定期参加这种集会，这是一种年代久远的遗留物，来自于远古时期，当时那些勇士国王们与历经残酷

图4.2 约公元前530年的阿提卡红绘酒杯：描绘了一幅"女同性恋"的场景。现藏于意大利塔尔奎尼亚博物馆。

战争的贵族们是用同样的消遣来消磨夜晚时间的。

希腊人自身对于鸡奸的起源并没有一个清楚的了解，但他们通过神话将其神圣化了。他们安排宙斯对他年轻的侍酒童子伽尼莫德（Ganymede）产生无法抗拒的激情，又使俄狄浦斯（Oedipus）的父亲拉伊奥斯（Laius）成为第一个犯下同性恋罪行的凡人（欧里庇得斯，《克律西普斯》[*Chrysippus*]残篇，840；柏拉图，《法律篇》[*Laws*]，836C；赫拉尼库斯[Hellanicus]，F187）。甚至阿喀琉斯和帕忒罗克洛斯（Patroclus），尽管荷马从未如此描述过，却在后世被当成了战争中同性恋的典型代表——成为提供给希腊男人得以仿效

图 4.3 约公元前 200 年的库勒纳伊卡（Cyrenaica）的赤陶雕像：跳舞的妇女，可能是在一个宗教节庆上。在左边的是约公元前 300—前 250 年的彼奥提亚的雕像：一个带着手鼓的少女，头戴花环，穿着带袖外套。现藏于伦敦大英博物馆。

的史诗中的英雄人物。

尽管可以获得的具体证据甚少，在文学和艺术中也很少展现，但女子同性恋同样是存在的。在男性主导的希腊社会，它可能被认为是一种"禁忌"题材，而在此后的基督教时期，任何遗留的证据无疑都很难保存下来。尽管如此，极少数的例子还是得以留存。举例来说，有一个阿提卡红绘酒杯描绘了一个妇女跪在另一个妇女面前，正在爱抚她的外阴部（见图 4.2）；而一个来自塞拉岛的更为古老的盘子则展现了两个似乎正在恋爱的妇女。在《名人传·莱库古》中，普鲁塔克提到，在斯巴达，贵族妇女都拥有年轻少女作为情人。一首希腊化时代的诗谈到两个来自萨摩斯的妇女不按照阿弗洛狄忒（Aphrodite）的规则行事，并因为不得体的性行为受到了呵斥（具有讽刺意味的是，诗的作者、男性诗人［阿斯克莱皮亚德斯（Asclepiades）7］提及了他自己的同性恋情欲！）。

行为受限、生活隔离，而且经常感觉到低人一等，所以在结婚之前年轻女孩只能对她们的同性表露情欲——通常是在青春期或者之后不久。因此，无需惊奇那些色情的感觉、爱恋、抚摸、亲吻将会在她们中间分享。群体的肉体关系并不如在年轻男子中那样普遍，但也并非不经常发生，尤其是在节庆的少女合唱队中。毫无疑问，那些少女是因外表入选，表演关于少女的歌谣；而那些歌谣由男子所作，吟唱的是她们的美丽。由于婚姻到来的如此之早，这与男子鸡奸行为并不完全相似（它也不会被容忍）；尽管如此，像在斯巴达，情人关系确实会发生在"好名声"的妇女和处女之间。希腊妇女的同性恋情欲的绝佳代表——而且极有可能是公开的肉体性行为的表露——是来自莱斯沃斯的萨福，她生活在公元前600年左右。

萨福，"Lesbian"

> 有着金黄色卷发的爱神
> 将一个明亮的球放进我的手中
> 显现了一个穿着别致鞋子的少女
> 并建议我接受她
> 不是那个女孩——她是另一类人
> 一个来自莱斯沃斯的人。
> 她对我的银发嗤之以鼻，
> 却对那些女士暗送秋波。

（拉蒂莫尔，"阿纳克莱昂"1，《希腊抒情诗》）

  Lesbian一词在今日的社会有着特定的含义，即女同性恋；但是在古代，Lesbian仅仅是指位于小亚北海岸的莱斯沃斯岛人（无论男女）。尽管在上文翻译的阿纳克莱昂的诗篇中，作者似乎极为肯定地暗示了，一些来自莱斯沃斯的妇女已经像我们对那个专有名词的理解那样行事，但还是没有证据表明那个岛的名称已等同于女同性恋。不管是真实的还是误传，那个岛的妇女通常还有着性欲过度的恶名。这个印象很可能只是由于一个简单的事实，即莱斯沃斯人非常欣赏并且称赞他们妇女的美丽——甚至似乎举办了选美比赛。其他希腊人可能将这种活动理解成了某种性倾向的确切标志。到公元2世纪，那个岛上"违背常理"的恋爱习俗风气是如此之盛，以至于讽刺作家琉善明确地将莱斯沃斯妇女与同性恋联系起来。

  萨福来自莱斯沃斯，而且很有可能是她与那个地方的联系（而不是其他任何事情）导致了该岛的名称最终成为一个意为女同性恋的词语的起源。和同时代的同胞阿尔卡埃奥斯（参看第2章）一样，她是一个诗人，生活在岛上的重要城市密提林并经历了政治、社会紊乱的混乱时期。传统的希腊"七贤"之一，皮塔库斯（Pittacus）被公众一致通过选为"僭主"以尝试解决这些问题。毫无疑问，这种情况导致了萨福在西西里的短暂流亡。阿尔卡埃奥斯直接卷入了莱斯沃斯的内部纷争并在他的诗篇中有所提及，而与他不同，萨福的诗几乎完全没谈到政治。此外，与阿尔卡埃奥斯不同的是，萨福是一个生活在男性主导的社会里的妇女——这个事实标志着，因为她的成功和不朽的名声，她会是一个成就非凡却又饱受争议的妇女。

一篇出自公元2世纪或者3世纪的传记随笔讲述了下面有关萨福生平的细节：

> 萨福出身于莱斯沃斯的城市密提林。她的父亲是斯卡曼德（Scamander），或者根据其他说法，是斯卡曼德罗尼穆斯（Scamandronymus）。她有三个兄弟，埃瑞戈伊奥斯（Erigyius）、拉瑞库斯（Larichus）和卡拉克苏斯（Charaxus）。长兄航行至埃及，与多里卡（Doricha）交往并在她身上花费了大量金钱；萨福更喜爱年幼的拉瑞库斯。她有一个女儿克莱斯（Cleis），以她自己母亲的名字命名。她被某些人指责为作风不当，喜爱女人。在外貌上，她似乎是形貌粗鄙非常丑陋，并且容色黝黑身材矮小。
>
> （奥克西林库斯［Oxyrhynchus］草纸1800，残篇1）

另一篇时间很晚的传记（在某种程度上很有可能是以同样的资料来源为根据）与上文大同小异，又有所补充：

> 西蒙（Simon）或埃乌门努斯（Eumenus）或埃瑞戈伊奥斯（Eerigyius）或埃克瑞托斯（Ecrytus）或塞穆斯（Semus）或卡蒙（Camon）或埃塔尔库斯（Etarchus）或斯卡曼德罗尼穆斯的女儿，她的母亲是克莱斯。她是一个来自埃莱苏斯（Eresus）的莱斯沃斯人，一个女抒情诗人。她在第42个奥林匹亚年（公元前612—前608年）中声名大振，当时阿尔卡埃奥斯、斯特瑞西科鲁斯（Stresichorus）和皮塔库斯还活着。她嫁给了一个非常有钱的人，名字叫做科尔库拉斯（Cercylas），是一个来自安德罗斯（Andros）的商人。萨福与他生了一个女儿，名叫克莱斯。她有三个伙伴和密友，阿提斯（Atthis）、特勒西帕（Telesippa）和麦伽拉（Megara），并且由于和她们不道德的友谊而使萨福招致恶名。她的学生有米利都的阿娜贡拉

图4.4 约公元前600年的皮塔库斯雕像,他是萨福家乡、莱斯沃斯岛上的密提林的统治者。现藏于巴黎卢浮宫。

(Anagora)、克罗丰的贡戈拉(Gongyla)和萨拉米(Salamis)的埃乌妮卡(Eunica)。她创作了九卷本的抒情诗,还发明了琴拨(用以弹奏里拉琴)。她也创作了警句、哀歌、抑扬格诗和独唱诗。

(《苏达》,107 [iv 322s.Adler])

　　从这两篇传记中重建萨福生平的主要方面似乎是一个简单的过程,尽管会有些出入,但是要记住他们的记录是在萨福所生活的年代之后的一个特定时期出现的。在古代,萨福的生平和性格是如此引人注目,以至于出现了很多这样的传记。因为她的诗作所提供的细节远远不够,而读者渴求知道更多,煽情作家们便简单地瞎编乱造,并在此过程中虚构了关于她生平的大半信息。举例来说,一篇描述了她与阿尔卡埃奥斯的浪漫情事;另一篇则记载了她因一份无回报的恋情跃下悬崖(成为第一批"殉情"的人之一);而她与女伴们的关系则被蔑称为肮脏的、伤风败俗的风流韵事。萨福被形容为身材矮小、皮肤黝黑、形貌粗陋,毫无疑问这暗示着男人会认为她毫无魅力,因此她转而从同性成员中寻求爱情。她成为了许多挖苦性笑话和格言的取笑对象,早

图4.5 公元前340—前330年的赤土陶器：女孩们正在玩掷距骨的游戏。现藏于伦敦大英博物馆。

在古典时代，喜剧作家便经常提及她生前的事迹。一些称她为"有男子气概的"，因为她从事了男人的职业（诗人），她同样成为"有违常理的"性行为的象征。然而，从她的诗作对后世诗人的影响以及莱斯沃斯的艺术和钱币对她的描绘来看，并不是所有关于萨福的记载都是负面的。尽管如此，真实的萨福早已模糊难见——因此今日试图再现她亦是困难重重。

可以确信无疑的是萨福和阿尔卡埃奥斯一样，都出身于贵族阶层。在皮塔库斯被推选为僭主的混乱时期，她的家族不大可能安静无为。正如之前所提到的，可能正是祖国的政治斗争迫使她的家族（亦或是她丈夫的）迁往西西里——明显是叙拉古，后来那里的议事堂里有一座雕像用以纪念她的短暂居住。通常认为她父亲是斯卡曼德罗尼穆斯；而她的母亲，可能名叫克莱斯，因为萨福给自己女儿起了这个名字：尽管古代传记家应该交代这样的推论，即如果他们不知道她母亲的名字，便会简单地用她女儿的名字来代替，但是却没有。可想而知，萨福的女儿会成为她主要的关注对象：

　　我家小女美丽
　　相貌仿若黄金花朵

> 我亲爱的克莱斯
> 为了你
> 我情愿放弃整个吕底亚……

尽管我们被告知她丈夫的名字是安德罗斯的科尔库拉斯（意为来自男人岛的男根），但这极有可能是后世为了戏谑而编造的。而不管她的丈夫到底是谁，他一定有着和萨福的家族相类似的社会地位。因为对他一无所知，至少有些人会认为，那个孩子可能是由私通而不是正式的婚姻所生（尽管不太可能）。她的三个兄弟似乎是确定的，长兄卡拉克苏斯与埃及一个声名狼藉的高级妓女厮混在一起，这种越轨行为证实了他们家族的富有，也证实了他们显然参与了莱斯沃斯人的葡萄酒贸易。她的兄弟拉瑞库斯则是一个更好的例子，据说有一段时间他曾经在密提林的议事堂负责执爵倒酒，而这种工作都是由年轻贵族担任的。

萨福和她的女伴们

即使是以残篇的形式，萨福的诗作也包含了很多内容。一个学者曾评论到：

> 爱情和友情是她的主题……我们能够看到心情和态度的显著变化。她可能轻描淡写，亦可能浓墨重彩；她欣赏外表的明朗，亦知晓内部的黑暗。她谈及了最细微的以及最严肃的人类情感；在她少数残存的诗作中，我们邂逅了戏谑、猜忌、宗教、野餐、流言、女神、孩童、激情、温柔、服饰用品、果园、情人和敌人等等。她的创作时而简单明了，时而丰富多彩；她可以感性亦可以理性，可以幽默亦可以忧郁，可以寂静惆怅亦可以狂暴激动。
>
> （杰金斯[Jenkyns]，《三位古典诗人》[Three Classical Poets]80–81）

然而，尽管萨福的诗作充满了有趣、美丽的事物，与我们关系最大的却是那些留存下来的详细描述了她与团体内年轻女伴们关系的诗篇，那些女伴（有些还仅仅是孩子）在莱斯沃斯岛上聚集在她身边。顺便提一下，这些诗篇为我们了解这个时期贵族妇女的日常生活提供了详尽全面的资料。

我们已无法准确得知萨福和她的女伴们的确切关系。之前有人认为她是一个女教师，并经营一个正式的学院，但事实并非如此。在抒情诗和音乐方面的天赋使得她声名大噪，显然，这使得莱斯沃斯和希腊其他地区的父母愿意将他们的女儿送至萨福身边,作为她团体内的非正式成员来陪伴她。在某种程度上,这种团体可以称为年轻少女的"新娘学校",但有些人并不这么认为。诚然,它比这个简单的描述所蕴含的意义要复杂得多。但是我们很难理解,如果它无法满足一个女儿的需要,即使得她魅力十足能吸引那些可能的求婚者并且能缔结良缘,那么这样的群体如何得以持续存在,而那些贵族父亲又是为何会给予支持。在这样一个远离"真实世界"的私人团体内,音乐、诗篇、爱还有忠诚将这些人联系在一起。这些年轻女子也学习举止高雅、优雅自然,以及有风度的穿衣方式。显然当时还存在其他与萨福的相类似的团体(很明显会存在歌唱和舞蹈的竞争),在莱斯沃斯,或者至少在密提林,它们是社会结构中已被接受的一部分。

同样显而易见的是,萨福对她的女伴产生兴趣并非偶然,她自身依恋着其中某些女子并与她们情投意合。萨福的诗作反映了她自己的真挚感情,而且清楚地展现了她的同性恋倾向。几乎可以肯定,下文是我们所拥有的唯一一首完整的萨福的诗;诗中失意的女诗人正在向爱神阿芙洛蒂忒呼唤,用的正是一个烦恼的孩子呼唤自己母亲的那种方式,她在寻求爱神的帮助以赢得一个女孩的爱情:

图4.6 公元前325—前300年的塔纳戈拉(Tanagra)着宽松长衫(himation)的希腊妇女雕像。现藏于巴黎卢浮宫。

  永生不朽的、坐在华丽宝座上的阿芙洛蒂忒,
  宙斯善用巧计的女儿啊,
  我祈求你,
  别再用痛苦和烦恼折磨我的身心。

  请到这里来吧,
  一如往昔我祈求你时,
  你从远处听到我的声音并细心聆听后,
  离开你父亲的黄金宫殿,

  驾起金辇,那美丽迅捷的雀鸟载你出行,

图4.7 萨福雕像。现藏于罗马卡皮托里尼博物馆。

快速回旋穿越明朗中天
从天上降至黑色大地,
顷刻间便已到达。

而你,福佑的女神,
不朽的脸庞上绽开微笑
询问我的苦处,
我呼唤你的原因。
我痴狂的心到底想要为自己求到什么?

"现在我应劝谁接受你的爱意?
萨福,谁令你忧烦?
看吧
若是现在逃避,很快她将追求你,
若是现在不接受礼物,很快她将送出,

若是她不爱你，很快她将爱上，
即便这并非她所愿。"

再次来到我的身边吧，
把我从残酷的焦虑中解放出来，
达成我心中渴望的所有事情，
请成为我的战友吧。

这首诗，尽管有些戏谑，意图却是真诚的。阿芙洛蒂忒是朋友和女性保护人，但她同样是不朽的天神，她使萨福感受到了自己对那女孩的爱意。这是认真地呼吁帮助，而且很明显，萨福并不是第一次这样做。

萨福的女伴离开她时，通常是因为她们要嫁做人妇。在这种情况下，萨福可能会参加婚庆，甚至有可能为典礼创作婚歌，但她同样会感觉到失落与痛苦，而且有时候这种感情很难被抑制住。下面的诗（尽管有各种各样的解释）似乎是直接表现——是由于萨福看到她昔日衷爱的女子和新郎在一起？毫无疑问这是对那种煎熬——失去曾经拥有的爱人——最为深入细致的描述之一：

在我看来，那男子强健仿若天神，
他坐在你对面，
近身聆听你温柔的话语
和悦耳的笑声。

当我听到时，
心便在胸膛中激荡起伏。
每当我看你一眼，
便好像再不能吐露任何言语。

我的舌头失灵缄默，
即刻有一股明亮的火焰在皮肤下蹿动。
我的眼睛再看不到任何事情，
耳内轰鸣。

冷汗如雨下，战栗遍全身，
脸色苍白仿若草芥。
我仿佛看到，

死亡已近在咫尺。

其他的诗行往往会增强这种情感的混乱状态，萨福在别的诗中写道："爱情，一个苦乐参半、无法抗拒的造物，肢体的解放者，再次使我心旌动摇。"

与萨福其他留存的诗篇相比，另一首诗的最后一节更为关注某个特定的人。她详细描述了自己失去的最爱，即阿娜克托利娅（Anactoria，很有可能和其他人一样，这并非真名）的离去：

> 这黑色大地上最为美好的事物，
> 有人认为是一队骑兵，
> 有人认为是步兵，
> 还有人认为是船队。
> 但是要我说，
> 最美好的是心中挚爱。
>
> 要使人明白这个道理极为容易，
> 想想海伦，美艳绝伦天下无双，
> 抛弃了她最为尊贵的丈夫
> 前往特洛伊。
>
> 她扬帆远去，
> 将她的娇女和深爱的双亲抛诸脑后，
> ［阿芙洛蒂忒］将她引向歧途。
> （此处佚失三行）
>
> 这使我想起阿娜克托利娅，
> 她已远离此处。
> 在我眼中，
> 她轻移的莲步和顾盼生辉的脸庞，
> 要远胜过
> 吕底亚战车和全副武装战斗中的步兵。

此处与海伦的对比有着特殊意义，因为她将家庭羁绊与责任完全抛诸脑后，任凭情欲的驱使。从这种类比中，从萨福对她所认为的最美好事物的声明中，从她对阿娜克托利娅的优雅与朝气的描述中，我们可以清楚地看到，女诗人非常焦虑并深陷情感痛苦之中。她失去的是一个爱人,而不仅仅是一个甜蜜的负担。

在其他诗篇中还有更多这种情感,下面这一首,令人遗憾的是佚失了几行,但其寓意仍然清晰:

"老实说,我恨不得死去。"
她离我而去,时常私语,她说道,
"我们的命运是多么残酷啊,萨福。
离你而去并非我所愿。"

而我答复她:
"再见,去吧,请记我在心中,
因为你知道我们是如何的爱你……
"如果你忘却了,就让我来提醒你……

"你用高贵、昂贵的香料……
涂抹全身,
而在柔软的床榻上,
你得以驱动激情……"

最后,萨福表露了她对阿提斯的情感。阿提斯离她而去,明显是由于她更愿意与另一个女人在一起:"……阿提斯,你逐渐厌弃我的关怀,飞奔至安德洛墨达(Andromeda)的身边。"从下面的描述来判断,阿提斯一定拥有惊为天人的美貌:

……你,仿若一个著名的女神,
在你的歌声中她尽得欢愉。
现在
她在吕底亚妇女中独一无二,
正如恰当黄昏时
在群星中引人注目的月。

她的光芒照耀着盐海
和繁花遍布的草场。
清朗的露水滴落,

> 娇嫩的玫瑰、细叶芹、芬芳的草木犀
> 竞相绽放。
>
> 而只要她外出，
> 便会想念温柔的阿提斯，
> 她纤弱的心
> 正在被悲伤啮食……

萨福诗作的残篇中也出现了其他女子的名字，但都不像上面的诗篇那样透露真情。萨福对女伴的喜爱是天真无邪且无需任何羞耻感的，若是知道后世对她的传统看法，她一定会觉得惊奇并且深感不安。在她的诗篇中，萨福仅仅是描述了她的私人世界，在那里情感极为重要，一位学者对那个世界做了如下描述：

> 这个团体内存在的女孩间的喜爱依恋……是如此不同的一件事以至于需要另一个名称。它没有被共同体认可也没有被禁止；它的目的并不是繁育后代，所以在实践中不会被惧怕和禁忌扭曲。这种爱无需遵循任何婚姻习俗，但（像萨福诗中所描述的）它会给予信徒喜悦、选择、互惠以及自我意识的提高。由于不会涉及童贞问题，没有什么是被禁止的。也不涉及为处理婚姻关系而约定俗成的过程和方式，所以无需因为羞耻而隐秘。所有的爱抚都非常甜蜜，一个花环可能会像衣不蔽体的四肢一样具有挑逗性，而因为快乐是感官的尽情享受却不会流于猥亵，它可以被认为是某种形式的崇拜，并且是对其所有方面的歌颂。最后，因为这种喜爱是公开而没有结果的，随便的滥交已成为惯例，无论什么地方发现美丽，都会允许喜爱紧随其后。
>
> （本内特 [Burnett]，《三位古风诗人》[Three Archaic Poets] 226）

当然，在萨福的诗作中，没有任何内容描述她与她所爱的女伴有直接的性接触，但是我们很难相信，一个会如此坚定公开地讲出她的情欲欲望（至少最初在她的团体内是这样）的人，会不参与到肉体关系中。还有很多人拒绝承认这是事实，但正如一位学者所做出的恰当评论："很少有社会像我们这样如此惧怕人体，而在西方历史中，没有人像希腊人那样热切地关注人体的美丽。"没有任何令人信服的理由可以否认萨福是一个双性恋，而且事实上，不管是从这个词的古代意思还是现代意思来看，她都是一个"Lesbian"。

半人半兽：土、水、野兽以及昆虫——塞莫尼德斯对女性的看法

"难道我们不是人吗？"一些半兽造物大声喊道，这是一句令人难忘的台词，来自于威尔斯（H. G. Wells）的科幻恐怖小说《摩洛博士岛》的电影版。而确认"难道我们女人不是人吗？"，也许对于现在的女性同样合适，尤其是当她们知道诗人塞莫尼德斯（Semonides）对妇女的看法时——他断言她们中的很多"种类"都来源于动物的血统。

毫无疑问，本章的重点是在情欲关系上，而萨福则是我们举出的古代希腊女子双性恋的最突出的例子。然而，萨福本身是一个著名的女子，是一个非常优秀的抒情诗人。她和那些由她照管的年轻女子间的关系，一般说来是一种天真无邪的"姐妹情谊"和充实之感——这似乎是一个罕有的机会，使得她们能够独享相互之间的陪伴。尽管如此，在男性主导的希腊，这种女子间的伙伴关系必然会引起某些人的不满。因此我们很有必要关注一下男人的想法。为了这个目的，在此处引入塞莫尼德斯对妇女的全面评论是很恰当的。他不仅与萨福生活年代相近，并像她一样是一个抒情诗人；而且他也是希腊岛屿文化——于他而言是爱琴海南部的阿莫尔戈斯岛（Amorgos）——的产物。

作为希腊文学中对妇女最早最为广泛的描述之一，塞莫尼德斯的作品确实好像多半是在贬损妇女的情况下写作的。但希腊社会一直有贬损妇女的传统。也就是说，可能摘录全文然后仔细观察会更为有效，通过这种方式我们也许能了解更多有关塞莫尼德斯及他与萨福所生活时代的情况。

论女人

起初，神以各种各样的心智
创造了形形色色的女人。
他创造的一种女人
源自多毛的母猪。
她的屋子污迹斑斑，屋内所有的物品
放置凌乱，随地滚动。
"猪女"身着肮脏衣物，亦不清洗自身，
坐在污秽之中，日益发福。

神所创造的另一种妇女

图4.8 两个坐在卧榻上的赤陶妇女塑像（约公元前100年），出自小亚西北部的穆里纳（Myrina）。现藏于伦敦大英博物馆。

  源自善用诡计的狐狸。
  她的头脑对任何事物都有兴趣。
  她知晓所有恶行，以及所有善为；
  因为她所谈论的事情经常是邪恶的，但有时是美好的。
  她性情多变。

  一种源自母狗，像她母亲一样一无是处。
  她定要参与任何事情，并且打听全部。
  在外时她来回走动，到处多管闲事，
  而不管看到相关或不相关的人，她都不停地瞎扯。
  她的丈夫没办法制止她，不管是通过威胁，
  还是在盛怒之下用石头打落她的牙齿，
  抑或是用柔和的言辞进行规劝，
  甚至是坐在客人当中，她亦不会住嘴。
  日复一日，她始终在毫无意义地瞎扯。

奥林匹斯山的神祇用泥土创造了另一种女人，
并使她成为男人的累赘。
这种女人善恶不分，一无所知。
她唯一知晓的便是如何进食，
即使神令天气转坏，
尽管冻得瑟瑟发抖，她也不会将座椅移近炉火边。

一种源自海水，她有两种截然不同的心性。
有时她整日笑容可掬心情愉悦，
来拜访的男子看到在屋内的她，说道：
"全人类中，无论何处都再不会有比她更好、更美丽的妻子了。"
然后，另外一天，她身边会毫无生气。
你看不到她，亦不能接近她。
不然她会勃然大怒，像母狗推开小狗那样让你远离，
她脾气暴躁、与全世界的人争吵不休，
那些人是朋友还是敌人对她而言毫无差别。
大海同样是这样，在夏季它通常是平静无害，
承载着水手的欢愉。
然后就会变得狂暴汹涌，轰鸣阵阵伴随着四处撞击的海浪。
这种女子的心性一如大海，因为二者都喜怒无常。

一种源自驴，阴郁乏味又顽固倔强。
想促使她去工作困难重重，你必须咒骂拉扯强迫她去工作，
但是最后她能完成得很好。
然后她爬上放在角落的小床，不停吃喝。
她日夜进食，在炉火边也不停嘴。
但是当有机会示爱时，
她会与到访家中的第一个客人偷情，而那是她丈夫的朋友。

一种源自黄鼠狼——悲惨、恶臭之物。
她毫无美丽可言，没有一丝妩媚，没有一丝甜美，也毫不性感。
她经常欲求不满渴望就寝，
可当她的丈夫（如果她有一个的话）靠近时，她会使他疾病缠身。
她从邻处偷盗，一无是处。

图4.9 公元前250—前230年的科林斯赤陶女人塑像。现藏于伦敦大英博物馆。

图4.10 约公元前450年罗德斯坐在浴缸里的赤陶女人塑像。浴缸不大,仅能坐进去。"每日她至少两次清洗自身污秽,有时则是三次",塞莫尼德斯谈到的"过分讲究的"女人。现藏于伦敦大英博物馆。

她会劫掠圣坛并吃光祭品。

一种源自有鬃毛的、挑剔的母马。
她设法避开所有的家庭杂务和奴隶们的日常琐事。
她根本不碰触磨粉机,不摇动筛子,
不会将粪便清扫出屋扔出门外,
也不会跪在炉火边,因为害怕煤烟把她弄脏。
她使丈夫与艰难为伴。
每日她至少两次清洗自身污秽,有时则是三次,
她用香料涂抹全身,长发永远打理整齐,并插戴朵朵鲜花。
毫无疑问,这种女人在他人看来会是一个秀美动人的妻子,
但她的丈夫会发现她是一个耗钱的负担,
除非他是某个贵族抑或是持有权杖的国王,
可以放任自己沉溺于这种奢华。

一种源自猴子,
这是宙斯强加于男人的最为有害而又最为精致的灾祸。
她的面孔是所有人中最为丑陋的。

当这种女人走过村庄时，每个人都会发笑。
她的脖子太短以致几乎无法转头，她身材平坦、腿部削瘦。
哦，不幸的男人，你不得不将这样一个灾祸揽入臂膀。
像猴子一样，她知晓所有的诡计和谋略。
她毫不在意他人嘲笑；不要期待她会做任何好事。
一整天，她只考虑一件事情，只计划一件事情，
即怎样才能对别人造成最大的伤害。

一种源自蜜蜂。得到她的男人是幸运的。
她是唯一一个无可责备的人。
因为她的介入，一个男人的生活会得以改善并兴旺发达。
她与丈夫相爱并携手同老，
而他们显赫的子孙则会声名大振。
在其他的妇女群体中，她光芒四射几成榜样。
令人愉悦的优雅与她为伍。当话题涉及性时，
只有她不会与共坐的人以此为乐。
这样的妻子是神恩赐给凡间男子的幸福，
她们是体贴入微的妻子，在各方面都是最好的。

图4.11 公元前300—前250年彼奥提亚披着宽松长衫的妇女雕像。现藏于巴黎卢浮宫。

但是神同样由着自己的意愿
将所有其他种类的女人送至我们身边。
她们与我们同在，永不离开。
因为女人是宙斯为我们创造的
一个最为成功的恶物。
即使一个妻子看起来大有裨益，
最后她的丈夫也会发现终究并非如此。
当你与妻子一起度日时，没有一天是完全欢愉的。
她不会激励自己将那可恨的萧条神——
最不受欢迎的访客——拒之门外。
当一个男人在家中，出于神的恩典或是人的良愿，
认为一切平和万事顺遂之时，她则会吹毛求疵开始争吵。
只要有女人在屋子里，没人能够在邀请朋友到访并共度时光时，
还会觉得安全无恙。
即使是看起来表现最佳的妻子，最终也会放任自己犯错。

> 她的丈夫呆呆凝望注意不到，但是邻居们都会看到，
> 并会因为看到又一个男人如此愚蠢而感到可笑。
> 每个男人都会对别人的妻子横加指责，
> 可每当他提到自己的妻子时，总是赞不绝口。
> 同样的事发生在我们所有人身上，但我们视而不见。
> 因为女人是宙斯为我们创造的
> 一个最为成功的恶物；
> 一个甜蜜的枷锁，我们无法挣脱。
> 因为因女子而战始于那场伟大的战争
> 而他们则自愿前往地狱。
>
> （拉蒂莫尔，"塞莫尼德斯"1，《希腊抒情诗》）

塞莫尼德斯是一个来自萨摩斯的贵族，他是一个作家，也是一个实干家；实际上他领导了对阿莫尔戈斯岛的殖民活动。他生活在一个正在变得更加城市化的农业社会。许多曾经在田地里劳作的妇女现在都被束缚于家中。家庭的日常琐事带来的厌倦与空闲以及改善经济和其他方面的愿望，改变了妇女的传统作为，也改变了男人对女人的传统看法。毫无疑问，这种忧虑是塞莫尼德斯所固有的。在他的诗作中，他一方面坚持着习惯性的说法，即女人是由泥土和水创造而来，另一方面又加入了自己的观点，即许多新的"种类"源自野兽和昆虫，而这也没有超出他的时代所流行的那种"兽类神话"传说的范围。对于贵族来说，这个世界也是一个发生了惊人变化的社会，他们轻蔑地看着富有平民以及更多不那么富足的同类人的崛起，并乐于将他们描绘为不诚实、淫荡、不虔诚、凶狠和阴险之人。塞莫尼德斯是一个贵族，因此，无需惊奇地发现他诗篇中的一些女人被定性为次级生物，而从他的描绘中可以断定，这些女人中的大多数是平民（诗作中所展现的一个方面是那些很难获得的描绘乡村生活的细节）。

因为塞莫尼德斯是居住在岛上——据推测他应该是住在更小、更易被观察的社会中，而在他的诗中，他对于妇女的评论面对的是他所熟悉的伊奥尼亚男性读者。居住在这种人与人关系密切的岛上，他可能会以他及其男性听众所熟知的妇女作为自己在诗中描述的各类女人的原型。换句话说，我们可能会发现，在某种意义上，"内部笑话"是这首诗的部分灵感。尽管如此，不管有意还是无意，分辨社会中个人所属的特定"类型"，这绝对是人类（无论男人还是女人）行为的一部分。后来在希腊化时代，塞奥弗拉斯托斯在《性格概论》（参看第211、

225、237页）中刻画了男子行为的类别。而在很多方面，公元前7世纪的塞莫尼德斯做的是同样的事——对女性分类。相面术，通过人的外表和举止判定其类型，在塞奥弗拉斯托斯的时代已成为一门"科学"。但是这种实践的倾向是地方性的，而且就希腊戏剧所呈现出的普遍性格类型而言已被广泛接受，并能够迅速被观众辨认出来。具有讽刺意义的是，正是塞莫尼德斯被批评指责的那些行为——对女性的分类（像我们所看到的那样，都是消极否定的，唯有对"蜂女"是肯定的）——使得他成为了一个推动这些性格类型在舞台上发展的先行者（欧里庇得斯的先例，他和塞莫尼德斯一样，经常被定性为一个憎恨女人的男人）。

同样，我们应该谈及塞莫尼德斯性格的某些方面，这不可避免地会使其诗篇中的情绪暗流更为强烈。从他另外留存下来的少量的诗中可以看到，尽管颇有影响备受敬重，塞莫尼德斯的人生观已经变得灰心沮丧（至少在晚年如此）：因为（如他所表明的）一个人的目标最终会因年迈、疾病、战死、溺毙甚或自杀而半途而废。对于塞莫尼德斯来说，生活充满了"糟糕的情绪"、"不可胜数的悲伤"以及"痛苦"——它不仅仅是一场考验，亦是一场所有人终会败诉的审判。至少是在下面这首诗中——转引的是其中一部分——他像是一个品德高尚的人，理想远大且多已实现。但后来，尽管万事顺遂，他意识到控制万事的是神而非己；最终，我们所做的一切都不过是徒劳而已：

> 但希望和自信使我们所有人都生活在无益的欲望中。
> 一些人日日期待有好事降临，另一些则年年如此。
> 没有人会如此悲哀地拒绝相信：
> 时光流转他将变得正直富有，
> 将实现心中所有愿望。
> （拉蒂莫尔，"塞莫尼德斯"2）

尽管如此，从塞莫尼德斯另一首更加有启迪作用的警句中（可能是在其早年创作），我们可以清楚地看到，并不是所有的事情都必定会变得沮丧——即便是关于女人：

> 对于男人，
> 美好不过天赐贤妻，
> 严惩莫过家有恶妇。
> （拉蒂莫尔，"塞莫尼德斯"4）

所以，他似乎是在说，变好的潜能是永远存在的，但经验证明结果总是糟糕的。而在这种背景下，或许我们应该再次审视塞莫尼德斯对女人的评论。

虽然公元前7世纪尚未出现正式的讽刺题材，但塞莫尼德斯诗的内容最好被视为讽刺作品。而讽刺作家生性因循守旧、悲观沮丧。他们通过嘲弄、风趣、讽刺来揭露人类和社会的荒唐与邪恶，并借此来平息自己的义愤。通常来说，他们的观点尽管有所夸张却是真实坦诚的，而当变好的可能性始终存在时，他们就会不满现状。如果塞莫尼德斯攻击妇女仅仅是出于私怨（一些人可能会说，他的婚姻令人不快，这促使他对妇女进行猛烈抨击。但是对他来说，另寻一个喜爱的女子并用她的美德来抨击他人的缺陷并非难事），我们也许应该谴责他。但如上所述，他不仅仅是一个生活在男权社会的守旧男人（也是一个文学家），而且完全可以被称为一个讽刺作家。此外，如我们所看到的，在对其他"类型"的女人作出负面评价之后，塞莫尼德斯停下来对"蜂女"进行了表扬，所有男人都会希望这种女人成为自己的妻子——"她与丈夫相爱并携手同老，而他们显赫的子孙则会声名大振"——塞莫尼德斯再次肯定了他在上文警句中谈到的"贤妻"。所以，确实存在品德高尚的女人，塞莫尼德斯也确实表扬了她们。批评家可能会说，是的，她正是男人渴望得到的那种女人：一个温顺的仆人，牺牲自己的独立、抱负还有自我而对他言听计从。塞莫尼德斯的"蜂女"是理想的妻子，她不是性感的尤物，但尽职尽责地生育一定数量的孩子——这确实是希腊男人所渴望的——而她的"美德"又能使他远离共同体中任何令人尴尬的流言蜚语。但是，塞莫尼德斯将他最爱的女人比作蜜蜂，可能与色诺芬的夫妻对话录（husband-wife dialogue）（参看第188—192页）极为类似，在其中妻子同样被明确地喻为蜜蜂——在那种情况下，女王蜂管辖蜂群内的要务并被描述为"体贴入微的"。唯一可以确定的是，塞莫尼德斯认为一种女人优于其他女人并且是同性效仿的榜样，这是一种非常典型的讽刺作家的意图，即最终是说教性的。通过介绍"蜂女"，塞莫尼德斯表明，他并不是在奚落所有妇女，而是只有那些没有表现得品行端正、合乎体统的女人，尽管这是以他所处时代的一个保守男子的标准来判断的。

最后，塞莫尼德斯以对所有女人的普遍谴责作为诗的结尾，称她们为俗语所说的男人的"甜蜜的枷锁"。然而，在此处，如果考虑到我们所说的讽刺风格，那么事实上他的评论不过是传统的两性战争中的一部分而已。无论如何，塞莫尼德斯的诗应得到的，绝不仅仅是其通常所获得的那种肤浅的解释。

哈尔莫底乌斯和阿里斯多基同——情人成刺客

在僭主希比阿斯统治雅典的这段时期，哈尔莫底乌斯和阿里斯多基同是最著名的同性恋关系的例子之一。这两个人，主要出于对彼此的挚爱，最终危害到了僭主制度在城邦的存在。

公元前6世纪中期，在首任僭主庇西斯特拉图斯（希比阿斯的父亲）的统治下，雅典终于开始作为一个重要的希腊城邦而为人所知。雅典坐落于阿提卡，在希腊半岛向海南伸的部分有2590平方公里的领域，有着可以追溯至古风时代的悠久历史。雅典所处的地理位置，所控制的广阔领土（在所有城邦中拥有第二广阔的土地），以及临近尚待开发的海港——所有这些都使得它有成为一个重要的商业中心的可能性。尽管如此，雅典还是一直以农业为主而且经济落后，滞后于希腊其他的重要城邦诸如底比斯、斯巴达、科林斯、阿哥斯（Argos）等。

雅典在公元前7世纪早期摆脱了王制，并经历了最为普遍的政治、经济和社会动乱，而这些动乱是古风时代大部分城邦的发展特征。约公元前630年有一次失败的僭主制度的尝试，伴随其后果出现的大屠杀无疑在很大程度上推动了城邦首部成文法的出现，一般认为是德拉古在公元前621年颁布的。传统上认为该法律过于严厉，尽管如此，它是雅典城邦向前发展的重要一步，因为这是第一次，城邦被赋予某些明确凌驾于公民之上的权力。秩序开始出现在混乱之中。

公元前594年，梭伦——一个有商业利益的贵族——被赋予了非凡的权力并致力于城邦的政治、社会、经济改革。他废除了债务奴役制并改变了雅典政治制度，使其从以出身为基础变为以财富为基础——在这种情况下，拥有最多财产的人在政府中拥有最大的发言权。梭伦也进行了其他改革，目的是解决内部问题并增加城邦的经济财富，但一般来说均未达到他的期望。至此，在雅典，僭主统治的时机已经成熟，而这是梭伦希望能够避免的事情。

公元前561年，野心勃勃的贵族庇西斯特拉图斯趁城邦动乱夺取了权力，成为雅典第一个成功的僭主。但是，他统治的最初岁月仅仅是在巩固地位而已，因为他曾两度被驱逐，直到公元前546年才最终获得了永久稳固的地位。结果证明，庇西斯特拉图斯是一个模范政治领袖，且带领雅典摆脱"边远地区"并使其首次成为希腊的一个主要核心，这些应该更多地归功于庇西斯特拉图斯而不是其他任何个人。

和大多数僭主一样，庇西斯特拉图斯获得的支持来自民众，所以他煞费苦心地关照他们的利益。他实施了一系列公共工程和建筑项目，使无业人数降低。税收亦被减轻，因为僭主本人是个百万富翁，在色雷斯边界拥有银矿（他也支付钱财给那些支持他上位并维护他地位的雇佣兵）。任何需要贷款的

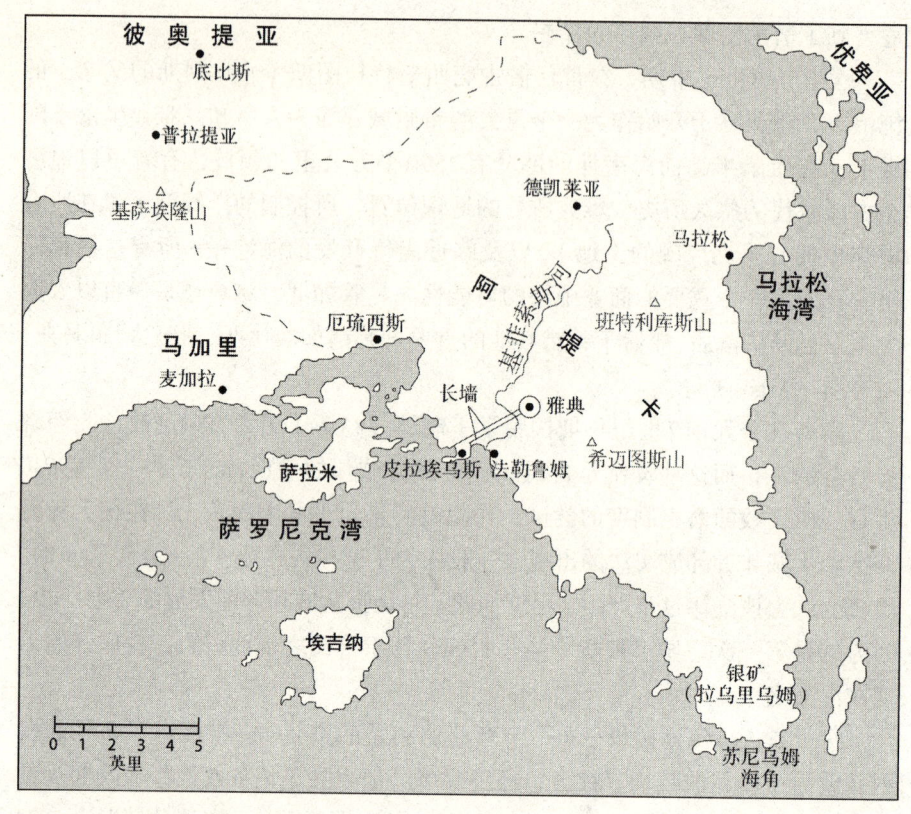

地图9 古代阿提卡

人都能容易地得到,而商业亦被鼓励发展。庇西斯特拉图斯还发起了城邦酒神节以纪念狄奥尼索斯——富饶、葡萄酒、酩酊之神,也是不辞辛劳的农民的一个特殊的"朋友"。正是在每年春天举行的这个节庆上,约公元前6世纪30年代晚期希腊戏剧第一次上演。

公元前527年庇西斯特拉图斯去世时,很少有像他那样统治得强力有效的僭主,这是在柏拉图和亚里士多德作品中反复出现的感慨。他被长子希比阿斯接替。不幸的是,希比阿斯鲜有他父亲的个人魅力与政治智慧,而且尽管保有足够的支持(以及家族的银矿)来维护自己的权力,他很快疏远了一部分正派的雅典人,那些人认为他及其统治是让人反感的。毫无疑问,被暗杀可能是十足真实并经常发生的,但是,最终成为现实的那个密谋与僭主的统治才能关系并不大,而且被刺死的并不是希比阿斯,而是他弟弟希帕尔库斯。事实上,密谋的动机看起来是极为不光彩的。哈尔莫底乌斯和阿里斯多

第4章 不受束缚的厄洛斯 123

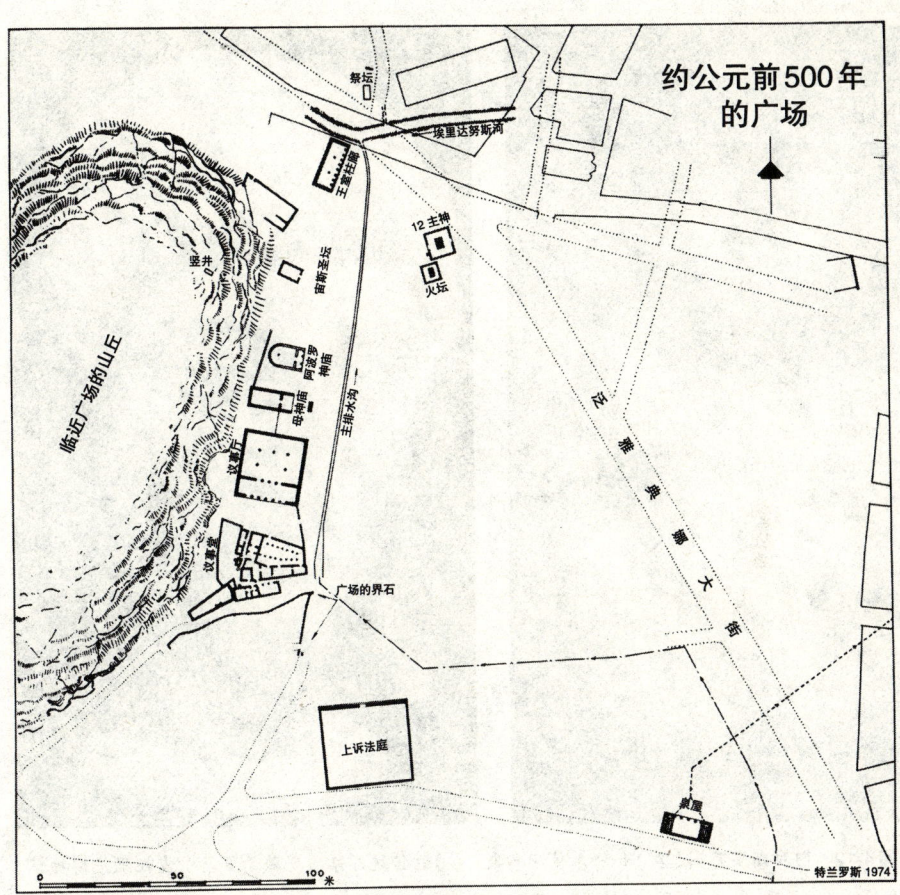

地图10 约公元前500年的雅典广场。雅典人的广场和城市中心，接近于庇西斯特拉图斯所处的年代，实际上依然称不上让人印象十分深刻。

基同参与了此事。

尽管导致密谋的那些事件的确切发展情况有些模糊混乱，但似乎是希比阿斯已婚的弟弟希帕尔库斯（在另一个传说中是他的兄弟赛萨罗斯[Thettalus]）被哈尔莫底乌斯吸引，而哈尔莫底乌斯是个美丽的青年并且是一个名叫阿里斯多基同的男人的情人。哈尔莫底乌斯拒绝了希帕尔库斯的求爱，但是当他把自己被追求的事告知阿里斯多基同时，后者感到担心了。他害怕的是，希帕尔库斯的哥哥是雅典僭主，所以无论何时，只要他愿意，他便可以把哈尔莫底乌斯从自己身边夺走。据说，那个苦恼的情人因此开始密谋颠覆僭主统治。与此同时，希帕尔库斯加剧了阿里斯多基同的担心，因为

图4.12　阿里斯多基同（左）和哈尔莫底乌斯（右）的传统形象。现藏于罗马卡皮托里尼博物馆。

他第二次向哈尔莫底乌斯求爱——再一次无功而返。

已经被断然拒绝了两次，希帕尔库斯现在感到自己是一个受害者并且开始筹划报复。由于不想使用暴力，他设想了一个狡诈的计划，通过这一计划他可以使哈尔莫底乌斯的家族蒙羞。他邀请哈尔莫底乌斯的妹妹作为"持篮者"前来参加一个宗教游行，对他的家族来说这将是巨大的荣耀。但是当那个女孩到达时，她被拒绝了并被告知，因为不够资格她从未被邀请过。这一侮辱促使那对情人下定决心来实施他们的计划。

他们商定了刺杀密谋的细节，而值得信任的伙伴同意伸出援手。他们要在泛雅典娜大庆——祭祀女神雅典娜的节庆——上采取行动。在那一天携带武器不会引起太多注意，因为很多参加游行的人都会持有武器。哈尔莫底乌斯和阿里斯多基同负责攻击并杀死希比阿斯，他们的同伴则负责对付僭主的卫队。一旦这些任务完成，他们便可以随心所欲地处置希帕尔库斯。他们还希望当其他人看到发生的事时,会加入他们并使城邦摆脱僭主和他的家族。

最终,约定的日子到了。据说希帕尔库斯在前一夜做了一个梦,在梦中他被告诫了自己的命运——但是无济于事。历史学家修昔底德描述了发生的事情:

> 节庆终于到来。希比阿斯和他的卫队待在城市外面的陶区,他安排着,以使游行队伍的各个部分都能有序进行。哈尔莫底乌斯和阿里斯多基同已持匕首准备行动,但是当他们看到他们同谋中的一个人正在与希比阿斯——任何人都是很容易接近他的——亲密交谈时,他们感到害怕了。他们断定密谋已被泄露而他们将很快被逮捕。但是他们希望,如果有可能的话,要首先报复那个伤害他们并使他们承担这所有风险的人。因此,他们冲入城门,遇到了希帕尔库斯……由于两人非常愤怒,阿里斯多基同是因为爱情,而哈尔莫底乌斯是因为受辱,他们立即不顾一切地扑向他,重重攻击并杀死了他。阿里斯多基同暂时逃脱了守卫并穿过人群逃窜,但后来被逮捕并受尽磨难而死。哈尔莫底乌斯则当场被杀死。
>
> (6.57)

当希比阿斯得知所发生的事情时,他猜测这是一场正在进行的阴谋,而尽管已经知道了弟弟的死讯,他并没有表现出来。他命令游行队伍中携带武器的那些人,把武器放在他指定的地点并退开一段距离。他们照他所说的做了,因为他们认为一定是他有事情要通知。武器被僭主的雇佣兵收集起来,然后希比阿斯逮捕了那些他怀疑的人并搜查匕首,因为在游行中通常是只允许持有盾和长矛的。自此希比阿斯再也不相信自己是安全的。恐惧使得他在统治中更加疑神疑鬼残暴不仁并大批残杀公民,直到四年后(公元前510年),作为僭主的希比阿斯最终被驱逐。

而哈尔莫底乌斯和阿里斯多基同,命运简单的转折使这对笨拙的情人在后世被尊为英雄。希比阿斯垮台后,公元前508年雅典出现了民主政体,真实发生的细节已经模糊难辨。人们曾认为当时希帕尔库斯——而不是希比阿斯——是僭主,而那对刺杀者的所作所为恰如同胞的"解放者"。事实上,那个密谋可能比它起初表现出来的要复杂得多,而希比阿斯也有足够的理由感到恐惧,因为哈尔莫底乌斯和阿里斯多基同来自同样的宗族,他们的宗族与非雅典人保有联系,而且对僭主的敌意正日渐增长。希帕尔库斯对哈尔莫底乌斯妹妹的侮辱,可能引起了该宗族成员——而不仅仅是直系亲属——广泛的愤恨。因此，对于希比阿斯来说，对于后世很多雅典人来说，很明显哈尔莫底乌斯和阿里斯多基同不仅仅是试图发泄私愤，他们的行为还是一场由僭主的政敌尝试并精心策划的政变的一部分。那对情人很有可能比之前故事中介绍的更有影响力。

然而，如果希帕尔库斯没有戏弄他们的感情，他们不会成为密谋的领头者，而且尽管杀害的不是僭主，他们依然错误地得到了歌颂。后来，为了颂扬他们的高尚行为，在雅典广场树立了一座"诛杀僭主者"的雕像，他们的后代则得以享用政府公餐，而且每年都有为纪念他们而举行的祭祀，还有为了纪念他们而作的歌曲，如下面这首：

> 我将携带桃金娘树枝，
> 内藏利刃。
> 如哈尔莫底乌斯和阿里斯多基同，
> 那时他们杀掉僭主，
> 使雅典成为人人平等之地。
>
> 最亲爱的哈尔莫底乌斯，
> 你必定没有死去，
> 而是居于幸福岛
> 据说，在那里，
> 有捷足的阿喀琉斯，
> 还有提丢斯（Tydeus）之子，高尚的狄俄墨德斯（Diomedes）。
>
> 我将携带桃金娘树枝，
> 内藏利刃。
> 如哈尔莫底乌斯和阿里斯多基同，
> 在雅典娜的节庆上，
> 他们杀死僭主希帕尔库斯。
>
> 你们将永远享誉世界，
> 最亲爱的哈尔莫底乌斯和阿里斯多基同，
> 因为你们杀死僭主，
> 使雅典成为人人平等之地。

（雅典娜埃奥斯，659ab）

公众普遍的相信以及对僭主统治的憎恨，使一对情人——与其说是爱国者倒不如说是拙劣的破坏者——成了民族英雄。修昔底德（还有希罗多德）试图纠正那错误的观点（即他们推翻了城邦的僭主统治），但几乎无人相信，这最后促使他断定："雅典人在记述自己的僭主和自己的史实时并不比世界其他民族精确多少。"（6.54.1）

因为对年轻的塞奥多托斯的爱——情敌间的激烈争斗

尽管在公元前5世纪期间，我们所拥有的资料，如阿里斯托芬的喜剧，零散地提及了同性恋行为，但确实是到公元前4世纪，我们才对此习俗有了最为详尽的了解。柏拉图，主要在《会饮篇》（*Symposium*）和《斐德若》（*Phaedrus*）中，给予同性恋欲望和爱情以哲学支持，但是真实的同性恋关系是由雅典法庭记录提供的。它们的价值不仅仅在于所提供的丰富细节，而且在于清楚地揭示了一个事实，即在这个时期可以谨慎而公开地谈及关于同性恋的事情。然而，必须记住的是，这里所关注的资料是雅典的，并不能代表希腊所有地区的同性恋情况。同样，公元前4世纪的关于同性恋的信息也不能够普及至之前的世纪。

尽管在这个时期关于同性恋最为详尽的叙述是埃斯基奈斯（Aeschines）对提马尔库斯（Timarchus）[《演说辞》，1]的起诉，但它隐含有政治寓意，而且旨在使提马尔库斯因其早年自甘堕落的行为而蒙羞。有一个没那么重要却同样有启迪作用且更为直接的案例，其更加生活化而且涉及的是普通人。它是一个明确易懂的记述，可能是由事件的参与者逐字逐句记录下来的，而那事件是一场令人不快的三角恋纠纷。与更为引人注目的例子如萨福、哈尔莫底乌斯和阿里斯多基同不一样，该事件并不出名，然其本身亦不可忽略，因为它明确展示了在这时期鸡奸依然是何等的司空见惯。

两个雅典人都爱上了塞奥多托斯（一个来自雅典附近的普拉提亚城的少年），其中一个受人敬重但有些年迈，已不适合做这样的事（由他自己供认）。我们不知道那个年纪较长的人的名字，而他的情敌名叫西蒙——很明显西蒙是一个善妒而急躁的情人。显然他曾殴打那个少年，造成了严重的伤害，并威逼少年做任何他所希望的事情。然而，那个年长者使用的是相反的方法，希望能通过赐予恩惠来赢得那少年的爱恋与友谊。他做的是如此成功以至于促使西蒙要设法结束任何竞争并夺回那个少年。

图 4.13 约公元50—70年的沃伦银杯。表现的是在一个希腊式环境中,一个有胡须的男人和一个无胡须的青年间的云雨场景。现藏于伦敦大英博物馆。

当西蒙得知那少年住在他情敌家中时,他没有犹豫。借酒壮胆之后,他在夜里开始了攻击,到达年长者的住所并破门而入。不幸的是,因为处于极其糊涂的状态,他并没有获得太大成功。受害者描述了发生的事情:

> 发现少年和我在一起之后,他夜里来到了我家并处于醉酒状态;他破门而入,闯入妇女居住区。住在那里的是我的姐姐和她的女儿们,她们在生活中是注重礼节的典范,以至于她们甚至不愿被家里的其他成员看到。但是,他竭尽全力反抗并拒绝离开,直到闻声而来的人还有陪同他的人——他们对他闯入年轻而丧父的女孩住处的行为感到愤怒——强行将他驱逐。

那个年长者的叙述并不寻常,因为他清楚地表明,在一个体面的家庭中,同时他的姐姐和她未婚的女儿也住在这里,他使得那少年成为情人是很正常的事。

西蒙并没有因之前的失败泄气,而是一直在跟踪他的情敌。一天晚上,那个年长者正在参加一个晚宴,他闯进去并邀他出来:

> ……他一点也不为他的暴力行为感到羞愧,他找到我们正在用餐的地方,做了一件特别令人惊奇的事,除非知道他的疯狂与荒唐,否则实在是难以置信:他唤我出来,我一出来他就瞄准我给出一击。当我提出抗议并避开他的攻击时,他开始朝我扔石头。他没有击中我,而是打到了陪他来见我的人,名叫阿里斯多克瑞托斯(Aristocritus),石头擦伤了他的前额。

因为对整个事情感到难堪而又不愿在其他公民面前显得愚蠢,那个年长者没有试图索求赔偿而是希望这事就此过去。但事与愿违。意识到西蒙不会停止扰乱而且不愿放弃那个少年,他感到困惑,不知何去何从。最终,他决定带着那少年离开雅典出海航行,希望西蒙最后能忘掉他并移情别恋。

足够长的时间过去后,他们回来了,但是不知道为什么,少年被安排在一个朋友家中,而那年长者则留在雅典的海港皮拉埃乌斯。使我们更难理解这种分居的是,那个朋友的住所离西蒙租住的屋子很近,结果可想而知。西蒙一注意到塞奥多托斯已经回来并且住在附近,就立即重新开始了他的努力。他在家中聚集了一些朋友,进餐喝酒之后,在屋顶上监视着以等待少年冒险外出。他们计划绑架他。

无巧不成书,与此同时,年长者来接回那少年。他们两个走出房子没多久,一直在等着的西蒙和他醉酒的朋友便开始攻击他们。尽管有几个同伴临场怯阵,西蒙和三个朋友抓住了那少年并动手将他拖走,但是他匆忙脱掉他们抓着的斗篷,跑掉了。

混战结束了,那个年长者认为,一旦遇到其他公民(在雅典没有常规警察),醉酒的西蒙和他的朋友们就会放弃追赶塞奥多托斯,因为他们将意识到这行为是多么可耻。认为那少年不会出事,因此他没有试图去追赶,而是换了一条路以确保自己不再遇到那些攻击者。但事情没有像他期待的那样发展。

被紧紧跟踪了一公里之后,少年躲进一家洗衣坊,但是西蒙和他的朋友们抓住了他,并且不顾他的抗议强行把他拖走,这引起一大群人的注意。很多人谴责此暴行并对着那些人大喊大叫,但是他们毫不在意。而当洗衣工和其他人试图援救那少年时,西蒙他们甚至动手打了他。

当他们挟迫他沿着街道前行时,出乎意料地遇到了那位年长者,当他看到年轻的情人被俘获并被虐待时，鼓起勇气抓住了他。而当他质问西蒙和他的朋友，为什么要这么粗暴地对待那男孩时，他们突然袭击了他，于是便打了起来：

> 少年攻击他们以捍卫自己的自由。他们处于醉酒的状态，动手打我们，同样打那个少年。而我在自卫。人群走过来帮助我们，因为我们是受害者。所以在这一片混乱中，我们逃离现场，头痛欲裂，并无一人幸免。

尽管那少年被挟持了，但无论如何，最终很明显是年长者成功夺回了他。因为他说，后来当西蒙一些参与斗殴的朋友见到他时，他们向他道歉，并指出当时醉酒而且应为自己所做的事情负责。此后四年都没有听到更多关于此事的消息。然后，西蒙决定把他之前的情敌——近来因一场私人诉讼的失败变得易受伤害——告上法庭，指控年长者因为他们对塞奥多托斯的争夺而故意伤害并意图杀死他。如果被定罪，惩罚将是流放并没收所有财产。

西蒙宣称，年长者诱使塞奥多托斯离开并殴打自己，有一部分原因是为了得到大笔钱财，而那是他送给那少年的，目的是使他成为自己的情人。（最终证明比西蒙全部财产所值的钱还要多！）然而，他一直都没有办法证明那笔资金的存在。年长者采用那个时代最卓越的辩护者之一吕西亚斯（《演说辞》，3）为他准备的辩护词，为自己进行了精彩辩护。他反驳了所有指控，揭示了荒谬所在：

> 说到所有矛盾中最严重最引人注目的，那便是：如他所说，我伤害了他并密谋杀死他，但他直到四年后才鼓起勇气向你们投诉。其他人，当他们坠入爱河却被人横刀夺爱并且还被殴打时，都会感到如此愤怒以至于一定会努力尽快报仇；但是这个人却等了这么长时间。

最后一句尤其有启发性，如下所列："我一直认为，仅仅是因为我们之间的敌意——而且那敌意是由于对少年的爱恋——便试图迫使一个人背井离乡，这是难以容忍的。"这个关于鸡奸的就事论事的陈述是在雅典法庭上给出的证词的一部分，再一次证实了这种男人和少年间的恋爱关系在古代希腊是多么普遍。

我们不知道那少年、西蒙还有那年长者的结局。大概可以推断，年长者并未获罪，因为他的辩护看起来是无懈可击的，而西蒙的名誉则有了污点。无论如何，这一例子还有本章阐述的其他例子都清楚地表明：尽管希腊人奉行双性恋，他们也接受那些恋爱关系与生俱来的个人和社会的附加情感负担——而且有时那些负担会是非常有破坏性的。

双性恋的衰落

有趣的是，到希腊化时代（以公元前323年亚历山大大帝的死亡为开端），旧的城邦排他性被打破，被母邦（metropolis）更为兼容并包的世界所取代。雇佣兵取代了公民兵，而希腊化时代君主的"国有"军队，数量成千上万，并征召自很多不同的地方。那种习以为常的男性间的亲密关系，现在多半已是明日黄花，而女性的地位则得到明显改善。随着这种改善，异性间的爱情兴起成为占主导的情欲关系的典范。同性恋仍在继续，但作为一种精神特质其影响在衰退。最终，一个变化中的世界会反对这种习俗。

5

希腊与波斯的较量

东方与西方的冲突：波吕戈诺托斯、政治与壁画

……此时色彩的应用有所增加……
艺术已然……极其完美。
（普林尼［Pliny］,《自然史》[*Natural History*]，35.57）

及至公元前500年，希腊在发展过程中所产生的阵痛几近结束。希腊人度过了因社会、经济与政治方面的剧变而促成的最糟糕的岁月，具有成熟政治体制的诸城邦业已出现。古风时代诸端形制已备，在很多方面超越了赫西俄德所能想象到的那种"黄金时代"。此时希腊人刚刚步入这个成就最为显著的世纪，古风时代逐渐过渡到古典时代。过渡的标志性事件便是两次希波战争，第一次发生于公元前490年，第二次在公元前480年至公元前479年，战争留下了一颗东西方对立的毒瘤，直到公元前5世纪中期才告结束。这种旷日持久的战争促进了城邦与城邦政治的发展，同时也为当时伟大的艺术家提供了创作素材。萨索斯的波吕戈诺托斯是希腊最著名的壁画家，其作品将战争、艺术及政治融为一体，而且当时无出其右者。

与波斯之战

至公元前6世纪末，波斯成为东方最强大的势力，它是由一系列帝国——可上溯至公元前第三个千年的晚期——缓慢发展而来，新近又将新巴比伦人（Neo-Babylonians）和米底人囊括在其版图之下。在仅仅半个世纪的时间里，波斯人的势力已经由伊朗的一个弹丸之地扩张到西起利比亚和埃及的沙漠，东至印度河河谷的广大区域。它已然成为当时世界上最大的帝国。

如此大的帝国包括诸多文化，其差异需要互相包容，希罗多德通过一个风趣但不乏启示性的轶事强调了这一点。谈及"每个民族都认为自己的风俗是最好的"，希罗多德下面的一段记述表现了波斯王大流士（Darius）是怎样（以希腊人和印度人为例）向他的臣子说明他治下民族的多样性的：

大流士……召集一些服侍他的希腊人并问他们，在什么

图 5.1 大流士一世统治期间发行的金币大流克，图中表现的是拉弓的波斯大王。

情况下会吃自己死去的父亲。他们答道,这个世界上没有什么能使他们这么做。后来大流士召集那些吃双亲的叫做卡拉提亚人(Callatians)的印度人,当着希腊人(通过翻译可以明白他们的谈话)的面问,在什么情况下会烧掉自己死去的父亲(正如大多数希腊人处理死者那样)。他们大声吼道:"不要提如此恐怖的事!"

(3.38)

在控制了小亚的希腊城邦并穿过色雷斯不断西进后,前面提到的大流士一世——波斯大王对希腊半岛发起进攻(参照地图11的线路图)。然而等待他的却是公元前490年马拉松平原上耻辱的失败,此后其子薛西斯承担起惩罚顽抗的希腊人的任务。大流士的远征是惩罚性的,旨在报复雅典,尤其因

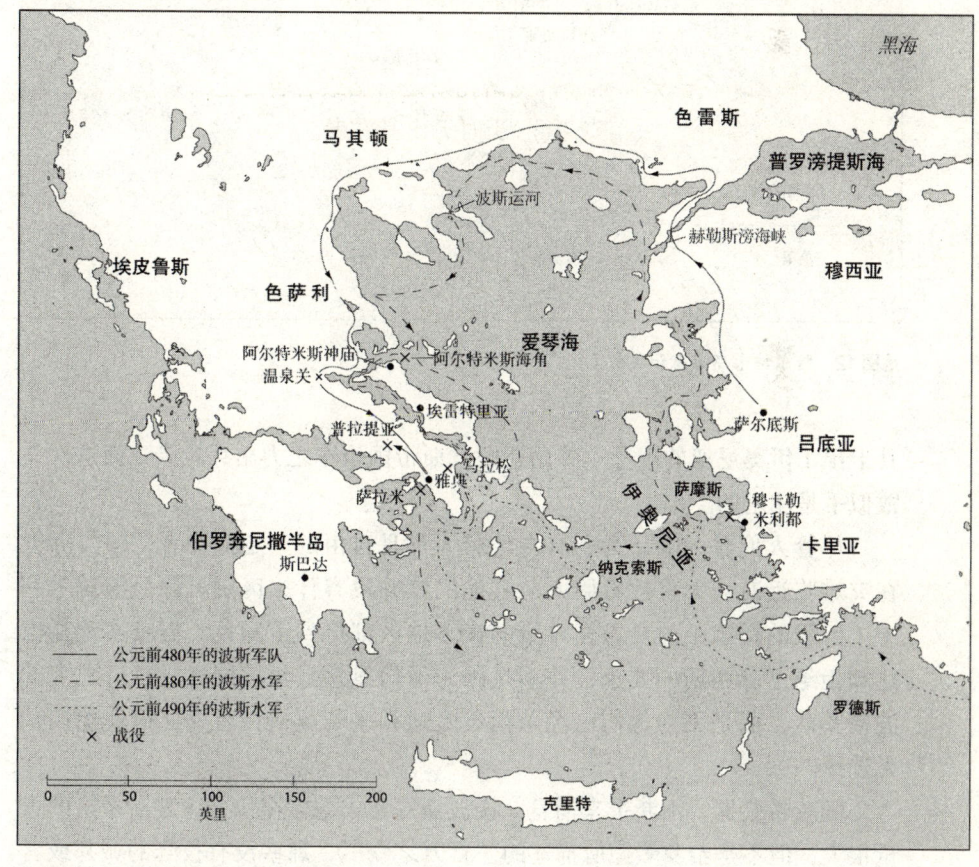

地图11　大流士和薛西斯的入侵路线

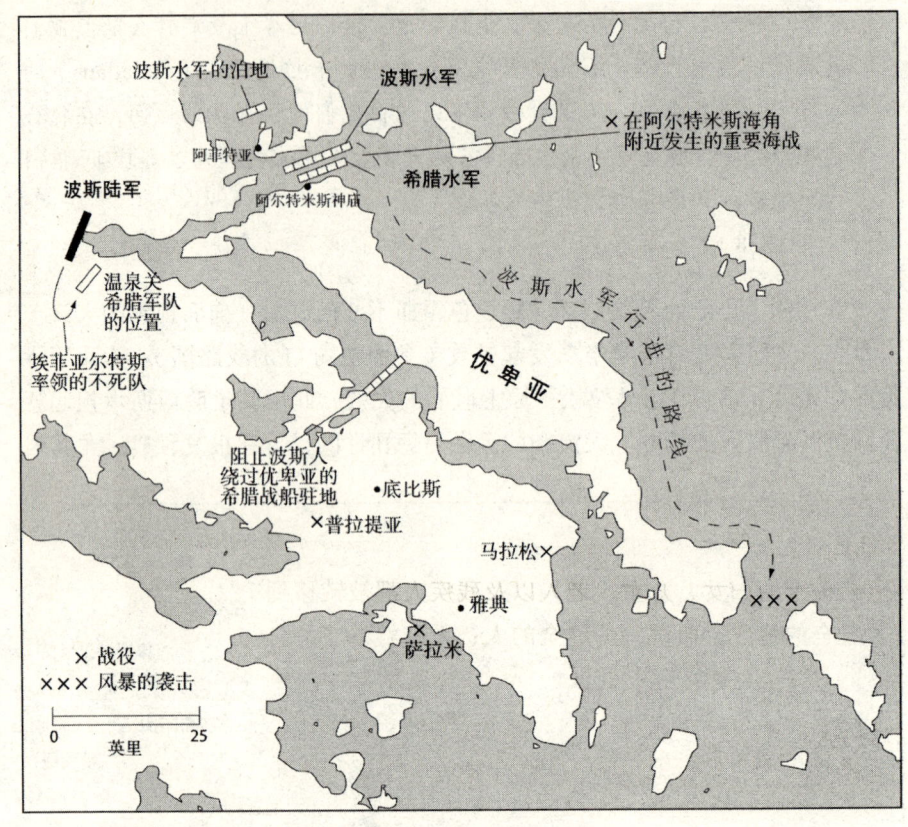

地图12　阿尔特米斯海角和温泉关

其干预了伊奥尼亚的事务。薛西斯倾波斯帝国全军之力出兵希腊，而这次失败似乎是注定的。

尽管人们曾一度认为所有古希腊人都是自由的坚定拥护者，但实际上在灾难临近时，大多数希腊人与其他民族并没有什么区别。薛西斯对水和土（臣服的标志）的要求在希腊的很多地区都得到了满足。但雅典和斯巴达却拒绝了薛西斯的要求，并不是因为他们愿意誓死抵抗远比自己强大的波斯军队，而是因为他们已经杀死了之前到来的波斯使者，这迫使他们别无选择。

随着希腊探子不断带来消息，说波斯军队人数多得惊人（波斯军队的数量很大，但不是希罗多德所描述的"百万之众"），那些没有投降的城邦或者寻找自己的出路，或者像雅典和斯巴达那样准备与之开战。此时即使是希腊人每在危急关头便去求助的德尔菲阿波罗神谕也没能提供任何帮助,最初它还警告那些求神谕者逃到世界的尽头以躲避波斯人持续不断的进攻。

在阿尔特米斯海角沿岸的优卑亚,波斯水军的进攻遭到希腊水军的抵抗和风暴的袭击,而此时薛西斯及其陆上军队在希腊北部的温泉关小道也遭遇到顽强抵抗。虽然希腊人战斗英勇,但这个隘口却被一个投机的希腊人出卖,波斯人得以借机突围,进入希腊腹地。

将希腊勇士戕杀后,薛西斯率军直捣雅典城。十年前马拉松战役时,这座城曾给他父亲的军队带来奇耻大辱,现在仍是他实现远大抱负的绊脚石。当薛西斯率领士兵及船队到达雅典时,发现这已是一座空城。全阿提卡的妇女、儿童、老人以及残疾人都被转移到了安全的地方,而每一个健全的人,无论奴隶还是自由人,无论外邦人还是公民,都加入了船队。一些被误导的人在卫城上占据了一块地方,结果都死于敌人的利刃之下(他们错误地将"在'木墙'里防御"的神谕理解成围起栅栏,而事实上应该是建造战船)。阿尔特米斯海角和温泉关战役为雅典提供了所需的时间。

图 5.2 希波战争时期的希腊重装兵(约公元前480年)。

值得庆幸的是,雅典人有一支可依靠的水军,但这支水军原本也有可能不存在。第一次希波战争结束后不久,雅典人在拉乌里乌姆(Laurium)的城邦矿场发现了新的银脉,兴奋的公民想将其瓜分。而那些更有智慧的人,比如聪明的地米斯托克利(后来成为雅典最有影响力的政治人物)知道波斯人还会再度来犯,强烈要求这笔钱应该用来建造一支由200艘三层桨战船组成的水军——一旦波斯卷土重来,这是唯一可以拯救雅典的。由于种种原因,地米斯托克利的政敌们想方设法阻止他的努力,但他是一个精明的政治家,最终他的意见得到采纳。幸运的是,大流士的死以及其子所面临的一系列问题为雅典人赢得了时间,使水军得以建成,并做好准备以应对公元前480年薛西斯的进攻。

从现实和影片中看希腊人Ⅲ:《斯巴达三百勇士》
——希腊版的"铭记阿拉莫"

罗马为更多的现代观众所熟知,它给影迷提供了更多的娱乐元素。相比之下,与古希腊有关的严肃电影则很少。这其中有一部拍摄于1962年名为《斯巴达三百勇士》的历史剧,主要依据是希罗多德关于温泉关隘口最后抵抗的感人记述(影片中的相关信息见《历史》7.60ff)。公元前480年,为了阻止波斯国王薛西斯率领的军队进入希腊,斯巴达人和残留的希腊盟军英勇地战死在温泉关。作为希腊人捍卫自由的重要事件,温泉关一役逐渐演变成传奇故事。

《斯巴达三百勇士》制作于20世纪60年代早期的冷战时期,该影片主要是为了反映当时的时事,而希罗多德及温泉关希腊英雄们的剧情便为此目的而创作。当时的观众看到一个古老西方"民主"社会对独裁进行着最后的抗争,看到东方数不尽的金银财宝将他们奴役时,他们会情不自禁地想起"共产主义恐怖统治"。遗憾的是,作为影片焦点的斯巴达人(以及许多其他的希腊人)从来不是民主主义者,还保留着自己的奴隶制,而且他们的政府(影片并未如实表现)从来没有努力保卫温泉关。尽管如此,温泉关战役还是为古希腊人所颂扬,并产生了相应的神话,使这英勇的抵抗成为现代电影制片商经久不衰的创作主题——与现代社会中我们熟悉的对自由与解放的呐喊相呼应,如"铭记阿拉莫(Alamo)"、"铭记缅因(Maine)"和"铭记珍珠港(Pearl Harbor)"。

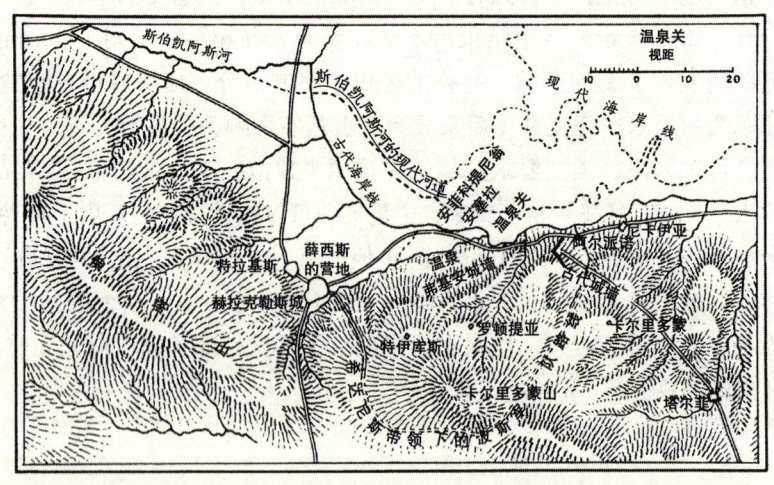

地图13
温泉关隘口

真实战役是这样的，薛西斯企图率大军闯入希腊内部并席卷雅典和伯罗奔尼撒半岛，希腊人为了拖延薛西斯大军的进程，把防御行动安排在希腊北部的温泉关。斯巴达国王雷奥尼达斯和他的三百护卫，以及约7000名希腊盟友驻守在狭窄的通道，等待敌军到来。

薛西斯起初蔑视这支小规模的抵抗军。他用了足足四天的时间盼望希腊人逃离温泉关，可是到了第五天，他们仍然没有撤离。此时，他不再延误，派兵前去战斗，并命令士兵活捉那些粗鲁无礼的希腊人。然而他很快便意识到自己完全低估了希腊人，尤其是斯巴达人（或拉西第梦人）的战斗力，斯巴达人杀死了大量波斯士兵，而其自己的损失却很小。可以想象，薛西斯看到这种局面惊慌失措，由于为自己的军队担忧，他三次从宝座上跳下。即使是他最精锐的战士——我们可以不恰当地称之为"不死队（Immortals）"——也伤亡惨重，被迫撤退。

这种局面持续了两天，对于希腊人的顽强抵抗，薛西斯感到沮丧至极，手足无措。然而幸运很快降临。一个想得到丰厚回报的名叫埃菲亚尔特斯的希腊当地人前来求见。埃菲亚尔特斯告诉薛西斯一条翻越高山到达温泉关的窄路，薛西斯给他赏金，并让他带领"不死队"的剩余战士及其首领希达尼斯从后面包抄斯巴达人和他们的盟军。

当希腊人得知温泉关小道被出卖，且

图5.3 "雷奥尼达斯"。斯巴达勇士的雕像（经修复），发现于斯巴达，从其古风时代的风格来看，可能制作于温泉关战役后不久。现藏于斯巴达博物馆。

波斯人正在包围他们时，温泉关的勇士们开始商议接下来的行动。在意识到无法守住隘口后，大部分人选择（或者是被命令）返回家乡。此时，雷奥尼达斯和他的拉西第梦人，以及那些决定和他们呆在一起的人已经为最后的决战做好准备。最后他们全部战死并被埋葬在那里。后来，人们为战死在温泉关的英雄们题字立碑。斯巴达人有特殊的墓志铭：

异乡的过客啊，请捎话给斯巴达人

说我们忠实地履行了诺言，长眠于此。

而埃菲亚尔特斯的背叛显然得到了应得的"回报"。希腊人悬赏缉拿这个叛徒，他担心性命不保，逃到了北部的色萨利。后来，他结束"自我放逐"返回家乡，被一个名叫阿萨那德斯（Athenades）的男子杀死，阿萨那德斯杀死他显然与其背叛温泉关无关。尽管如此，斯巴达人还是极为敬重阿萨那德斯的功绩。

电影《斯巴达三百勇士》在希腊拍摄（希腊在二战后差一点屈服于共产主义），但是并未拍摄于真正的温泉关隘口——这是可以理解的，因为它已经成为现代希腊人的圣地（并且对于演员和剧组人员来说，它可能太孤立了，不适于拍摄）。遗憾的是，在被选中的景点中并无隘口，这是影片的主要缺陷。每个人都在谈论温泉关的通道，我们看到许多为了争夺温泉关而发生的战斗，但是观众很难看清战士们努力争夺的通道。

理查德·伊甘扮演带领三百勇士在温泉关作战并牺牲在那里的斯巴达国王雷奥尼达斯。考虑到对真实人物知之甚少，伊甘可以通过自己的理解把握角色，他也确实以他的表演刻画了"斯巴达人"。然而，他缺少雷奥尼达斯标志性的胡子和长发，但是在20世纪60年代早期，要塑造出这样一位不修边幅的十足英雄也是一件难事。而电影中的城市斯巴达，虽然在现代观众看来很朴素，但相对于当时来说，它显得过于华丽，也没有防御工事。影片中，拉尔夫·理查德森扮演的是老谋深算、手腕高超的地米斯托克利，是在雅典一方与雷奥尼达斯相对应的人物，但拉尔夫·理查德森似乎年纪过大，而且他扮演的地米斯托克利更像是一个在幕后指使的政客，而不是在希腊历史，甚至人类历史上积极进取且有影响力的伟人。没有证据能表明雷奥尼达斯和地米斯托克利曾在这场战役中相遇，但是这并不能阻止《斯巴达三百勇士》将他们变成好友。两人讨论的关于希腊各个城邦团结一致的主题，也是希罗多德的心声（7.145）。希罗多德记载了地米斯托克利对"木墙"神谕的正确解释和他对萨拉米海战的准确预测（7.141-143），但电影却把后者错误地归属于斯巴达预言家麦吉斯提亚斯（Megistias）。

影片中大卫·法拉扮演的薛西斯确实蓄着胡子，但不够浓密。其他一些东西包括头饰、靴子以及王座则是导演对薛西斯或其他波斯国王雕像的模仿。法拉将薛西斯塑造成一个傲慢的独裁者，他致力于征服热爱自由的希腊人，适当的时候也会咆哮。他的军队多达250000人（并不是希罗多德所描述的百万之众），但在荧幕上却大大缩水，对此电影试图通过关于军队规模的对白来弥补。另外，军队好像也走错了方向——沿着海岸线向上而不是向下。在《斯巴达三百勇士》中，薛西斯释放了一个刺探其行军的希腊探子，使他能够将波斯军队的规模告知希腊人以阻止他们抵抗。事实上，薛西斯确实抓到过探子（但不止一个）并将其释放，但发生在薛西斯进军希腊之前（7.146–147）。此外，没有证据证明薛西斯和卡里亚（Caria）女王——波斯大王的亲密顾问和水军将领——阿尔特米西娅（Artemisia）（参看第149页）之间有不正当关系。在电影中，她可以毫不费力地进出薛西斯的营帐调情或给他一些关于水军调度的建议。人们可能会认为希罗多德所说的大海战——与温泉关战役同时发生，地点在距温泉关64公里远的阿尔特米斯海角（电影没有提到这个地方，也没有以其他方式提及此事）——会让她无暇他顾。

双方的历史人物如马尔多尼奥斯（Mardonius）、希达尼斯和前斯巴达王德马拉特斯（Demaratus），一些波斯人，以及麦吉斯提亚斯、雷奥尼达斯的妻子戈尔戈和与他共治的国王雷奥图基达斯（Leotychidas）都确有其人，而其他人则是编造的。电影中最惊人的一幕是一对未婚斯巴达情侣之间愚蠢的情爱关系。整部影片中他们都愚蠢不堪，在最不恰当的时候被不恰当地用于连接不同的情节。这个女子已不年轻，尽管电影制作者要考虑到现代的感观，但在斯巴达她早该完婚（参看第174—175页），在电影中她是如此吸引人以至于不经意间成了温泉关隘口被出卖的首要原因。当她拒绝了神秘而无所事事（偶尔也牧羊）的当地人埃菲亚尔特斯的求爱后，埃菲亚尔特斯决定逃跑并将秘密通道告诉薛西斯。由于求爱被拒绝，他想报复斯巴达，顺便获得一些银币（或大流克）。诚然，据历史记载，埃菲亚尔特斯出卖了温泉关小道，但即便如此，据希罗多德的记述（7.215），薛西斯的盟友色萨利人曾经使用过这条密道，所以波斯人不知道这条密道令人感到诧异。色萨利人不可能将其遗忘，包括当地人在内的希腊人也不可能没听说过此事。或许这就是斯巴达政府不愿意首先向温泉关派兵的真正原因。希罗多德可能否定这一点（7.175），但是斯巴达官员可能已经预料到温泉关是守不住的，也承受不起整个军队的牺牲。

电影虽然对温泉关的希腊盟军有所表现，但没有提到其数量之大，他们的作用也被有意弱化以突出斯巴达三百勇士的功绩。尽管对于不了解相关知识的观众而言，影片中的服饰已经够"古代"了，但因为有人物艺术雕像可以参考，双方的服饰都应当表现得更好。虽然斯巴达战士的确披着标志性的猩红色斗篷，但看起来更像是希腊和罗马的混搭。斯巴达人所戴的科林斯式头盔也很少见，令人费解的是还有人在面颊上挂着铰链。当然，真实的雷奥尼达斯的头饰更异于电影中的。薛西斯士兵的混杂多样足以说明，他的军队是由帝国各个地方的不同群体组成的，而且让观众看起来像是东方的样子。希罗多德描述道（7.61;83），军队的核心波斯人和米底人穿着长袖彩色束腰外衣，戴着刻有鱼鳞形状的铁制胸甲，穿长裤，戴宽松的毡帽，电影呈现了服饰的多样性，却毫无特色。藤条盾牌、装弓箭的箭袋、长弓、短矛及随身带着的匕首组成了士兵的全部装备。希罗多德也提到波斯人戴着许多黄金饰物。电影中包括头巾在内的一些头饰大体上符合历史，但有许多是混杂的或是编造的。马尔多尼奥斯奇怪的头饰看起来像同时代的佛里吉亚人（Phrygian）所戴的帽子，更像一个世纪之后当地人戴的刻板的头盔。特别不恰当的是薛西斯的"不死队"，他们不吉利的黑色纽扣装束以及鳍状的头盔远比真实护卫的颜色暗淡得多（见图5.4）。在由剧作家的热情重新创作的，充斥着做作谈话的地峡会议上（电影中的"科林斯会议"），希腊人所穿的服装似乎是从20世纪60年代希腊仿古服饰（卖给游客的）商店里获得的。

电影中双方的军事编排是混杂的。波斯军队除了向前行进外就是在局势不利的时候逃跑。他们有足够的空间前进和后退（据希罗多德的描述，波斯人实际上是在战斗中被推到海里溺死的[7.223]），战车在这场战役中起了重要作用。在希罗多德对薛西斯军队战前准备情况的描述中，他的确提及了印度和利比亚战车（7.86）。在远征开始时，薛西斯也在战车上检阅了这支军队。希罗多德还讲述道，刚到温泉关时，确实有一大支利比亚战车分遣队（7.184）——但在描述温泉关战役时并没有提到这些战车。他也记载了波斯军队中存在骆驼，

图5.4 穿着礼服的波斯弓箭手，很可能是薛西斯"不死队"的成员。现藏于巴黎卢浮宫。

但温泉关没有。我们不知道如何解释这种不一致，但有一点是清楚的：在温泉关狭窄的区域内，战车和骆驼并无用武之地。希罗多德还说，选择温泉关是为了

迫使波斯的马匹无用武之地（7.177）——但是这并不能阻止电影中频繁的骑兵部署。

斯巴达人在片尾使用的戟状方阵更符合后期的马其顿人。他们的长矛更适合园艺而不适于作战，而且太短了。但是刻在斯巴达人盾牌上的大写希腊字母"lambda"（代表"拉西第梦"——斯巴达人，或者"拉西第梦人"居住的主要地区）却是为人所知的。他们还伴随音乐行军，虽然喇叭听起来像是重要演习，而且斯巴达方队前进时唱的是赞美歌，但至少这个细节没有被制片人忽略。对一支和斯巴达人并肩作战的轻装援军（可能意指斯巴达奴隶）的描述也是真实的。

电影中，薛西斯拥有和军队一样多的女人。他的随从中确实有女人，但不可能知道其确切数目。希罗多德说她们主要是以厨子和侍妾的身份随军（7.83，7.187）。电影中薛西斯的大帐也有据可查。希罗多德说随着军队的前行，大帐篷是由当地人提供的（7.119）。

根据希罗多德记载，雷奥尼达斯在埃菲亚尔特斯带领波斯人到达之前就已牺牲。那时大多数的矛已断，斯巴达人用剑与敌人战斗（7.224）。然而，电影中他们一直手握长矛，而雷奥尼达斯的死被设置在最后一阵箭雨杀死剩余的高傲的斯巴达勇士前。在进攻之前，马尔多尼奥斯曾接近斯巴人，告诉他们只要把雷奥尼达斯的尸体交出来，他们就会得到宽恕。斯巴达人当然回绝了。希罗多德从未提过此事，只是说斯巴达人成功地将雷奥尼达斯的尸体从波斯人手中夺回，当波斯人在埃菲亚尔特斯的带领下到达时，他们撤退到防御墙后，以进行最后的战斗。电影却恰恰相反：在被包围射杀前，斯巴达人向前进军迎战波斯人。事实上，波斯人向他们发起了冲锋，防御墙被推倒，四面被包围，波斯人的投射物使斯巴达人无法抵抗——这些投射物不是箭，因为它不适合近距离使用，可能会造成很多自身伤亡（7.225）。在这场战役中薛西斯也失去了两个兄弟，但其中一个不叫"居鲁士"，另一个也不是在巡逻时被斯巴达人杀死的。

关于温泉关战役有一句著名的话被归于斯巴达人迪奈凯斯（Dieneces）名下。当被告知波斯人数之多，射出来的箭都能遮蔽阳光时，他以斯巴达人惯有的方式不屑一顾地回答道：如果这是真的就太好了，因为这样他们就可以在阴凉的地方战斗了。电影中包含这句话，却被想当然地赋与了理查德·伊甘扮演的雷奥尼达斯，在他与波斯将领希达尼斯的最后对决中说出。影片末尾呈现的是前面提到的那个在斯巴达人倒下的地方建立的纪念碑，旁白诵读了碑文。雷奥尼达斯的尸体被放在斯巴达同伴的尸体堆上——电影中没有迹象表明薛西斯想砍他的头。

总体而言，《斯巴达三百勇士》努力使故事情节符合历史真相。影片大体上遵循了希罗多德的叙述，也阐述了历史事件的细节。也有斯巴达人真正的性格及古希腊社会的特征。然而，有些细节是错误的，顺序颠倒，随意刻画，为适应剧情的发展而被改换，有的根本就是子虚乌有。比如，雷奥尼达斯和地米斯托克利在科林斯（地峡）会面时，商议对敌策略所用的石膏材质地形图的来源令人疑惑；人们还会质疑，试图谋杀薛西斯的三十个全副武装的斯巴达战士，是怎样在深及人胸的水湾中来回行走的。然而，虽有不足之处，《斯巴达三百勇士》赋予古希腊历史事件以生命，也保留了一个鼓舞人心的故事，不然鲜有现代人会对此有所了解。

图5.5　温泉关小道的景观。在古代，大海延伸至后面的山脉。前面是现代人为颂扬斯巴达人最后抵抗而建的纪念碑。

地米斯托克利和萨拉米海战

薛西斯占领雅典后，以雅典两百艘战船为先锋的整个希腊水军在阿提卡海岸的萨拉米岛附近集合。和往常一样，对于如何行军每个高级指挥官都有各自的看法，而各自城邦的利益高于理性的军事判断。由地米斯托克利率领的雅典人自然想使整个希腊水军待在萨拉米，从而把波斯人驱逐出他们的土地；而由斯巴达率领的伯罗奔尼撒同盟则希望在敌人把退路封死之前退到南部，以保护自己的利益。

图 5.6 地米斯托克利。现藏于奥斯蒂亚博物馆（Museum of Ostia）。

形势对雅典人来说异常严峻，因此地米斯托克利首先威胁要带领雅典水军航行至意大利，然后设计了一个在狭窄的萨拉米海峡中作战的计谋。他秘密派遣一个家奴到薛西斯那里，告诉他希腊人非常害怕，正准备逃跑。如果波斯人迅速出击便会有惊喜，胜利就能得到保证。

薛西斯及其将领相信了地米斯托克利的话。为什么不相信呢？毕竟已经有一个希腊人出卖了温泉关小道。波斯人开始为一大早的袭击做准备，午夜时分，船队向毫无防备的希腊人进攻。为了营救在战斗中落水的士兵，亦为击杀落水的敌军，波斯士兵们事先登上了邻近的一个岛屿。

在不清楚地米斯托克利的战略，也没有察觉到即将来临的危险的情况下，希腊人的内讧还在继续。即使最终有人告诉他们波斯人的行动时希腊人仍然不相信，直到一艘为敌方效劳的希腊战船（有许多亲波斯或与之结盟的希腊人）逃走并确认此事。希腊人已确认了危险的存在，为了立即抵抗更强大的波斯水军，他们集结了 380 艘战船；至黎明时分，战船集结完毕并准备投入战斗。

波斯人原本想趁敌人熟睡且无准备的时刻出击，结果自己却在毫无防备

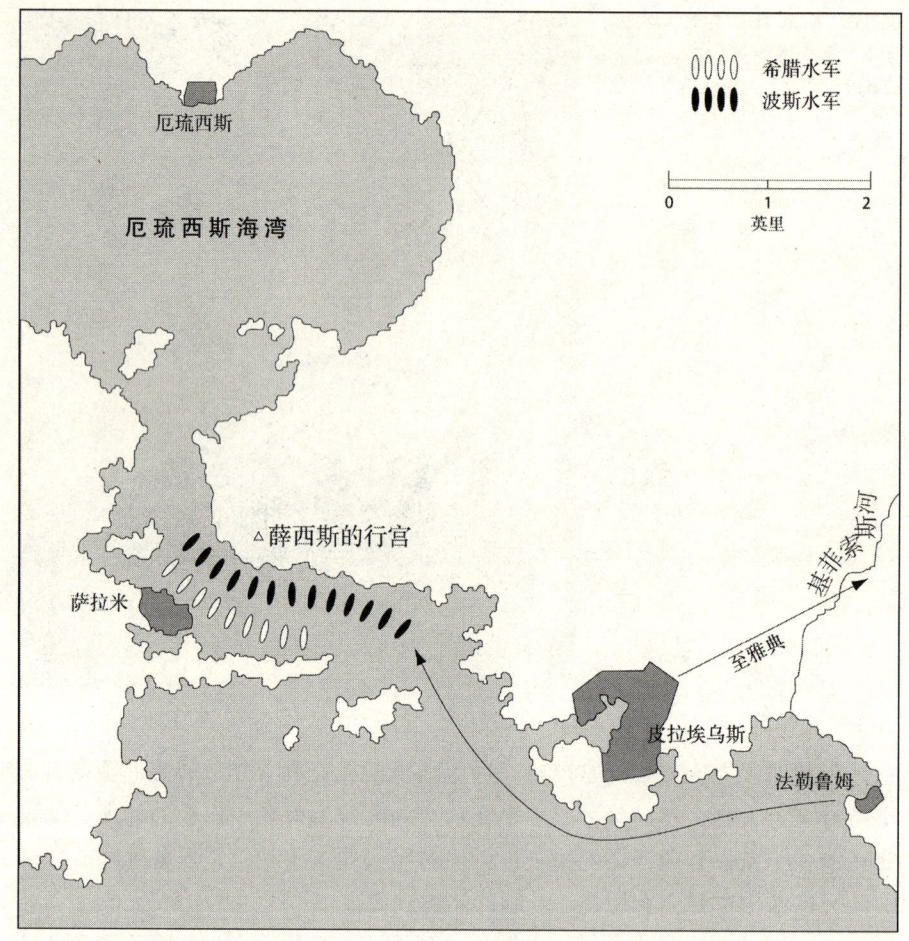

地图14　萨拉米海战

的情况下遭到希腊人袭击。更小、更敏捷的希腊战船来回猛冲、猛击，折断波斯的桨橹，击碎他们的船舵，波斯损失惨重。在一片混乱中，波斯人甚至自相冲撞，他们胜利的希望迅速破灭。

参与了这场战役的剧作家埃斯库罗斯后来在戏剧《波斯人》中用诗行描述了波斯人的惨败。一名使节回到波斯，向薛西斯的母亲讲述波斯军队在萨拉米的悲惨遭遇：

　　……战船不间断地袭击他们的黄铜船喙：
　　一艘希腊战船开始进攻，

图5.7 从厄琉西斯看到的萨拉米海峡。右边是萨拉米岛;左边是阿提卡。

一艘腓尼基式的船,尾部被击碎;
一艘船猛击另一艘船。
起初波斯军队还能保持阵型,
但当狭窄的海域堵住他们,求救无门,
被船首袭击,他们的青铜船张开大口,
化为齑粉的是我们的桨橹
希腊战船计划周详,横冲直撞,
四面包围着我们;我们的船翻沉;
看不清哪里是水,
满是船的残骸和战士的鲜血。
尸体铺满海滩和岩石。
每条船都慌乱逃亡;
所有存活的人,
就似鲭鱼或其他被捕的鱼一样,
被打晕屠杀,用破损的桨橹船骸将其剔骨:
哀嚎声、哭泣声充斥着辽阔的大海,

图 5.8 埃斯库罗斯。现藏于罗马卡皮托里尼博物馆。

图 5.9 图为一只形似希腊战船撞角的杯子,与埃斯库罗斯的诗句相呼应:"……战船不间断地袭击他们的黄铜船喙……"注意用于导航和保护战船的"眼睛"。

直到黑夜,
来抚慰他们,安息……
(11.408–428)

萨拉米海战之后,战争形势依旧对波斯人不利。随着公元前479年波斯人在彼奥提亚的普拉提亚和穆卡勒附近的伊奥尼亚的两次惨败,第二次希波战争落下帷幕。恼羞成怒的入侵者在撤离前摧毁了雅典城,但废墟中的雅典将很快开始重建,希腊人为又一次击败世界上最强大的帝国而感到骄傲。这场战争并不是希腊和波斯之间的最后一次较量,但眼下这场胜利为一个繁荣时代的出现铺平了道路,也加速了雅典帝国的出现。

水军统帅阿尔特米西娅——狡黠多智的女王

萨拉米海战中波斯方面有一位杰出的女性——臣服于波斯的卡里亚女王阿尔特米西娅，她统治着包括哈里卡尔纳苏斯在内的许多城邦。在古代，无论海战还是陆战，能在战斗中与男性抗衡的女性实属罕见。阿尔特米西娅不仅能够打败男性，还以自己的能力赢得了薛西斯的尊重。

阿尔特米西娅在薛西斯的水军中曾率领五艘战船组成的中队，她也作为国王最亲密的顾问之一而为人所知。据希罗多德的记载，当薛西斯问她是否应与希腊水军在萨拉米作战时，阿尔特米西娅建议他不要去，并告诉薛西斯，作为水手，希腊人比波斯人更优秀，就和男人天生就比女人优秀是一个道理。（当然，这种说法对于像阿尔特米西娅这样的女性来说是不成立的！）尽管如此，薛西斯还是无视她的建议并为进攻敌军做准备。

在希腊人的计谋得逞，战斗形势对波斯不利时，阿尔特米西娅开始表现出她的足智多谋。希罗多德写到：

> ……阿尔特米西娅……在国王面前赢得了更大的声望。当国王的水军陷入一片混乱时，阿尔特米西娅的船正被一艘阿提卡的船追击。她无法逃脱，由于前面有友军，且自己恰好离敌人最近，于是她决心做这样一件事，此事做完对她极为有利：在被阿提卡的战船追击时，她向前面那艘友军的战船发起攻击，这艘船是卡林多斯人（Calyndus）的，且卡林多斯国王达马西塞莫斯（Damasithymus）本人就在船上。在赫勒斯滂海峡时，她和达马西塞莫斯是否发生了争吵我不知道，也不知道她是故意这么做的，还是卡林多斯人的船恰好挡了她的航道。总之，由于好运，在击沉了他的战船后，阿尔特米西娅获得了双重的好处。阿提卡战船的统帅看到她撞击蛮人的船时，认为阿尔特米西娅的船要么是一艘希腊人的船，要么是一艘倒戈为希腊作战的船，因此他调头去追击其他的战船。

> 幸运就是这样降临到她身上的，她得以逃脱，幸免于难。此外还有一点，虽然她对薛西斯做了不好的事情，但正是由于这件事，她赢得了薛西斯夸赞。因为据说当时薛西斯正在观战，他注意到阿尔特米西娅的船正在撞击其他战船，侍立在他旁边的一位大臣说："大王，看到阿尔特米西娅了吗？她战斗得多好啊！瞧，她击沉了一艘敌军的船。"他问这是否真是阿尔特米西娅干的，他们说是的，因为他们能够清楚地看到她船上的标志。他们推断阿尔特米西娅击沉的是敌军的船。正如我前面所说的，每件事情中都有她运气好的因素，而最幸运的是卡林多斯人的船被击沉后，没有人幸存并来指控她。因此，薛西斯这样答

复那些告诉他这件事的人:"我手下的男人变成了女人,而女人变成了男人。"据说这就是薛西斯所说的。

(8.87–88)

不管阿尔特米西娅是在什么情况下在萨拉米做了这样的事,她后来并没有失去薛西斯的宠爱。后来,在失去了大部分战船之后,薛西斯依旧咨询她接下来该怎样做,她强烈要求薛西斯撤退。然后他命阿尔特米西娅将陪自己出征的子女送回小亚。阿尔特米西娅后来为薛西斯效何力就不为人知了。

提洛同盟与客蒙的崛起

公元前478年,那些坚持继续追赶波斯人而渔利的希腊城邦(主要分布于爱琴海或希腊半岛东部)——如果他们撤回,将失去最大利益——一起结成了提洛同盟。提洛同盟总部位于提洛岛,由重新恢复活力的雅典领导。狡猾的地米斯托克利和他的军队从其信任的盟邦中抽调军队和战船,并要求其他盟邦支付盟金,得到允许后,整个联盟便不知不觉完全受制于雅典。这个精明的战略最终使其他盟邦在军事上依附于雅典。雅典的领导符合同盟的宗旨——使小亚的希腊人免于波斯的控制,但是不久便背离了最初的宗旨。随着时间的推移,雅典的真实目的昭然若揭,那就是使"自愿的"提洛同盟成为自己的爱琴帝国。

到公元前5世纪70年代末期,客蒙已经成为雅典的首要政治领袖并取得了提洛同盟的领导权。客蒙是带领雅典军队在马拉松获胜的米泰亚德(Miltiades)将军的儿子。客蒙把同盟当作谋求个人成功的工具,虽然在与波斯人的战争中遭受了一系列失败,但凭借着发现并将传说中的雅典建城者提修斯的"遗骨"带回雅典,他还是赢得了民众的支持。公元前469年,客蒙在埃乌吕迈顿河(在小亚南部)使波斯人遭到了在希腊人这里从未有过的毁灭性打击,这在表面上实现了同盟的目的。此后,有关提洛同盟的成员只要愿意就可以自由加入或离开的谎言被揭穿;随着客蒙领导下的雅典的持续重建和繁荣,从属的城邦面临两个选择:屈从或者反抗。大部分的城邦选择了保守抵抗。

东方对抗西方——特洛伊战火重燃

希罗多德被公认为历史之父，其著作是我们了解希波战争的主要资料来源。从他的著作中可以清楚地看出，包括他自己在内的许多公元前5世纪的希腊人都认为和波斯的战争并不是一系列偶然的战争，而是始于特洛伊战争的东西方对抗的一部分。从希罗多德记述的波斯人对冲突起因的看法中可以看出，这种观点的存在是确信无疑的：

> ……希腊人为了一个拉西第梦女人，召集一只强大的军队入侵小亚，毁灭了普利阿摩(Priam)王国。从那以后，我们就认定希腊人是我们的敌人。
> （1.4）

"与波斯发生的所有战争都是特洛伊战争的延续"这种观点无疑对斯巴达国王阿格西劳斯（Agesilaus）的行为产生了影响。在公元前4世纪早期，阿格西劳斯率领军队远征波斯，他以阿伽门农自比，出征前夕，在阿乌利斯（Aulis），当他沉睡时，一个声音进入他的梦境：

> 拉西第梦人的王，你当然知道，除了先前的阿伽门农以外，无人能成为整个赫拉斯的将军，现在你可以。因为你率领着同一支军队，和同样的敌人作战，从同一地点出发，所以你唯一恰当的行为便是，在远航之前奉献给女神与阿伽门农同样的牺牲。
> （普鲁塔克，《名人传·阿格西劳斯》，6.4）

客蒙和波斯人的斗争被有意地与特洛伊战争进行对比，特别是埃乌吕迈顿战役被看作是东西方对抗中的另外一个标志性事件。又一场"特洛伊战争"以客蒙的胜利结束。

与希腊人之前在特洛伊的英雄事迹的对比也是不可避免的，因为埃乌吕迈顿大捷也发生在亚洲，且这次胜利的重要性也是自阿喀琉斯和阿伽门农时代以来从未有过的。马拉松、萨拉米、普拉提亚、穆卡勒——无一能与之相比，而且同特洛伊一样，埃乌吕迈顿也有一个确定的结局。随着小亚的希腊人获得自由，爱琴海成为了"希腊内湖"；随着波斯人全部撤退，希腊人可能会认为与亚洲的冲突岁月终于结束，一个新的时代正在到来。

利用收回提修斯遗骨获取大众支持的客蒙封自己为第二个"提修斯"。他意识到把自己所取得的巨大成功和特洛伊的成功进行对比产生的好处。他是第一位意识到要搜罗著名的艺术家、诗人及著作家到身边的政治家之一，利用他们的才华来提升形象，促成某些规划。

他的圈子中可能包括诗人品达、悲剧作家基奥斯的伊昂（Ion）和墨兰提奥斯（Melanthius）、哲学家阿尔克拉奥斯（Archelaus）、雕塑家斐迪亚斯以及他的兄弟帕那埃诺斯（Panaenus）、谱系学家斐莱库德斯（Pherecydes）（政治家可能需要增加他英雄般神圣的家族背景，他总是用得上的！）、艺术家米孔（Micon），以及当时最伟大的画家，萨索斯的波吕戈诺托斯。

融政治于壁画中的艺术家——波吕戈诺托斯

百科全书式的罗马作家老普林尼（Pliny the Elder）评论道：“萨索斯的波吕戈诺托斯是描绘身着透明衣饰女人的第一人，也是首位使用多彩的头饰装扮画中女人的画家。”他还说：

> ……在画作中有许多创新，他首次使人物张开嘴，露出牙齿，首次使以前人物僵化的表情变得丰富。
>
> （《自然史》，35.58）

除了使他笔下的人物摆脱了古风时代的僵硬，波吕戈诺托斯还通过把人物或者几组人物安排在不同的层次，并使他们分布在空间中不同的点，使众多人物不再局限于同一个单一的线性平面内，这样波吕戈诺托斯就打破了绘画上的惯例。风景画中的一些构成，比如树和岩石有了层次感。通过表现画中人物对刚发生的或者即将发生的事情的反应，他赋予画作感情色彩。亚里士多德认为波吕戈诺托斯的画作有说教意图，认为他有意使画中的人物比现实生活中的更道德、更完美。波吕戈诺托斯是第一批使用黄褚石进行绘画的人，但是他使用的颜色可能要比西塞罗所认为的四种更多。尽管如此，颜色的单调和缺少色调使得几个世纪之后的批评家们认为他还是"原始的画家"。他的作品非常珍贵，后世的人们经常对其进行修复，甚至在早期罗马帝国也是如此。杰出的修辞学家昆体良认为对绘画的任何研究都要从波吕戈诺托斯开始。

波吕戈诺托斯在技巧上革新、大胆、自信，他在雅典度过了大部分成年岁月，并且是其保护人——雅典政治家客蒙最著名的艺术顾问。毫无疑问，正是客蒙的势力帮助他获得了雅典公民权——这是一项并不经常授予

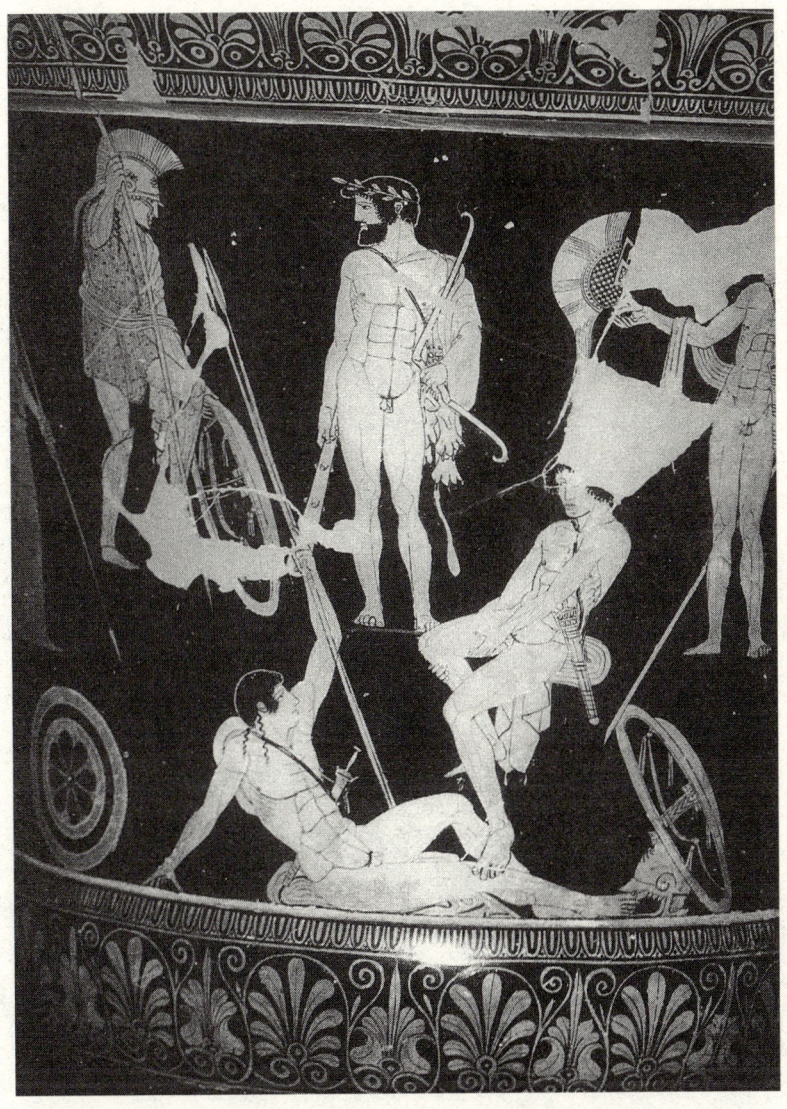

图 5.10　由尼俄柏（Niobid）画家以"波吕戈诺托斯"风格绘制的瓶画（约公元前 460 年），它可能仿制了波吕戈诺托斯在提修斯神庙中的一件作品。现藏于巴黎卢浮宫。

外邦人的荣誉，但是波吕戈诺托斯凭借自己的能力获得客蒙那具有自由精神的妹妹（或姐姐）厄尔皮尼斯（Elpinice）的爱慕，后来她成为他的情人和模特。

由于萨索斯于公元前 465 年脱离提洛同盟，客蒙对其裁军，人们猜测这是波吕戈诺托斯成为客蒙派成员的原因。波吕戈诺托斯是萨索斯人，在叛乱结束后可能"被说服"为客蒙服务。然而，他们之间的联系可能要追溯到更早的时候，因为我们可以肯定波吕戈诺托斯曾和他的同伴米孔一同装饰位于雅典的提修斯神庙（Theseum）——存放客蒙于公元前5世纪70年代中期带回的提修斯遗骨的圣所。还有证据表明他们早在公元前479年就开始交往，波吕戈诺托斯曾在一座神庙中创作与马拉松战役有关的壁画，而客蒙的父亲正是马拉松战场上的英雄。

公元前479年，波斯的破坏使得雅典成为一片废墟，也为像客蒙那样野心勃勃的政治家提供了良机，使他们拥有建城者和将军的称谓。通过大规模的建筑和美化工程，客蒙在任期内得到美誉，如果不是从那场令人难忘的埃乌吕迈顿战役中获得的战利品，他的诸多成就都无法实现。因此，大部分重建发生于公元前460年前后，实质上都是为了纪念客蒙取得的伟大胜利。

雅典废墟上崛起的建筑中最杰出的可能就是斯多亚画廊（Stoa Poikile或Painted Stoa），它由客蒙的姐夫（或妹夫）资助，约公元前460年完工。当然，波吕戈诺托斯装饰了其中一部分，他很可能也是这个建筑的艺术监督者：

> 波吕戈诺托斯不仅仅是一个普通工作人员，他在此作画不为利益，而是无偿工作，这表明了他对这个城市的热爱……
> （普鲁塔克，《名人传·客蒙》，4）

波吕戈诺托斯和其他为客蒙服务的画家（米孔和斐迪亚斯的兄弟帕那埃诺斯）一道，在斯多亚画廊创立了一个"客蒙"画馆，馆内画作的对象及主题或直接或间接地与提修斯（客蒙的政治偶像）、客蒙自身或者客蒙的家族成员有关。这些画（像大多数希腊壁画一样）不是直接在墙壁上完成的，而是在木板上作画，然后用铁钉固定在墙上，直到公元2世纪这些壁画仍被展列。那时，保桑尼阿斯这样描绘与客蒙直接相关的三件原作：

> ……在墙中间描绘的是提修斯和雅典同胞正在与阿玛宗人战斗（由米孔所画）……赫拉克勒斯（Heracles）攻陷了塞米斯库拉（Themiscyra），她们派出攻打雅典的军队被消灭了，然而阿玛宗人仍然向特洛伊行进，并在那里与雅典及整个希腊进行战斗。在阿玛宗人旁边，希腊人刚刚攻破特洛伊城（波吕戈诺托斯所画），诸王在讨论埃阿斯对卡珊德拉（Cassandra

图5.11 "斯多亚画廊"的复原图。

图5.12 1994年发掘"斯多亚画廊"遗址,这个露天区域可以与图5.11中建筑最左端男子所站的地方对比参看。

女画家——妙手丹青提玛里忒

我们已经知道了波吕戈诺托斯的同伴米孔，他是当时另一位伟大的艺术家，也为"斯多亚画廊"和提修斯神庙作画。他有一个女儿——提玛里忒（Timarete），她因绘画为自己赢得名望。在大多数古希腊人认为的"男性专属"职业中难得看到女性的身影，但在一个因某项特殊技能而闻名的家族里，女性成员从事该工艺并为人们所接受也并不鲜见（尤其在没有男性来继承此传统的情况下）。至公元1世纪，提玛里忒仍然被人铭记，百科全书式的罗马作家老普林尼提到过她，她是当时依然闻名于世的希腊罗马女艺术家中最早的一位：

> 妇女也可以成为画家。在以弗所，米孔之女提玛里忒的画版上描绘了一个极具古风时代风格的迪安娜（Diana）肖像。克拉提努斯（Cratinus）的女儿和学生艾瑞尼（Irene）在厄琉西斯画了一位少女、一位卡吕普索（Calypso）、一个名叫塞奥多鲁斯（Theodorus）的变戏法老人以及舞者阿尔西斯塞尼斯（Alcisthenes）。尼阿库斯（Nearchus）的女儿和学生阿尔斯塔里特（Aristarete）画了阿斯克勒庇俄斯（Asclepius）。库基库斯（Cyzicus）的亚亚（Iaia）终生未嫁，在马库斯·瓦罗（Marcus Varro）青少年时期（公元前127年到公元前116年），她在罗马从事绘画。她既用画笔作画，也用雕刻工具在象牙上雕刻。她最常画的是女性，其中包括那普勒斯的一个老妇人的画像，她甚至利用镜子画自画像。在绘画方面，没有人比她更擅长；她的才能如此杰出，她画作的价格远远超出当时画作充满画廊的最著名的画家索波里斯（Sopolis）和狄奥尼苏斯。一位名叫奥林匹娅斯（Olympias）的人也是个画家。关于她，我们只知道奥托布鲁斯（Autobulus）是她的学生。

（《自然史》，35.40）

的罪行；这幅画表现了埃阿斯和战俘的妻子们，其中有卡珊德拉。画的最后一部分是在马拉松作战的战士（由米孔或帕那埃诺斯所画，或由二人合作）；来自普拉提亚的彼奥提亚人以及来自全阿提卡的男人正在对付蛮族人：所画的大概就是这样。但在战场的中心，蛮族人正在战斗，他们相互推挤进入沼泽中。这幅画以希腊人正在斩杀跳到腓尼基式战船上的蛮族人结尾。英雄马拉松——马拉松平原就是以他的名字命名的——和雅典娜、赫拉克勒斯以及从地面升起的提修斯正站在那里。一般认为是马拉

图5.13 表现提修斯和阿玛宗人的瓶绘。可能据波吕戈诺托斯在提修斯神庙中的一幅作品绘制。波吕戈诺托斯派画家约公元前440年作于雅典。现藏于大英博物馆。

松人最早相信赫拉克勒斯是神。在这幅战斗场面的画中，你可以清晰地看到雅典首席将军卡利马科斯（Callimachus）、米泰亚德将军以及神样的英雄埃克特罗斯（Echetlus）……

（《希腊行纪》，1.15.2-4）

上面提到的第一部分画——米孔的《与阿玛宗人之战》（*Amazonomachy* 或 *War with the Amazons*）——的中心人物是提修斯，他和雅典同胞正在击退传奇的阿玛宗女战士。阿玛宗人来自东方，这幅画象征性地代表了东西方对抗，而西方是由提修斯领导的。显而易见，这幅画事实上是在纪念客蒙（"新提修斯"）和波斯人近期发生的战役——东方新近对雅典和西方构成的威胁。

波吕戈诺托斯绘制了壁画《特洛伊的陷落》。很容易看出这一主题会使人直接联想到客蒙在埃乌吕迈顿河对"东方"的压倒性胜利——又一场胜利的特洛伊战争。如果这一暗示还不够充分的话，那么当波吕戈诺托斯把一个最著名女性人物的脸画成客蒙妹妹的样子时，这一意图就显露无遗了。

最后，还有《马拉松之役》。在这幅画中，客蒙的父亲米泰亚德和他的

图5.14 德尔菲阿波罗圣地的复原模型。圣地右上角带有天窗的建筑就是克尼多斯神庙（或"会所"），波吕戈诺托斯的《特洛伊的陷落》与《奥德修斯造访冥界》陈列在此。大的建筑为阿波罗神庙，神谕就发布于此（参看第3章）。

政治偶像提修斯被描绘得非常杰出，画作意指的是谁无可置疑。

波吕戈诺托斯也参与了其他与客蒙有关的建筑装饰。在提修斯神庙中（客蒙为供奉提修斯骨灰而建），波吕戈诺托斯和同伴艺术家米孔创作了赞美提修斯功绩的壁画，间接反映的是客蒙。在雅典的双生神子（Dioscuri，他们的崇拜中心在斯巴达）神庙中，两位艺术家描绘了亲拉西第梦人的场景——波吕戈诺托斯描绘了勒乌西普斯（Leucippus）的女儿们具有神话色彩的婚姻。

图5.15 德尔菲的克尼多斯神庙遗址。存放着波吕戈诺托斯最伟大的画作——《特洛伊的陷落》和《奥德修斯造访冥界》,建筑长16.8米,位于照片中间不规则的圣域石墙前部。

客蒙亲拉西第梦人,且修复了公元前479年遭到毁坏的神庙,所以这座神庙和其中的画作均为称颂客蒙政治措施的内容。

波吕戈诺托斯最伟大的作品虽然仍与客蒙相关,却不在雅典,而是在德尔菲的克尼多斯神庙(Cnidian Lesche),或者叫"会所(Clubhouse)"。它是由位于小亚的希腊城邦克尼多斯奉献给阿波罗的,在埃乌吕迈顿战役后不久完工,波吕戈诺托斯在此创作了古代最著名的壁画——《特洛伊的陷落》(与"斯多亚画廊"中的同名画作相比,这幅更大)和《奥德修斯造访冥界》(Nekyia)。

在当时来看,这些画巨大,从神庙内部的尺寸长16.8米、宽7.6米就可以看出,而且在高4.6米的墙壁上,几十个人物被描绘在至少三个层面内。这些人物稍矮于真人。就像波吕戈诺托斯在雅典的大部分画作的主题一样,这些画作的主题直接与客蒙有关——也就是与埃乌吕迈顿战役有关。

克尼多斯是提洛同盟的成员。在伟大的埃乌吕迈顿战役中,同盟军队由客蒙指挥,并从克尼多斯的港口出发。克尼多斯人是阿波罗坚定的崇拜者,不仅在当地有自己的崇拜中心,且与德尔菲的阿波罗也保持亲密的关系。客蒙的胜利保证了他们的自由,使其不再受波斯人的统治(他们曾臣属于波斯),因此就不难理解为什么他们一定要向德尔菲的阿波罗慷慨地奉献。因为间接来说,客蒙是阿波罗的代理人,保障了克尼多斯人的自由,所以也很容易理解为什么在克尼多斯人捐助给神庙的画作中表现了对客蒙的拥戴。

除了作为克尼多斯人的"朋友"和指挥官外,客蒙在德尔菲也颇有影响;雅典和提洛同盟分别建有一座纪念碑以颂扬他的家族。最新一项研究显示,克尼多斯神庙壁画中单个神话人物透露出一种强烈拥护客蒙和提修斯的情感,而此情感并非巧合;创作《特洛伊的陷落》及《奥德修斯造访冥界》的画家波吕戈诺托斯是客蒙的密友,他在雅典的一些其他建筑中也赞扬了客蒙的功绩。因此不难看出,尽管克尼多斯神庙和它里面的画作看起来是克尼多斯人献给阿波罗的感恩供品,实质上是众多为颂扬客蒙在与波斯的一系列战争——其中最后的胜利是埃乌吕迈顿河大捷——中的功绩而建的又一座纪念馆。

公元2世纪的游记作家保桑尼阿斯参观过德尔菲,并描述了克尼多斯神庙内的波吕戈诺托斯的画作。尽管由于他的描述太过繁杂以至于无法在此再现,但他对波吕戈诺托斯两幅画作中更有名的那幅——《特洛伊的陷落》的概要性描述,足以充分地表达这两幅壁画的特点:

> 当你走入这个建筑,右侧所有的画都是有关特洛伊陷落和希腊人航离特洛伊的。墨涅拉俄斯(Menelaus)的士兵已为远航做好准备;有一幅关于战船的画,水手中既有成年男子也有少年,船的舵手佛伦提斯(Phrontis)手握两只桨站在船中心……海伦就坐在欧尔吕巴特斯(Eurybates)身旁。我猜想他是奥德修斯的使者,不管怎么样他仍是无须少年。仆人厄勒克忒拉(Electra)和潘塔里斯(Panthalis)正站在海伦旁边为她系鞋带……海伦后面是提修斯的母亲——短发的阿埃斯拉(Aethra)——以及提修斯之子德莫封(Demophon),他似乎在考虑是否能拯救阿埃斯拉……画中的特洛伊妇女像囚徒一样恸哭……裸体的埃佩奥斯(Epeius)正将特洛伊城墙的基石击垮。在他上面是伸出的木马头部。佩里索斯(Peirithous)之子波吕波伊特斯(Polypoetes)在头上系着丝带,提修斯之子阿卡玛斯(Acamas)戴着羽毛头盔,站在他旁边。身穿胸甲的奥德修斯也在那儿;

图 5.16 波吕戈诺托斯的朋友和保护人客蒙在公元前 461 年被放逐出雅典。雅典人通过在碎陶片上刻写上他们认为对民主政治构成威胁的人名来放逐他们。如果有足够多的人刻写了同一个人的名字,那么他将被放逐十年。"米泰亚德之子客蒙"被清楚地刻写在图片左下角的陶片上。雅典伟大的英雄之一地米斯托克利的名字被刻写在图片右上角的陶片上。同样,他也被放逐。在雅典过于成功的人物看来是要付出代价的。

奥伊勒奥斯(Oileus)之子埃阿斯站在祭坛旁,手握盾牌,发誓要惩罚卡珊德拉的暴行,卡珊德拉坐在地上,手持雅典娜的雕像;这个木雕像一定是埃阿斯把她拖出圣所时,她从基座上掰下来的。阿特瑞奥斯(Atreus)的儿子们也戴着头盔;墨涅拉俄斯的盾牌上有一条蛇,象征在阿乌利斯被献祭的神童。在他们的下面,埃阿斯正在起誓;与涅斯托尔旁边马匹一排的内奥普托勒莫斯(Neoptolemus)刚刚杀死了埃拉索斯(Elasus)……他被描绘成一个奄奄一息的人。内奥普托勒莫斯正用剑击打单膝跪倒的阿斯提诺奥斯(Astynous)……有一个惊恐的男孩双手抱着祭坛;在祭坛上放着一副铜质胸甲……拉奥迪克(Laodice)则站在祭坛的远处……拉奥迪克的后面是一个石座,上有一个青铜铜盆;美杜莎(Medusa)坐在地上双手抱着石座……名叫佩里斯(Pelis)的裸体男子平躺在尸体中……还有其他职位更高的人……还有科罗厄波斯(Coroebus)……科罗厄波斯上面的是普利阿摩、阿克希昂(Axion)及阿吉恩(Agenor)……奥德修斯的同伴西农(Sinon)、安基阿罗斯(Anchialus)正在挪走拉俄墨冬(Laomedon)

图 5.17　山门（Propylaea）——雅典卫城的"前门"（参考图 6.8）。山门左翼（背景）展示的是波吕戈诺托斯的壁画。

的尸体……安特诺尔（Antenor）的屋子就在这里，门上挂着豹皮，这是告诉希腊人不要去打扰他屋子的信号……此处是西莫尼德斯（Simonides）的诗行：

> 萨索斯岛的阿伽劳封（Aglaophon）之子波吕戈诺托斯，
> 创作了这幅特洛伊劫掠者的壁画。

（《希腊行纪》，10.25–27）

波吕戈诺托斯伟大的壁画立即获得了成功，因为"希腊公共委员会"——仅指与德尔菲有关的近邻同盟委员会——投票决定为他提供终生免费食宿。这就难怪他虽然从客蒙那里获得了经济支持并可使自己相当富有，但还是免费为雅典的"斯多亚画廊"作画（波吕戈诺托斯来自萨索斯一个杰出的艺术家族，在当地似乎在政治上也很活跃，甚至可能与阿尔基罗科斯有联系，在

第 5 章 希腊与波斯的较量 163

图 5.18 勒夫卡德西亚（Lefkadhia）一座马其顿人墓穴内粗犷的装饰性墓顶壁画，正如这幅壁画所展示的一样，波吕戈诺托斯永远也想不到，希腊化时代的希腊壁画艺术能够发展到何种程度。

他的《奥德修斯造访冥界》中就有阿尔基罗科斯的祖父特里斯 [Tellis]）。

我们至今仍然不清楚波吕戈诺托斯的晚年生活。正如不能断言雅典的政治家们不能容忍之前与他们政敌有关联的艺术家一样，我们也不能断定在他的保护人客蒙失去公民的支持，并在公元前 461 年被驱逐后，波吕戈诺托斯离开了雅典。比如，在和参与策划了放逐客蒙并成功继承其政治地位的伯里克利结盟前，著名的雕塑家斐迪亚斯（如其兄弟一样）效忠于客蒙。基奥斯

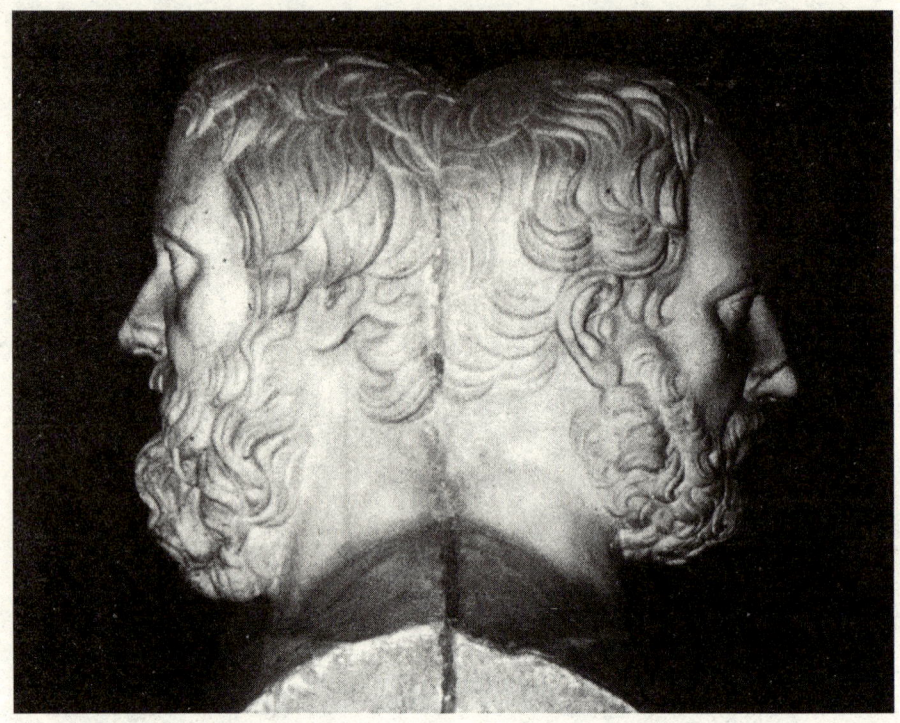

图 5.19 史家希罗多德（左）——希波战争的记述者；史家修昔底德（右）——伯罗奔尼撒战争的记述者。这两位希腊最伟大"史家"的半身像被后人结合在一起。

的伊昂是客蒙阵营中的一员，他甚至对伯里克利存有敌意，然而他仍然在雅典创作悲剧。没有什么能表明政治氛围的变化导致了波吕戈诺托斯命运的改变——毕竟，他是因艺术上的成就而成为雅典公民的。事实上，在由伯里克利所建卫城上的一个建筑中陈列着波吕戈诺托斯的壁画。它们可能被从其他地方收集来存放在那里，但也可能是伯里克利统治时期波吕戈诺托斯创作的。如果后一种是正确的话，那么波吕戈诺托斯至少在雅典度过了一段晚年岁月，经历并为伯里克利时期雅典的"黄金时代"做出了贡献。

6

黄金时代的奇葩

伯里克利时期雅典的高级妓女阿斯帕西娅

……我们的城邦是值得赞美的。因为我们热爱美的事物,但是没有因此而至于奢侈,我们热爱知识,但是没有因此而至于柔弱。

(伯里克利的"葬礼演说[Funeral Speech]",修昔底德,2.40.1)

希波战争后，雅典成为希腊海上实力最强的城邦，而陆地上称雄的仍是斯巴达。就像任何两大实体都会出现的情况一样，两个城邦具有完全不同的政治观点和哲学思想。尽管在波斯入侵时它们被迫合作，而且有时还会彼此赞赏，但亦多有不和。

至公元前461年伯里克利执政初期，雅典的爱琴帝国几近成熟，城邦民主政治虽历时不到半个世纪，却即将步入全盛期。在放逐僭主希比阿斯（参看第4章）后，公元前508年，经过显赫的阿尔克迈翁（Alcmeonid）家族成员克里斯提尼的改革，民主从城邦无序状态中孕育而来。公民统治的最后一个障碍被移除，"一人一票"制度取代了之前以亲缘或党派维系的政治，社会精英优于任何特殊的利益团体。公元前430年（伯里克利去世前一年）的"葬礼演说"被史家修昔底德归于伯里克利的名下，伯里克利同克里斯提尼一样，来自显赫的阿尔克迈翁家族。在这篇演讲中，伯里克利这样夸耀民主的优点：

> 我们的制度无可匹敌；它是典范，不是复制品。我们的制度之所以被称为民主政治，是因为它的存在是为了大多数人而不是少数人。法律保证了公民平等，个人利益得到尊重，但是我们也认同个人的卓越才能，因此如果某个公民在某方面非常杰出，他将因自己的能力而不是社会阶层被选为城邦官员。如果一个出身卑微的人能有益于城邦，就不会因为贫穷而湮没无闻。我们是自由的人，我们自由地管理公共事务。在处理日常事务时，我们不彼此怀疑。当邻人为所欲为时，我们不因此而生气，也不会因此而给他令他不悦的愠恼表情，虽然这表情不会有实际的伤害。在私人消遣过程中，我们谨慎行事，不触犯律法。我们尊重官员和执法者，尤其是那些为弱者利益所颁布的法律和那些每个人都知道不能违背的习惯法。
>
> （2.37）

尽管雅典在表面上形成了古代意义的民主制度，但事实上，像伯里克

图6.1 雅典陶区（Ceramicus 或 potters' district），雅典公墓（就在这张照片拍摄地的后面）所在地，著名的伯里克利葬礼演说也是在此发表。亡者是不可以埋葬在城内的，所以公墓坐落在城墙之外。公墓的地基正好穿过照片的中心区域。圣门遗址（照片中部）和雅典的主要城门迪普隆门（Dipylon Gate，照片左侧，中上部）仍然可以看见。

利这样的贵族继续把持着政权。财富、威望和演讲术仍然是政治成功的关键。除传统主要家族的成员外，几乎无人能集三者于一身。在公民大会上，巧妙的演讲能够很容易动摇那些无知的投票者，尽管过去几个世纪仰慕雅典民主的学者发表了许多赞美的言辞，但雅典农民未必愿意去行使他们的公民权。冷漠是自由政治制度一个不可避免的副产品，如今天一样，它也存在于古代雅典。

通过为大多数公职提供薪水，伯里克利保证了公民能够完成分配的或经投票决定的政府工作，但他也因这条政策受到非难。参加公民大会是公民的义务——它没有报酬。公民大会经常因人数不足而解散。奴隶不得不被安排用带有白粉或颜料的绳子鞭打那些漠然的公民，使其背部留下一个难堪的标记，说明他们正在逃避职责。

且不论它的缺陷，雅典社会比任何一个社会都开放（如果喜剧作家对当时人物所做的尖刻评论能够说明什么的话）。此外，雅典三分之二的男性公民在城邦政府中从事某些工作，有些有薪酬，有些没有，这个数目确实是惊人的，也是空前的。与之匹敌的斯巴达是不可能出现同样的情况的。

除了一两点相似之处外，斯巴达沿着与雅典和其他所有希腊城邦完全不同的路线发展。斯巴达坐落在伯罗奔尼撒半岛南部的拉哥尼亚地区，出于控

168 希腊人

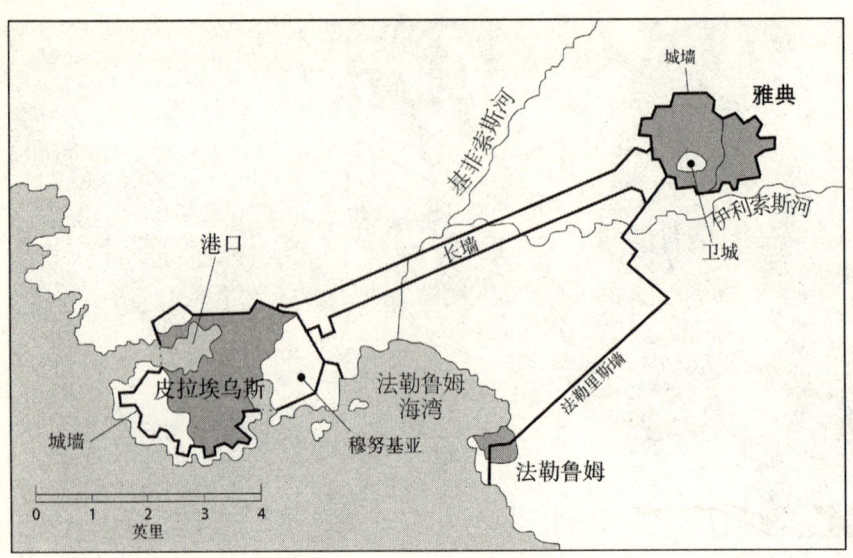

地图15 雅典、皮拉埃乌斯及周边地区

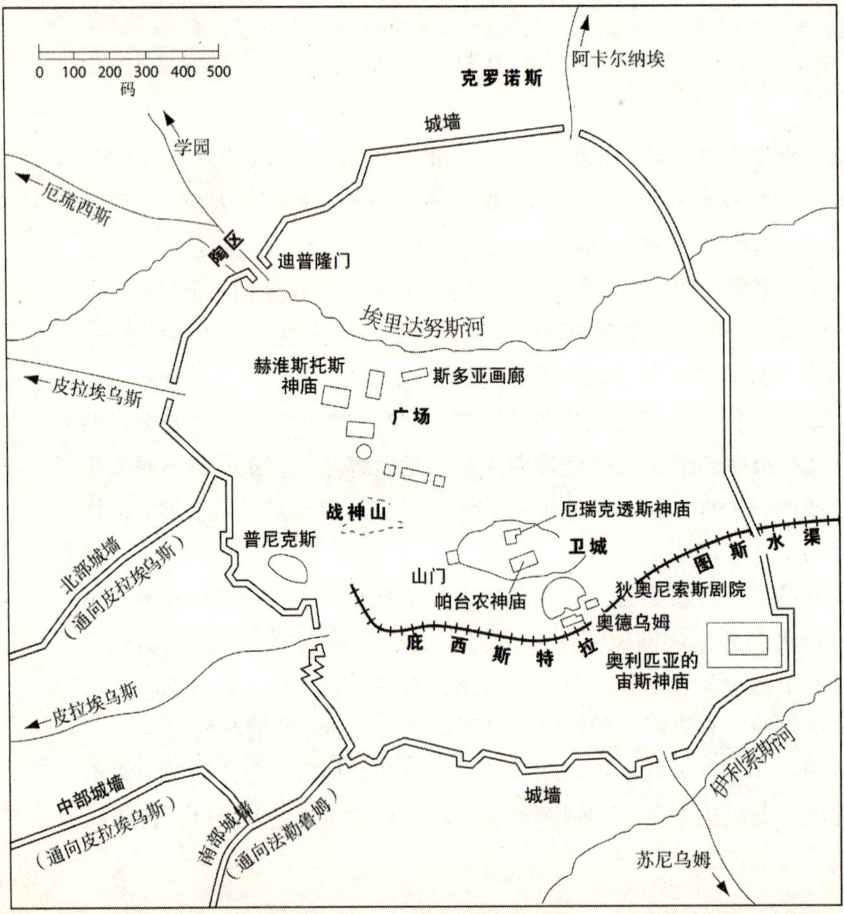

地图16 雅典城

第 6 章　黄金时代的奇葩　169

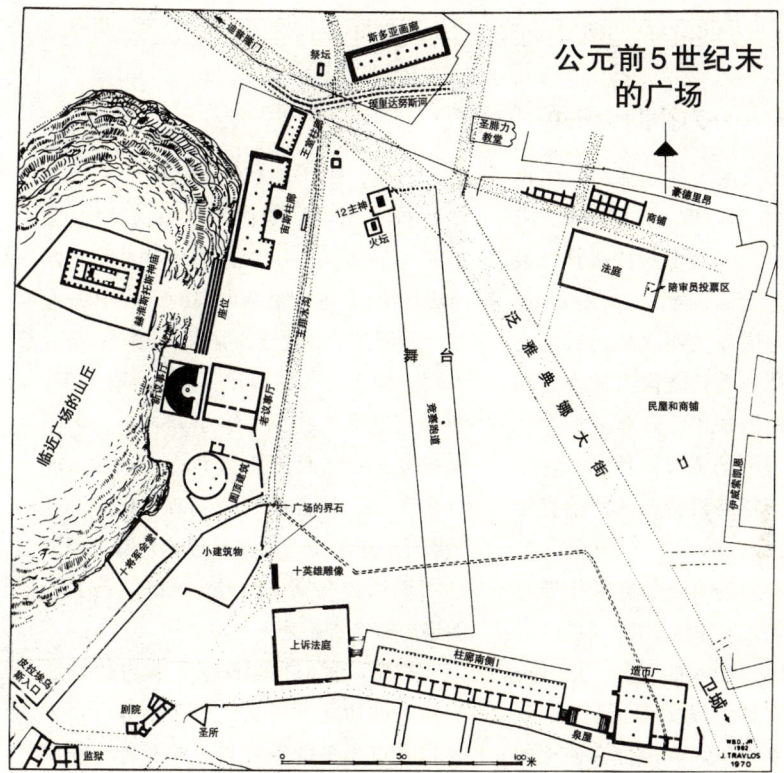

地图 17　约公元前 400 年的雅典广场：雅典广场和市中心与伯里克利时期（对比地图 10）相比变化不大。

图 6.2　约公元前 400 年的广场西侧复原图，广场是雅典民主的"中枢"。在这些建筑中，有重要官员的住所，有"上议院"和档案馆，雅典的大部分政务在这里决定。从左到右依次是：圆顶建筑（Tholos）、神母庙（Metroon）、老议事厅、新议事厅（后面）、"集会"的座位区、宙斯柱廊以及王室柱廊。赫淮斯托斯神庙在上面。

雅典的残疾人——为补助金辩护的跛子

在任何时代残疾人的生活都是困难的，但古代社会尤为严重。许多残疾人未及成年就已死亡，因为婴儿被遗弃是很普遍的，尤其是畸形或面容丑陋的儿童。尽管有些人认为诸如失明之类的缺陷是有神力的，但社会看待残疾人的方式却总是提醒着他们的缺陷。希腊人通常把畸形看作是不吉利的象征。例如，许多人认为跛足国王阿格西劳斯的统治直接导致了斯巴达在公元前4世纪的衰落。

神也歧视畸形的人。赫淮斯托斯是众神的铁匠，也是奥林匹斯山众神之一，由于跛足，他成为嘲讽的对象，也是许多冷酷笑话的笑料。很显然，希腊人利用他为众神提供娱乐。有一件事使他的缺陷看起来更为滑稽，那就是最丑陋的神赫淮斯托斯娶了最美丽的女神阿芙洛蒂忒，而妻子却总给他戴绿帽子。在希腊化时代，当艺术中的现实主义被推向顶峰时，雕刻家们会选择跛足和畸形的人作为模特，怪诞主义成为新奇事物。即使是因战争或事故而致残的人也得承受这些。比如，只有一只眼睛的人可能被认为是相当邪恶的，直到今天，"邪恶之眼"的诅咒在希腊一些地区仍有影响。

古代有许多杰出的人物克服了身体的残障，其中有些非常成功。罗马皇帝克劳迪（Claudius）可能是所有残疾人中最强大的，他患有神经系统疾病，走路经常跌跌撞撞，在压力大时还会流口水、口吃，由于神经抽动，他的头不能保持静止不动。凯撒（Caesar）和卡里古拉（Caligula）据说患有癫痫；汉尼拔（Hannibal）在征服意大利的过程中失去了一只眼睛；马其顿的腓力不仅一只眼睛失明，而且一条胳膊和一条腿都有残疾；演说家德摩斯提尼（Demosthenes）年轻时口吃；阿尔西比亚德（Alcibiades）也口齿不清；皇帝维特里乌斯（Vitellius）是跛子；亚历山大同父异母的兄弟腓力三世阿里达埃乌斯（Philip Arrhidaeus）可能也患有精神疾病……

然而，我们很少深入了解古代普通残疾人的命运。当我们知道伯里克利为参与陪审事务的穷人和老人发放小额津贴作为福利时，就说明城邦也为残疾人提供特殊的扶助政策。公元前5世纪末的一个具体实例（吕西亚斯，《演说辞》，24）表明残疾人获得了政府资助（每天1奥布尔[Obol]，[以现在的日薪100美元计算相当于16.67美元]）。有一个接受城邦救济的跛子曾被憎恶他的人指控，认为他完全能够独立生活。此人几乎一生都接受了补助金，自然否认他不靠城邦救济就能生活，他还在雅典法庭上为获得接受救济的权利进行辩护。从他的反应中可知，城邦会迅速处理骗取救济的人；雅典公民会举报伪装者，而且在决定是否提供帮助时个人品质也是决定因素之一：

我母亲两年前去世，父亲什么也没给我留下。目前我膝下无一子女可以照顾我。至于工作，我虽有一个手工作坊，但对我几乎没有帮助，看看我现在艰难地从事这项工作，至今也找不到一个人接手。除了这个津贴，我没有其他收入；如果你们将它剥夺，我绝对会沦落到最悲惨的境地……在我年轻、比现在强壮时你们给予我救助金；现在我年老体弱，千万不要将它夺走！你们一直因极具同情心而令人赞许，即使是对待没有困难的人……不要硬下心肠对我做出错误的决定，那会让所有和我一样境地的人失望。

先生们，这一定会是一个反常的举动：当我只遭受一种不幸时，我在接受这笔津贴；但现在，当年老、疾病和所有厄运向我袭来时，我的津贴却要被夺走！……至于我骑在马背上……我能很容易解释这件事。我想……任何像我一样不幸的人都要试图减缓痛苦，并研究如何应对不幸以使痛苦降低到最低程度。我也是这样。既然我命中注定要承受痛苦，那么我发现骑马可以减缓我长途跋涉的不适。最有说服力的……我骑马恰恰是因为疾病而不是无礼，你们很容易就能看出来：如果我有钱的话，那么我将骑着配鞍的骡子，而不是一匹借来的老马。

这个人进一步辩护说他的残疾程度严重到需要两根拐杖的地步，而别人只用一根。他反驳道，如果他身体健康，可以被取消救助金，为什么却由于身体残疾，仍然不能够被接受担任公共职务（很明显，那时残疾人不能在雅典担任公职）。他驳斥了那些说他暴力、无礼及放荡的指控：

先生们，我认为你们一定能辨别哪些是傲慢的人，哪些是谦卑的人。傲慢的行为存在于那些财富远远超过自己所需的人当中，而肯定不可能存在于贫穷困顿的人当中；它存在于对自己的力量有着完全自信的人当中，而不可能存在于身体残疾的人当中；它存在于仍年轻并有着同样年轻的头脑的人当中，而不可能存在于年迈的人当中。富人可以用金钱来摆脱困境；而穷人则被迫受到仅有的必需品的制约。年轻人会被长辈原谅，但当年长

图6.3 表现妇女在面包房工作的小雕像（公元前525年至公元前475年），出自底比斯。现藏于巴黎卢浮宫。这样的场景在雅典和其他希腊城邦的日常生活中很常见。

者犯错误时,无论长幼都会加以责难。强壮的人靠力量欺辱任何他们想要欺辱的人,即使自己没有受到丝毫不公的待遇;柔弱的人在受到不公待遇时却不能抵抗攻击者,保护自己,在希望加害于人时,也不能击败对手。

肯定有人指控这个跛足的男人品质不好。据说他的商店经常有行为不端的人光顾:

> 你们每个人都习惯光顾香料店、理发店或鞋匠店等。离广场最近的商铺光顾的人最多,离广场最远的则顾客最少。因此如果你们当中有谁谴责我顾客的品质,那么同样,他也应该谴责其他商铺的顾客。如果这样做的话,他就是在谴责整个雅典——因为你们所有人都习惯去商铺,并在某个商铺驻足。

然而,我不知道为什么我要用一个过于详细的辩护进一步烦扰你们……先生们,我恳求你们,对我保留与老人相同的态度:不要剥夺命运赐予我在这个国家仅有的份额……先生们,这是因为神使我们无法担任公职,但是城邦给我们这些钱是考虑到,所有的好事都应该由共同体平分给每个人,无论好人还是坏人。无疑,我的命运将非常悲惨,我没有资格参与最伟大最了不起的活动,又要被剥夺城邦明确授予以补偿我以及和我一样境地的人的津贴……

他接下来陈述了自己是民主的捍卫者,以及在伯罗奔尼撒战争后混乱的城邦内部冲突中几乎丧命,他总结道:

> 因此,请不要……在我没有犯错的情况下,给予我罪犯才有的待遇!就像你们在其他会议上做的那样,给我下相同的判决,请记住,我不是作为公共财富的管理者向你们陈述我的工作的,也不是作为任何官职的所有者来向你们阐述我任期内的报告的。不,我在此仅仅是为了捍卫我那少量的补助金。所以,先生们,显示你们的正义感吧,对于你们的慷慨,我内心将充满感激……

图6.4 希腊理发师和他的顾客。现藏于印第安纳大学艺术博物馆(Indiana University Museum of Art)。

制人数众多而又难驾驭的奴隶的需要，它成为一个具有极权主义倾向的军国主义城邦。那里的奴隶或者农奴被称为黑劳士。他们大部分是先前的美塞尼亚（Messenia）公民，美塞尼亚位于拉哥尼亚西部，斯巴达早就将其征服，囊括在自己的版图之下。

人数远远超过斯巴达人的美塞尼亚人在自己的土地上被奴役，这使得斯巴达人时时不忘他们自己制造的不安定局面。有时黑劳士的叛乱会发展成为持久的战争并使斯巴达痛苦不堪，到公元前7世纪末，斯巴达非正式的军事体制可能已经开始发挥作用。斯巴达的极权主义特性也顺便将"平等"强加给公民，也解决了一些困扰斯巴达的显著的社会与经济问题。虽然斯巴达大家族并不总是赞成这种"机械性特质"，但这种体制很容易操控（同所有的极权主义城邦一样）。

在先前引述的同一篇葬礼演讲辞中，伯里克利把斯巴达体制中的缺陷与雅典那些值得称赞的优点进行对比：

> 我们的城市对所有人都是开放的。我们从不驱逐外邦人，或者阻止他们了解或看见任何一旦不保密就可能帮助敌人的事。因为我们主要靠的是勇敢的行动而不是阴谋诡计。至于教育，我们的对手通过从小对孩子进行艰苦的军事训练来使他们变得勇敢；但是，我们即便过着悠闲的生活，也同他们一样准备好应对危险。这可以借此得到证明：拉西第梦人并不独自侵略我们的领土，而是带领所有的盟友一道。相反，我们袭击邻邦不需任何帮助而且能轻易获胜，即使是在异邦和保卫自己家园的人作战。他们还没有领教到我们所有的军事力量，因为我们还要同时忙于海战，派遣公民进行陆地征服。另外，他们只要袭击了我们的某一小部分军队并取得胜利，就吹嘘已经将我们全部击溃；但是当他们被打败时，就说是我们的全部军队将他们击败的。的确，我们比他们更加优秀，这是因为我们不是以艰苦的训练，而是以轻松的方式和英勇来面对危险，这种精神是由我们的生活方式而不是律法激发的；在痛苦来临之前，我们不沮丧，来临之时，我们可以证明自己与那些经过严酷训练的人一样勇敢。
>
> （修昔底德，2.39）

当伯里克利把雅典和斯巴达进行对比时，不可避免的事业已发生。雅典和斯巴达总是互相争执、猜疑、寻求各自的利益，最后为争夺希腊的控制权

斯巴达妇女——性与城邦

按照传统的说法，是传奇的立法者莱库古对斯巴达进行了改革，从而使它成为一个极权的军国主义城邦。我们无从得知莱库古是谁，也不知道他是否真的创立了斯巴达这种不寻常的体制。但是，古典时代的斯巴达公民绝不会质疑莱库古在斯巴达创立了良法（Eunomia）的说法。

在斯巴达诸多被认为是莱库古创立的制度中，有一个很有趣，是关于女孩对婚姻的准备和成为妻子之后的事情。因为她们将生养未来的斯巴达人，所以斯巴达女性的待遇比希腊其他地区更好，但她们也要经历许多希腊其他城邦的妇女认为不能容忍的事。如若普鲁塔克的话可信，那么他在《名人传·莱库古》中所记载的就是典型的场景。首先需要解释一下，斯巴达人似乎致力于优生繁殖，城邦把它看作是一种确保生育"高质量"人口的方法。他们在新婚之夜将新娘扮成男孩的样子，可能是为了帮助丈夫更容易接受性的转变——从男性伴侣（参看第4章双性恋）向女性伴侣的转变。普鲁塔克记述称，斯巴达妇女结婚时是"完全发育成熟的"，如果用今天的标准来看，他的观点可能被误解。她们不可能比亲斯巴达的色诺芬提到的那个十四岁已为雅典人妻，却仍旧学习主妇职责的人大太多（参看第188页）。最后，丈夫到三十岁接受政府的份地后，妻子（以及孩子）才能与丈夫住在一起。

就像极权社会中的任何其他事一样，对于斯巴达的妇女来说婚姻也是为城邦服务的一种方式：

> （莱库古）命少女们去摔跤、跑步、扔铁饼、掷标枪，以使将来她们腹中的婴儿能在健壮的身躯里打下壮健的底子，并更好地发育成熟，也是为了使她们自己健壮结实，能够更容易地应对分娩时的痛苦。为了使她们摆脱娇柔脆弱、害怕抛头露面和其他种种女性的娇气，他命令年轻妇女像青年男子一样裸体参加游行，在某些严肃的宴会中命她们跳舞、唱歌，青年男子则在四旁观看……少女虽赤身裸体，却丝毫不觉耻辱；因为轻浮放荡已一扫而尽，伴随着她们的是庄重贞洁。这教会了她们对朴素生活和身体健美的追求，也使女性体验到了更高尚的情感，因为在高贵和荣耀的领域内，她们也有一席之地。因此很自然地，她们也会像雷奥尼达斯的妻子戈尔戈那样去想、去说。据说某个外邦妇女对戈尔戈说，斯巴达妇女是世界上唯一能够统治男人的妇女。她回应道："理由很简单，因为我们是唯一能够生养真正男人的女人。"（参看第38页）

这些都是促成婚姻的因素——少

女参加节日游行、裸体进行体育锻炼以及跳舞——它们促使年轻人严峻而坚定。正如柏拉图所说，不是几何学的必然性，而是恋人心领神会的必然性……

说到斯巴达人的婚姻，新娘是被新郎强行抢走的；不是在她们幼小需要照看的年龄，而是在她们丰满成熟的时候。在此之后，所谓的伴娘会把新娘的头发贴着头皮剪短，给她穿上男人的衣服，把她安置在床上，让她独自待在黑暗中；之后，就像在公共食堂的餐桌前就餐一样，新郎穿着日常的衣服，沉着冷静地偷偷溜进新娘躺着的房间，解开她的处女带，把她带到自己床上；一起度过一段时间后，他泰然自若地回到自己的居所，像平常一样和其他年轻男子一起睡觉。他白天和夜晚都与同伴一起度过，带着恐惧和羞愧去会见新娘，小心翼翼地生怕被人看见，而新娘也出谋划策，帮助丈夫寻找合适的机会暗中约会，以免被同伴发现。他们要这样生活很长时间，以致他们的妻子都没有在白天见过丈夫的面容就生下了孩子。这样困难且偶尔的相会不仅锻炼了他们的自我克制能力，而且保证了身体的健康和活力，情爱的高涨和新鲜，没有长期相处的烦腻和迟钝；分离总是为双方留下了相互渴念、爱慕、没有燃尽的火花。（莱库古）使得婚姻蕴含节制和隐晦，同样也细心地摒弃了无聊的女人式的嫉妒。他驱除了淫荡对婚姻造成的危害，但对那些愿意将自己的妻子与健壮的人共享以生养子女的人，莱库古给了他们很高的荣誉……莱库古允许一个年老而妻少的人将妻子介绍给一个俊美而高贵的少年，这样她就可以同他生出继承了父亲优良品质的孩子，而丈夫会把这个孩子当作自己的后代抚养。反过来，如果一个正直的男人，因为某个已婚妇女生下了健美的孩子，因为她的端庄而喜欢她，他会请求她丈夫的同意，并与之交好，就好像在能够结出美丽果实的土壤里播下了种子。事实上，莱库古认为，孩子是整个城邦共同体的财富而不仅仅是父母的所有物，所以，他不愿本邦的公民由随意结合的父母所生，而是希望他们是最优秀者的后代；其他民族的法律对他来说是荒谬矛盾的，他们繁育犬马时不惜花费钱财生产良种，却将妻子管紧，让她们只给自己生儿育女，哪怕他们自己是笨伯、屠头或病夫；仿佛品质低劣的孩子不会首先反映出抚养者的不良品质，而出身高贵的孩子也不会首先流露出抚养者的高贵气质似的。这些规则是为了斯巴达人能够获得强健的体魄和建立良好的政治而制定的，这远不同于日后人们将其归咎于妇女的放荡与淫乱，斯巴达人全然不知通奸是怎么回事……

地图18 伯罗奔尼撒半岛。斯巴达坐落在南部，埃乌罗塔斯河（Eurotas）沿岸。

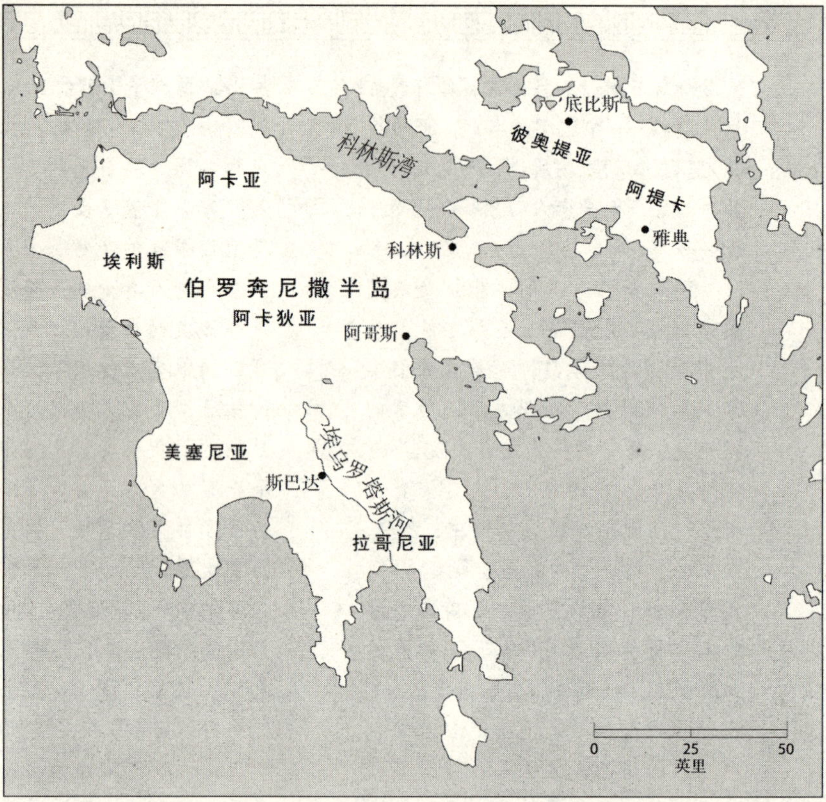

图6.5 古代斯巴达。晚期大剧场遗址（约公元前1世纪）坐落于树木丛生的高地下，这里曾是斯巴达的卫城。

图6.6 斯巴达勇士。

而走向了战争。雅典虽然以保卫自由和民主的角色自居，但实际上伯里克利却万无一失地保护着雅典帝国的财产，时刻警惕着斯巴达、雅典的盟邦、波斯及任何对它构成威胁的势力。他竭尽所能地扩展雅典帝国的影响和权力。然而，最终，保守的斯巴达人受到焦虑盟邦的煽动，且惧怕被孤立，并担心被雅典人击溃，遂向雅典宣战以回应伯里克利的计划，伯里克利的好运不复存在了。

伯罗奔尼撒战争爆发于公元前431年，结束于公元前404年。这是希腊历史上最具破坏性的战争，希腊永远也无法从战争的苦果中恢复，经历了公元前4世纪的政治灾难后，最终在公元前338年被马其顿的腓力征服。然而在此之前，希腊社会却经历了其史上最繁荣的时期，公元前5世纪中期，雅典（而不是任何其他城邦）成为希腊的文化和学术活动中心。因此，伯里克利统治时期通常被认为是雅典的"黄金时代"。

雅典的黄金时代

在希波战争之后与伯罗奔尼撒战争开始之前，希腊曾有过短暂的和平。首先，希腊在希波战争中重创波斯，迫使波斯于公元前449年议和。然后，

图6.7 雅典"黄金时代"的伟大缔造者伯里克利。现藏于罗马梵蒂冈博物馆。

公元前445年雅典和斯巴达结束了时断时续的交战。先前用于战争的钱财现在可以用来完成雅典城的重建和美化。在存在争议的情况下（公元前5世纪50年代晚期，伯里克利将提洛同盟的金库从提洛岛转移至雅典，假称是为了使其免受波斯的威胁，这引发了抗议），雅典帝国的盟金被用于伯里克利的建筑和艺术工程。普鲁塔克在《名人传·伯里克利》中赞扬了这位富有雄心抱负的将军为雅典制定的规模宏大的重建计划：

> ……他向公民提出规模宏大的建设计划和具有深远影响的艺术规划，这些工作需要大量的劳动力，留在城邦的人因此也不亚于水兵、戍卒和陆军，同样有理由从公共财产中获益，得到份额。这项工程需要使用的原材料有石头、青铜、象牙、乌木及柏树，锻造加工这些材料还需要建造者、铸工、铜匠、石匠、染匠、金匠和象牙匠、壁画家、刺绣工以及雕刻工；还要有组织和运输原材料的人，在海上有商人、水手和舵手，陆地上又有造马车的、饲养负重动物的、驾车的、造绳的、织布工、筑路工及矿工。就像将军手下的军队一样，每件艺术品都是由一群组织得像

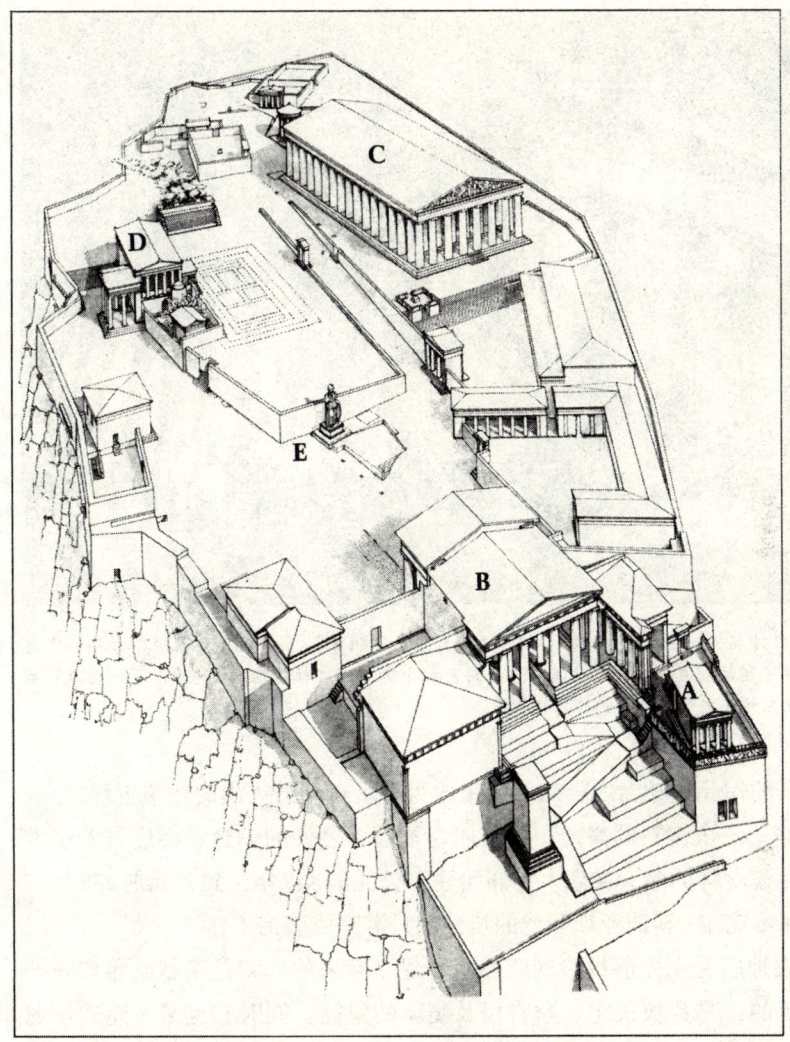

图6.8 雅典卫城的重建图。建筑依次为：(A) 胜利女神庙 (Temple of Nike)，(B) 山门，(C) 帕台农神庙，(D) 厄瑞克透斯神庙 (Erechtheum)。还有斐迪亚斯雕著的雕像——冲锋陷阵的雅典娜 (Athena Promachos) (E)。

军队一样的劳动者打造的，有如乐器听任演奏者运用，或身体听从心灵指挥一样；因此，简单来说，不同年龄、不同职业的人都有机会服务于这项工程，并从中获取相应的财富。

(12.5–7)

伯里克利的艺术总监是他的朋友和知己斐迪亚斯。斐迪亚斯是希腊最伟大的纪念碑雕刻家，也是活跃于雅典黄金时代最著名的艺术家。为伯里克利工作的最主要的建筑师中有伊克提诺斯 (Ictinus) 和卡里克拉泰斯 (Callicrates)，

图6.9 帕台农神庙——伯里克利在雅典的建筑工程中的"明珠"。设计者是卡里克拉泰斯和伊克提诺斯。伯里克利的朋友斐迪亚斯奉献了自己的艺术才能,亲自雕刻装饰帕台农。斐迪亚斯还雕著了那座矗立在神庙内部的巨大的雅典娜神像。

他们最著名的作品是帕台农神庙,后来成为伯里克利最杰出的建筑工程之一。矗立在卫城(一个多石的高地,现已成为圣地)之巅的帕台农神庙是希腊半岛敬奉雅典娜女神的最大神庙。神庙始建于公元前447年,到公元前438年首次献祭时基本完工;斐迪亚斯和他的技工们只需完成装饰工作。

帕台农神庙是用先前提洛同盟的盟金建立起来的。它是奉献给雅典守护女神雅典娜的,是雅典民主、财富以及虔诚的象征。同时它也是一座战争纪念堂。如凤凰涅槃般,它标志着雅典最终从公元前479年的战火中得到新生。其中的艺术作品表现的是与雅典娜及雅典相关的神话主题,而且同波吕戈诺托斯的壁画一样(参看第5章),意指过去和现在的大事。

斐迪亚斯用黄金和象牙雕著的高达12米的巨大神像矗立在帕台农神庙内部。除了后来被列入古代世界七大奇迹的奥林匹亚的由黄金与象牙制成的宙斯坐像外,雅典娜贞女神像(Parthenos)是斐迪亚斯最伟大的作品。古代的记录有这样的描述:

> 在这座叫做帕台农的神庙中……神像是由象牙和黄金制成。雅典娜

图6.10 雅典娜的大理石小雕像。这是公元2世纪罗马的复制品,大小是原件的十二分之一,比较符合保桑尼阿斯对帕台农神庙内的雅典娜贞女神像的描述。长矛应该放置在她左手手臂弯曲处。现藏于雅典国家博物馆。

的头盔中间雕刻着斯芬克斯像,两边雕刻着狮身鹫首的怪兽……狮身鹫首怪兽看起来像狮子,却有鹰的喙和翅膀……雅典娜的雕像笔直地矗立在那里,身着长及双脚的束腰外衣,胸前是用象牙雕刻的美杜莎头部。她一只手握着(2.4米)高的胜利女神雕像,另一只手握着长矛;她的脚下放着一块盾牌,盾牌旁边有一条蛇……基座上是表现潘多拉(Pandora)诞生的浮雕。

(保桑尼阿斯,1.24.5-7)

先前,斐迪亚斯在卫城上塑造了一座高达9米的"冲锋陷阵的雅典娜"

图6.11 帕台农神庙东部三角楣饰上的女性雕像。由斐迪亚斯和他的团队雕刻,可能分别(从左到右)是女神赫斯提娅(Hestia)和狄俄涅(Dione),狄俄涅的女儿阿芙洛蒂忒斜卧在她的腿上。这些和其他取自帕台农神庙的雕塑是"埃尔金大理石雕刻"(Elgin Marbles)藏品的组成部分,现陈列在伦敦大英博物馆。

的青铜雕像。她的头盔、盾牌和长矛唤起了人们对马拉松战役的回忆,因为建造资金是来自马拉松战役得来的战利品。据说,水手在海上航行,数英里外都能看到太阳在雕像顶部反射的光芒。

作为伯里克利的朋友,斐迪亚斯很容易遭到伯里克利政敌的攻击。对伟大人物自身进行正面攻击是危险的,但是通过指控他身边人的某些错误而污蔑他则较为保险。据说(普鲁塔克,《名人传·伯里克利》,13.9),为了满足伯里克利的欲望,斐迪亚斯为伯里克利提供自由民的女儿让其诱奸。实际上,斐迪亚斯还被指控侵吞了为这座雕像提供的黄金(或象牙):

> 作为伯里克利的朋友,又对他有重要影响,斐迪亚斯招致了许多敌人的嫉妒。这些敌人决定借斐迪亚斯来考验民众,看民众如何判断伯里克利。他们贿赂了斐迪亚斯的一个助手门农(Menon),让他以恳求者的

姿态坐在市场上请愿,请求允许他通过对斐迪亚斯检举控诉来换取赦免。人们接受了他作为证人,在公民大会上审问,但他提供不出贪污案的证据。因为从一开始伯里克利就建议斐迪亚斯,那些加到神像上的黄金要能全部取下来称重量才行,斐迪亚斯这样做了。这时伯里克利就命那些控告者取下来称重。

(普鲁塔克,《名人传·伯里克利》, 31.2-3)

据普鲁塔克记述,伯里克利和斐迪亚斯的敌人最终还是成功地把这位艺术家送进了监狱,斐迪亚斯可能病死于狱中,或是被人投毒而死。但我们知道,实际上他是被驱逐出雅典——如果不是因为这次贪污的指控,就是因为其他政治事件——去了奥林匹亚,在那里他雕刻了宙斯神像。但他的离开显然没有平息有关他罪行的谣言,因为后来流传这样的说法,伯里克利贸然参加伯罗奔尼撒战争就是为了免受贪污罪行的牵连(就像阿里斯多芬在《和平》[605-611]中讲述的那样)!

高级妓女阿斯帕西娅

伯里克利的另外一位密友阿斯帕西娅遭到了与斐迪亚斯同样的指控(老套的侮辱——阿斯帕西娅想方设法为伯里克利获取良家女并鼓动他发动伯罗奔尼撒战争——显然没有任何实际意义)。阿斯帕西娅是伯里克利最亲密的伴侣,也是对他影响最大的人。

有人说,阿斯帕西娅是一个非常聪明且具有政治家气质的女人,因此被伯里克利追求。甚至苏格拉底有时也带着门人去拜访,他的朋友们也常把妻子带去听她高谈阔论,尽管她所做的事情既不体面又不正派:她培养年轻女子,使她们成为高级妓女。

(普鲁塔克,《名人传·伯里克利》, 24.5)

在公元前5世纪的雅典,阿斯帕西娅是我们所知的最著名女性(可能除萨福外,她是整个希腊历史中最有名的女性)。她为雅典城邦的"黄金时代"添加上了自己的一笔。阿斯帕西娅出生在伊奥尼亚的米利都,其父阿克西奥科斯(Axiochus)为公民。她早年是否为孤儿,是被冷漠的亲戚还是被没有能力或者根本就不想抚养她的父亲卖为奴隶,我们无从得知(她的父亲可能把她献给了阿芙洛蒂忒神庙,这是一种处理不想抚养的女婴很得体的方法,

图6.12 阿斯帕西娅。现藏于罗马梵蒂冈博物馆。

这样的女婴经过训练会成为女祭司,献身给女神)。不管怎样,阿斯帕西娅失去了自由,最终成为一个职业妓女,或者更准确地说是一个高级妓女。

高级妓女(hetairai)比普通妓女的地位要高,是被高度渴求并珍爱的伴侣。美丽而又迷人的高级妓女通常在年幼时被眼光敏锐的年纪大的高级妓女购买,因为她们知道自己不可能永远魅惑众生,所以她们用爱的艺术去训练这些购买来的年轻女子,从而依靠她们为生。高级妓女是当时受教育程度最高的群体之一,因为她们的顾客都是社会精英,身体上的愉悦并不总能满足一个高贵而智慧的顾客。如果一个高级妓女想要成功,哲学、历史、政治、科学、艺术和文学都是必须掌握的知识。

大部分高级妓女都会获得自己收入的一部分,因此像阿斯帕西娅(阿斯帕西娅的意思是"被渴求的人",所以这不太可能是她的名字)这样受人追捧的高级妓女可能在早年就能为自己赎身。或者,爱慕她的一个(或几个)顾客也可以为她赎身,就像萨福的哥哥,据说他爱上了一个埃及妓女并为她赎身（参看第4章）。有的鸨母也会直接赋予高级妓女自由，但鸨母要有所谓的"仁爱之心"（如果高级妓女在开始时是神庙妓女的话，一旦完成对女神的职责她就可以获得自由）。

高级妓女一旦获得自由，除非结婚，否则她们将继续从事这种职业，其中有些会变得非常富有而具影响力。传统的说法认为，阿斯帕西娅"仿效古代伊奥尼亚女性萨格莉娅（Thargelia），去追逐最有权势的大人物"（普鲁塔克，《名人传·伯里克利》，24.2）。她的优雅、智慧和品味，她的端庄而不仅仅是美丽，足以使当时雅典最有权势的伯里克利为之倾倒。

图6.13 赤陶小雕像，表现的是高级妓女正在服侍客人。阿斯帕西娅是一个高级妓女，并训练年轻女孩从事这种职业。现藏于巴黎卢浮宫。

阿斯帕西娅是何时来到雅典的不为人知。伯里克利的建筑计划、繁荣的艺术和文化氛围，使这座城市吸引了整个希腊世界的目光。雅典帝国的盟金确保了稳定的财政来源，对于热爱冒险的人来说，这里有许多赚钱良机。阿斯帕西娅可能就是在这时被吸引到雅典的，她可能希望从这个有利的环境中获益，同时也去享受刺激并结识有才能的人。

曾有一段时间，雅典有城邦经营的妓院，也有私人妓院，这种生意从来不会因为缺少顾客而消失（后来其中有些消失了，肯定是因为性病这个非常现实的问题）。一位公民的陈述总结了雅典男性对性的典型观点，妻子是生养孩子、照料家庭的，但"妓女使我们欢愉，情妇使我们每日都焕发活力"（伪德摩斯提尼，59.122）。只要登记注册并支付了所需的特殊税务，新的妓院总是有生存空间的。

尽管只有二十五六岁，但阿斯帕西娅很可能已经营一家妓院并培养年轻女孩成为高级妓女了（后来的谣言散播者雅典娜埃奥斯说她买了许多漂亮的女子，使她的妓女充斥整个希腊）。雅典的机会使她这样做有利可图。当然她的顾客都是非常有才能的人，她也不需要亲切招呼以确保"生意兴隆"。有关这位有名的高级妓女的流言蜚语不仅限于当地。即使是在她未曾去过的城市，都在谈论着她。

阿斯帕西娅的妓院很快成为上流绅士约会的好去处。无疑那里充满了美女、性爱的满足、启发性的谈话、美食和饮品。大多数雅典的重要人物——政治家、剧作家、哲学家、艺术家和文学名流——都曾去过她那里。具有讽

不孝子——令伯里克利蒙羞的科桑西普斯

杰出人物的后代通常很难摆脱父亲或母亲的影子,或许不公平的是,他们的缺点总是被这个充满期待的社会过分强调。在古代雅典,伯里克利的长子科桑西普斯(Xanthippus)并未继承父亲的能力,虽然无能,但他认为自己理应拥有和他父亲名声相称的所有东西。我们很少有机会窥探到古代主要人物家庭内部的争吵,但普鲁塔克记述了一些科桑西普斯自私地攻击父亲的事。我们无从得知伯里克利的离婚以及与阿斯帕西娅同居对科桑西普斯(其时快满20岁)有怎样的影响。然而,如果普鲁塔克关于成年的科桑西普斯的记述是正确的话,那么可以看出他被宠坏了且性情乖戾:

> (伯里克利的)嫡长子科桑西普斯,天生是个败家子,娶了一位爱挥霍的年轻妻子……科桑西普斯对父亲的精打细算,以及给他钱时的吝啬非常不满。因此他假借父亲吩咐,到伯里克利的朋友家借了一笔钱。后来朋友来讨这笔债,伯里克利不但没还,还把这人告上法庭。年轻的科桑西普斯非常愤怒,开始公开辱骂父亲。他把伯里克利的私生活和与许多哲学家的谈话张扬出去,让人当做笑柄。比如,有一次一个运动员不小心用标枪刺死了法尔萨里亚人(Pharsalian)埃皮提姆斯(Epitimus),据科桑西普斯所说,伯里克利花了整整一天的时间与普罗塔戈拉斯(Protagoras)争辩,"严格来说"应该对此负责的到底是标枪,还是投掷者,还是裁判。据斯特辛布罗托斯(Stesimbrotus)所说,科桑西普斯的妻子和伯里克利的不正当关系也是他自己散播出去的,科桑西普斯和他父亲之间的不和到死也没有改变……
>
> (《名人传·伯里克利》,36.1–3)

刺意味的是,男人不允许妇女参与政治,也不关注她们的能力,但对于城邦大事却会诚恳地征求阿斯帕西娅的意见,而且很重视她的看法。尽管阿斯帕西娅并无公职,以希腊的标准评判也不是"高尚的",但正是她不受传统拘束的自由使得她在雅典如此有影响力。

大概在公元前5世纪40年代中期,阿斯帕西娅成为雅典最有权势的男人伯里克利的情妇,此后她的影响力大大提升。有人认为,年纪至少有她两倍大的伟大将军对她极为痴迷,以致立即与妻子离婚并与她同居。但更可信的是,伯里克利早就对其婚姻不满(认识阿斯帕西娅可能加剧了这种不满),而且可能早在五年前就已经和妻子离婚。

图6.14 希腊社会一个少有的夫妻在公共场合示爱的例证。这使得人们对伯里克利和阿斯帕西娅本就敏感的关系争论得更加激烈。据说伯里克利每次出门和回来都要亲吻阿斯帕西娅。现藏于芝加哥艺术研究所（Chicago Art Institute）。

不管怎样，即使城邦不承认他们的婚姻（只有公民才能结婚，其生育的孩子才能成为公民），直到伯里克利去世，两人一直以夫妻名义生活在一起。他们至少育有一子。伯里克利与阿斯帕西娅共同生活就说明了对她深深的爱，后世作家（普鲁塔克，《名人传·伯里克利》，24.6；雅典娜埃奥斯，589de）还喜欢用一个例子进一步说明，即伯里克利每天早上离开家和回来时都会亲吻阿斯帕西娅，这在当时肯定是不寻常的行为，不然他们也不会如此关注。在今天的社会，同居不是什么令人吃惊的事，但对当时的普通雅典公民来说则完全不能接受这种关系，更何况是伯里克利这种地位的人。

讽刺的是，正是伯里克利提出了关于公民权的律法，而自己却无视此项律法，最终他为此付出了代价。伯里克利晚年，婚生的儿子们死于瘟疫，所以他没有合法的继承人，他在公民大会上恳求给他和阿斯帕西娅所生的孩子以公民权。雅典人同意了，不是被强迫的，而是被他的真情呼吁打动；对这个把一生都献给城邦事业的伟人，雅典人也觉得有所亏欠。伯里克利的这个儿子后来担任了城邦要职。

新婚夫妇——伊斯克玛科斯与新娘的对话

在希腊人眼中，阿斯帕西娅和伯里克利的关系肯定是不符合传统的，至于什么是典型恰当的夫妻关系，色诺芬（约公元前430—前356年）在他的《家政学》（*Oeconomicus*）中有所论述（《家政学》讲述的是合理的家庭管理方式）。这种叙述在希腊文学作品中独一无二，描述的是一个名叫伊斯克玛科斯（Ischomachus）的男子和他少妻之间的对话（他大约30岁，妻子14岁，二者都是典型的初婚年龄），时为公元前5世纪后期的雅典。它是哲学家苏格拉底和朋友克里托布洛斯（Critobulus）的长篇对话中的一部分。其中有一段，苏格拉底向克里托布洛斯讲述了他与伊斯克玛科斯的一次对话（在雅典广场的宙斯柱廊[见地图17]与他见面后），谈话内容是多年前他与妻子新婚时的关系。苏格拉底的弟子色诺芬记录了这段叙述，就好像是他无意中听到的，虽然伊斯克玛科斯和妻子的故事（包括其余的对话）可能基于真实的回忆，但大部分都经过文学润饰。

这种婚姻关系在古希腊到底有多么典型，又有多少是色诺芬自己对"经营"婚姻的看法，我们无从得知（有一种说法认为色诺芬描述的实际上是他和妻子菲勒西娅[Philesia]的关系，但这种观点近来没有得到太多认可）。色诺芬是一个富有而保守的雅典人，有亲斯巴达的倾向，这给他带来了麻烦（他是斯巴达国王阿格西劳斯的密友）。在军事方面，他曾在雅典骑兵中服役，后来作为雇佣兵效劳于波斯王子小居鲁士。且不论哲学和其他著作，他是公元前4世纪早期最著名的历史学家，创作了一部记述他生活的时代的历史，也是最重要的一部著作——《希腊志》。

现代读者可能会觉得这里摘录的《家政学》很滑稽，但这绝不是色诺芬的初衷。就苏格拉底而言，伊斯克玛科斯关于婚姻关系的主题肯定引发了他对道德的兴趣，如果他真的认为伊斯克玛科斯的讲述"比……听摔跤或赛马那些最好的比赛"（参看第189页）更有趣，那么以我们对这位淳朴的哲学家的了解，这一定是"悠闲的一天"。

苏格拉底和伊斯克玛科斯的谈话如下，后者回答苏格拉底关于他如何生活的问题（《家政学》, 7.3–43）：

"……我确实从不在家务事上浪费时间，因为我妻子完全能够独自料理。"

我（苏格拉底）说道："我会非常高兴，伊斯克玛科斯，若你告诉我，是你自己把妻子调教得这样能干，还是当你把她从父母那接来时，她就已懂得如何履行她的职责。"

"苏格拉底，在我娶她为妻时，她哪懂什么啊？她嫁给我时尚未满15岁，此前她一直受到严格的管教，以让她尽可能见得少、听得少、问得少。她来的时候如果只懂得薅羊毛、做衣服，只见过怎样把纺织活计分派给女仆，你不觉得就已足够了么？此外，她已受过很好的教导来控制食欲，苏格拉底"，他说，"我认为这种教导对于男人和女人同等重要。"

"伊斯克玛科斯"，我问道，"在其他方面你教导妻子以使她能够胜任她的事情么？"

"凭宙斯起誓，我不会"，伊斯克玛科斯回答道，"至少要在祭神和祈祷之后，我才能好好教她，她也才能好好学习于我们两人都最有好处的事。"

"你妻子和你一起参加祭神和祈祷吗？"我问道。

"哦，当然了，她向诸神发誓会恪守本分，并明确表示不会忽视我教她的事情。"

"伊斯克玛科斯，以诸神的名义"，我说道，"请告诉我你最开始教她的是什么，我更高兴的是听你说这些，而不是摔跤或赛马那些最好的比赛呢。"

伊斯克玛科斯回答道："好的，苏格拉底，当她渐渐熟悉并习惯家庭生活，我们可以讨论时，我问了她如下的问题：'女人，告诉我，你想过我为什么娶你，而你的父母为什么把你许配给我？我相信你也清楚，不是为了找个同伴一起度过长夜。我为我自己考虑，你父母为你考虑，谁是我们可以选择来理家和照管子女的最佳伴侣。我选择了你，你父母从众多人选中选择了我。现在，如果哪天神明赐予我们儿女，我们就要考虑如何

图6.15 表现雅典新娘和新郎的红绘陶瓶（公元前440—前420年）。现藏于伦敦大英博物馆。

用力所能及最好的方式教育他们。因为在年老时能够得到最好的帮扶和赡养，也是我们两人的幸事。但目前我们两人共享这份家业。我依旧把我的所有东西都放到我们的共同财产中，而你也把你所带来的所有东西放了进去。我们不必精确计算谁拿出来的更多，但要记住：谁是更好的伴侣，谁的贡献就更有价值。'

"苏格拉底，对此我的妻子回答道：'我能做什么来帮助你呢？我有什么能力啊？什么都得依靠你。我母亲告诉我，我要做的就是节制。'

"'女人，凭宙斯起誓'，我说，'我

父亲也是这样告诉我的。但无论对于男人还是女人，节制不仅仅是要尽可能地保管好他们的财产，还要尽可能用正当得体的方式来增加财产。'

"'那你认为我能做些什么来增加我们的财富呢？'我的妻子问道。

"'女人，凭宙斯起誓'，我说，'就是尽可能做好诸神赋予你能力去做的事，以及法律允许的事。'

"'那是什么事？'她问道。

"'我认为'，我说，'它们都是很值得做的事情，当然，除非蜂后在蜂房中所做的是不值得做的工作。女人，在我看来，诸神使男性和女性成双配对是经过深思熟虑，这样的结合可以给双方最大的好处。因为，首先，各种生物要不致灭绝，就得两两结合以繁衍后代。其次，这种结合至少让人们能够老有所养。再次，人类不能像牲畜那样露天生活，而需要遮风避雨的房屋。'

"'想要获得必需品，满载而归，就得有人去从事露天劳作。因为耕地、播种、栽植和放牧都是露天的劳作，而我们通过这种劳作获得必需品。一旦这些东西存入住所，就需要有人保管它们，需要有人在家里工作。哺育新生婴儿需要在家里，把稻谷制成面包以及把毛料缝制成衣服也需要在家里完成。由于室外和室内的工作都需要劳作和勤勉，所以在我看来，神明一开始就使女人的天性适合室内劳作，使男人适合室外劳作。神明使男

图6.16 正在碾盆里小麦的赤陶妇女雕像（罗德斯，公元前450年）。伊斯克玛科斯的妻子需要去做这种"室内"家务——或分配给奴隶去做。现藏于伦敦大英博物馆。

人的身心都更能抗寒耐暑、忍受旅途和远征的长途跋涉，所以令他做室外劳作。由于女人的身体耐力较差，所以我认为神明自然就让她做室内的工作。由于神明知道他已给了女人哺育婴儿的职责，所以他给予女人的对初生儿的爱要比他给男人的多。由于他还使女人担负照管家里东西的任务，并意识到担惊受怕的秉性对管理家务事不无好处，所以他就让女人比男人有更多的畏惧。也因为知道从事室外劳作的人需要防御作恶者，所以他给予男人更多的勇气。'

"'由于男女都需要付出和收获，神就赋予他们同样的记忆力和勤勉之

图6.17 色诺芬强调了婚姻及生儿育女的重要性。图为两个老鼠形状的"娃娃瓶"。现藏于伦敦大英博物馆。

心……神也给予了男女同样的自控能力。并且神明让那些做得较好的人获益更多,无论男女。因此,由于天赋并不完全相同,他们必然更需要对方,并且由于能力互补,他们的结合对双方更加有利。'

"'……法律……把丈夫和妻子结合在一起,正如神明使他们成为养儿育女的伴侣,法律也使他们成为管家的伴侣。法律证明了神明让男女各有所能是好的。对于女人来说,待在家里比到外面抛头露面更好些;而对于男人,待在家里就比去照管外面的工作丢脸多了。如果男人违反神明所赋予他的天性做事,或许诸神就会注意到他的违抗,他将因忽视自己的工作或者做了女人的工作而受到惩罚。在我看来',我继续说,'蜂后也常常这样辛劳地完成神明安排她做的工作。'

"'……我的妻子问:"我也应该做这些吗?"

"'"当然",我回答道,"你应待在家里,为那些应该在外面工作的奴隶安排活计,亲自监管他们。你要收好在外面得到的东西,分配需要花出去的部分。你要预先计划,看护需要保存的东西,这样就不会在一个月内花掉留备一年使用的东西。当给你送来羊毛时,你确保给需要的人做成衣服。你还要照管晾干的谷物,保证它们适合食用。然而',我说,'还有一件你应当照管的事,你可能不会从中得到回报:你必须要照料任何一个生病的奴仆。"

"'"哦,不!"我的妻子大声道:"如果那些受到照料的人会感激我们,并且比以前更加忠心,那是最让人愉快的啊。"'

伊斯克玛科斯继续道:"我很赞赏她的回答,并说道:'女人,因为蜂后的体贴关怀,蜜蜂与蜂后的关系难道不是这样么,当她离开蜂巢时,没有一只蜜蜂留下,而是全都跟随她?'

"我的妻子回答道:'如果领导的工作不属于你而属于我,我会惶恐。因为如果不是你负责从外面弄些东西回来,我在家里照管财务和分配工作就显得荒谬了。'

"我回答道:'你说得对,但如果没有人妥善保管我弄回来的东西,那我的工作也是荒谬的。你难道没看到人们如何怜悯那些用漏罐子打水的

图6.18 来自雅典（公元前520—前500年）表现妇女在泉边交谈的提水灌（Hydria）。女人们（如色诺芬的妻子）很少外出，这是少有的一个场景，从当地泉水中为家人取水的女人们在长时间交谈。现藏于伦敦大英博物馆。

人？因为他们所做的都是徒劳。'

"'是的，凭宙斯起誓'，我妻子说，'如果他们真这么做，那的确悲哀。'

"'但是，女人，其他专属你的活计将很愉快：当你教初来时对纺织全然不知的女仆学会纺织后，她对你会有双倍的价值；接管一个全然不懂得管家或服侍人的女孩子，把她调教成为一个熟练而忠诚的女仆，使她很有价值；你有权奖励那些于家业有益、品行得体的人，惩罚邪恶的人。但这才是最愉快的事：如果你做的比我更好，使我成为你的仆人。这样你就无需担心年老时在家里不受尊敬；你要相信，随着年龄的增加，你若能成为我的好伴侣，成为孩子们的好主妇，你在这个家里就会受到尊重。因为人类美好的东西之所以增加，不是因为年轻优雅，而是因为美德。'我说道。苏格拉底，据我回忆我们第一次谈话的时候，我就是给她说了这些。"

遗憾的是，色诺芬的论述被一些女权主义者曲解，他们认为他的论述是否定女性的。然而，萨拉·B·波默罗伊在翻译中准确地阐述到："仔细阅读《家政学》会发现，色诺芬绝不认为家务事是低级的……色诺芬认为在生理特征上，男女是互补的，因此他们对家庭经济的贡献也是互补的，但这个区别并不意味着不平等。就像柏拉图在《理想国》中所阐述的，色诺芬明确表述了灵魂是没有性别的；而在道德上，男女生来就是平等的。"（色诺芬，《家政学》, 88）

反传统的关系总是会吸引公众的注意力，当涉及阿斯帕西娅和伯里克利这样备受关注又有许多政敌要对付的人时，自然会有许多负面评论。喜剧诗人尤为冷酷，把阿斯帕西娅视为神话传说中使赫拉克勒斯那样的英雄们变得荒谬或者导致他们死亡的女人。她还被描述成"长着狗眼的妓女"、伯里克利的赫拉以及鸡奸的产物。她的儿子先前也被当做笑料，他的私生子身份在剧院、在全雅典公民面前被证实。

有时人们的反感会升级为控诉,一位喜剧作家将阿斯帕西娅告上法庭,指控她犯有渎神罪,据说受到间接攻击的伯里克利为她做了辩护(普鲁塔克,《名人传·伯里克利》,32.1-3;雅典娜埃奥斯,589de)。有人认为她过于热衷政治,对伯里克利和他的政策都产生了很大影响。也有人认为是她唆使伯里克利发动了公元前411年对萨摩斯的海战,因为她的母邦米利都卷入了与萨摩斯岛的领土纠纷。如前所述,还有人认为她对伯罗奔尼撒战争的爆发负有责任。阿里斯多芬在战争第六年创作了《阿卡奈人》(525-531),此时伯里克利已经过世:

> 当一些醉酒青年拐走了妓女西迈萨(Simaetha),
> 麦加拉人被惹怒,
> 反而拐走阿斯帕西娅的两名妓女。
> 因为三个妓女
> 战火在全希腊蔓延。
> 神一般的伯里克利愤怒至极,
> 大发雷霆,大放闪电
> 使赫拉斯一片混乱……

显然,雅典人把自己的损失归咎于吸引公众眼球的人。

与伯里克利的关系使阿斯帕西娅能够接触到(也可能之前就接触到了)当时雅典最伟大的自由思想家和智者。对民众冷漠疏远的伯里克利(对于标榜自己为民主主义者的人来说,这是有趣的)喜欢结交这样的人。在雅典,他无疑是个求知若渴的人,对于政治家来说这是罕见的品质,但却不能吸引选民,因为他们会质疑任何否定传统价值观的人。阿斯帕西娅的求知欲以及乐于接受新观念是二人的共同点。然而,阿斯帕西娅是否曾见过最初勾起伯里克利对知识渴望的人——科拉佐美纳埃(Clazomenae)的阿纳克萨哥拉斯(Anaxagoras)——是值得怀疑的。阿纳克萨哥拉斯是伯里克利的良师密友,由于年龄相仿,所以用"智慧和灵魂的伴侣"形容他们的关系可能更恰当。

阿纳克萨哥拉斯是第一个定居在雅典的哲学家。伊奥尼亚的泰勒斯(参看第2章)于公元前6世纪开始对知识的理性探索,即希腊的启蒙运动。而阿纳克萨哥拉斯将这种思想带到了雅典。阿纳克萨哥拉斯是一位天文学家,他对神和宇宙的基本观点(用当时的标准评判是不敬神的)以及和伯里克利的密切关系(我们已经知道,经常招致政敌的攻击)迫使他在约公元前450

年逃离雅典。这应该发生在阿斯帕西娅来到雅典之前,所以她对阿纳克萨哥拉斯及其教导的了解肯定是间接获得的。

既然阿斯帕西娅被认为有高超的演说技巧,那她应该从当时雅典的一位或多位智者那里接受过训练。人们甚至开玩笑地称她为"女智者"。智者是希腊启蒙运动的合理产物。他们中大多数是游走教学,为了获取酬金而从一个城邦到另一个城邦传授各种学科的知识——但主要是演讲术及其他能够帮助人们获得实际成果的技能。伯里克利时代雅典的繁荣和争辩的氛围使这里成为智者的聚集地。它像磁铁一样将智者(很可能是伯里克利自己欢迎他们前来雅典)吸引到这里,引发了知识革命并带来许多新观点,这使传统的雅典人既迷惑又惶恐。

智者是最早为雅典的精英提供高层次教育的人,他们宣称教育能帮助人更好地从事某种职业。对于总是怀疑新思想的雅典人来说,这种激进的观点再邪恶不过了。他们还认为这些年轻的教导者腐败、不道德(至少是不明是非的),并且收费过高。当然并不是所有的智者都是这样,但这并不重要。智者反对传统宗教,在大多数人眼中,这个理由就足够用来谴责他们是社会的破坏者和危险分子。阿里斯多芬将这些或真实或虚构的恐慌写进了一部关于智者的喜剧——《云》,在剧中他指控智者亵渎神灵、败坏雅典青年。

有一位智者阿斯帕西娅一定认识(并且很可能受他的影响最大),那就是伯里克利的朋友阿布德拉(Abdera)的普罗塔戈拉斯:

> 普罗塔戈拉斯最早坚信每个问题都有相对立的两方面,他甚至以这种方式论辩,是这样做的第一人。此外他在一部著作中这样开篇:"人是万物的尺度,是是其所是的尺度,也是不是其所是的尺度。"他曾说,若离开感官,灵魂就什么都不是……一切事物都是真实存在的。在另一部著作中他这样开篇:"关于诸神,我无法知道他们是否存在。因为有许多障碍阻碍我们的认知,包括问题的晦涩和人生的短促。"雅典人因此书的导言而驱逐了他;在派人四处向那些拥有他著作复本的人收集了他的书后,在广场上将其焚烧。
>
> 他第一个索取了一百米那(Minae)学费,第一个区别了动词的时态,强调把握良机的重要性,第一个设立辩论赛,还把他们这一行的技巧教给论敌……
>
> (拉尔特的第欧根尼,9.51–52)

尽管上述普罗塔戈拉斯的所有主张都不能得到证实（甚至不能被理解），但一般认为他是最伟大的智者。他的格言"人是万物的尺度"或多或少会使智者产生认同感。普罗塔戈拉斯认为感官是不可靠的，进而认为宗教和科学是不可靠的，他相信，知识、道德和公正根植于所有人心中。每件事都不可能被绝对确定地认识，但无需这样，人依然可以理性的生活。似乎他所暗示的是人能掌控自己的命运，认知来自内在，而不是外界任何业已被应用的传统的或人为构建的体系。当然，虽然这些观点对于大多数人来说是亵渎神灵的，但对伯里克利和阿斯帕西娅来说却是有吸引力的，无可否认，他们掌握着自己的命运。

可以确定，阿斯帕西娅和与之年龄相仿的苏格拉底之间的友谊长期持久。这位矮小而相貌平平的男人被认为是西方道德哲学之父。显然，他被阿斯帕西娅的智慧所吸引（更不必说她外表的吸引力了，和他的学生柏拉图不同，苏格拉底没有那么多清教徒的特性）。

图6.19 苏格拉底。现藏于巴黎卢浮宫。

如果阿斯帕西娅到雅典不久他们就结识了,他们都是二十几岁的年龄,那么智力发展水平可能相差不多。阿斯帕西娅受到智者的影响,尽管苏格拉底不是智者,而且反对他们信奉的真理,但他听过智者的演讲,思考过他们的学说。他被认为是阿尔克拉奥斯的学生,阿尔克拉奥斯是伯里克利的密友阿纳克萨哥拉斯的信徒。苏格拉底和阿斯帕西娅之间肯定有某些共同的认知,甚至诽谤者都称她为"苏格拉底的门徒",柏拉图则幽默地称她为苏格拉底的导师。此外,在完善苏格拉底的思想方面,阿斯帕西娅一定也起了作用,其中就包括关于女性的思想。

苏格拉底的某些门徒在作品中也提到过她,这就再次说明苏格拉底对阿斯帕西娅的欣赏。如柏拉图在《墨涅科诺斯》(*Menexenus*)中述称,苏格拉底谈到他曾听到一篇由阿斯帕西娅写作的葬礼演说辞,便认为伯里克利的葬礼演说辞也是她写作的,显然是受到阿斯帕西娅有杰出的演讲技巧(伯里克利一定从中受益匪浅)这种说法的影响。色诺芬在《家政学》中说道,苏格拉底谈到心不在焉的阿斯帕西娅时,说阿斯帕西娅比他更清楚妻子在受到丈夫训练后是否会变为一个好妻子,这暗示了阿斯帕西娅肯定不赞成这种观点。

另一个记录苏格拉底谈话的不太有名的作者,斯菲托斯(Sphettus)的埃斯基奈斯通过虚构阿斯帕西娅和色诺芬及他年轻妻子的对话,创造了一个卓越的女人"阿斯帕西娅",意在展示她的"女人才能",申明她认为婚姻中男女应该平等的观点。西塞罗(Cicero)在《论修辞学的发明》(*De Inventione Rhetorica*, 1.31)中引用了部分对话:

"如果你邻居拥有的黄金比你所拥有的纯度更高",阿斯帕西娅问色诺芬的妻子,"你想要她的还是你的?""她的。"她答道。"如果她有比你更多的珠宝和更华丽的衣服呢?""我愿意要她的。""如果她的丈夫比你的更好呢?"在这个妇女尴尬得说不出话来的时候,阿斯帕西娅开始向她的丈夫提问,问他同样的问题,只是把黄金换成马匹,衣服换成土地,最后问他当邻居的妻子比他的更好的时候,他是否会愿意要邻居的妻子。在他尴尬得说不出话来的时候,她忖度着他们的想法,说道:"你们每个人都喜欢最好的丈夫或妻子,但既然你们自己都没有达到完美,就应该永远为此感到遗憾。"

苏格拉底的门徒发现阿斯帕西娅是他们表达观点的有效工具,但如果她没有向苏格拉底及大多数受过教育的希腊人传达其观点,他们不可能关注她。

在黄金时代活跃于雅典的众多智者、艺术家和文学家中，阿斯帕西娅很可能还认识希罗多德。《历史》中（如6.115,121-124）对伯里克利的家族阿尔克迈翁的赞美言辞就强烈暗示了他在雅典写作这部重要历史著作时得到了伯里克利的赞助。然而在公元前443年，希罗多德加入了那些由伯里克利派往意大利的图里伊（Thurii）建立新殖民地的人中（有趣的是，正是伯里克利的智者朋友普罗塔戈拉斯为这座新城制定了法典），因此，如果他认识阿斯帕西娅的话，也仅仅是几年的时间。诚然，希罗多德可能会定期回到雅典，如果他真的回去了，可以想象他会受到伯里克利和阿斯帕西娅的款待。有人认为，伯里克利对萨摩斯的战争影响了希罗多德（他早年为躲避僭主制度离开了萨摩斯［参看第2章］）。一般的说法认为是阿斯帕西娅煽动伯里克利发动战争的，如果真的是这样，公元前439年萨摩斯被残忍地征服后，他们之间的友谊可能会受到影响。

阿斯帕西娅可能还认识当时伟大的剧作家，尽管从他们毫无谄媚的评论中，我们可以确信无疑地把喜剧作家排除出她的朋友圈子！尽管阿斯帕西娅已经年老色衰（或者已经去世），但公元前411年阿里斯多芬创作《吕西斯特拉特》时，主角仍以她为原型。同阿斯帕西娅一样，吕西斯特拉特也直言不讳，巾帼不让须眉，而且不满雅典女性的从属地位。就阿里斯多芬而言，一些现代人错误地认为这些性格特点是他女权主义倾向的表现，但事实远非如此。阿里斯多芬正是通过嘲笑这些性格特点来取悦他的男性观众。如果阿斯帕西娅真的为吕西斯特拉特这个人物的创作提供了灵感，那么阿里斯多芬也只是在讽刺性的恭维。

在公元前5世纪的雅典三大悲剧家中，埃斯库罗斯是最保守、信仰最虔诚的，他年纪太大，所以阿斯帕西娅不可能认识他。伯里克利统治初期他生活在雅典，公元前456年死于西西里。然而索福克勒斯和欧里庇德斯与伯里克利年纪相仿，阿斯帕西娅与二者熟识。

索福克勒斯可能不仅仅是阿斯帕西娅的熟人。同其他悲剧家一样，他也是哲学家，而且并不逊色于那些被称作哲学家的人，他也思考这样的问题，比如为什么人要遭受痛苦，尤其是无辜的人，比如人和神之间的关系是怎样的。在宗教信仰方面，他比埃斯库罗斯更温和，但他也是个保守主义者。索福克勒斯认为，神安排人类的命运，通过神谕告知将要发生的事，就如俄狄浦斯注定要杀父娶母一样。但神所预测的事并不一定都以悲剧收场。人可以谨慎行事，克制那些性格缺陷，因为如果放任它们与其他人的性格缺陷相互

图6.20 索福克勒斯。现藏于罗马卡皮托里尼博物馆。

影响,就只会以灾难收场。很难想象,与自由思想家和智者结交的阿斯帕西娅和伯里克利会与索福克勒斯相处得愉快——或者索福克勒斯与他们相处愉快。然而,如果说他们不喜欢索福克勒斯仅仅是由于宗教观的不同也是不合理的。他们之间还存在其他矛盾。

在《安提戈涅》一剧中,索福克勒斯思考了这样一个问题,如果城邦的法律与神或自然法(人对善恶的本能判断)相悖,公民是否应该遵守它。安提戈涅的一个兄弟进攻底比斯,并与她另一个保卫城邦的兄弟决斗(两个兄弟都在决斗中死去),克瑞翁(Creon)命令不许埋葬以惩罚他对城邦的背叛,而安提戈涅却违抗了克瑞翁的命令。在神的眼中,没有体面的葬礼是不妥当的,安提戈涅和克瑞翁之间的冲突最后以两个人的死悲剧收场。

很难将这一主题与伯里克利治下的雅典帝国分离开来,因为它常常忽略道德而看重政治利益(也不能不提到《俄狄浦斯王》[约公元前430年]中的俄狄浦斯,他双目俱在,却看不到自己面前的悲剧;就像伯里克利,或者至少像雅典一样,盲目加入毁灭性的伯罗奔尼撒战争)。当然,雅典有些公民不赞成伯里克利的许多政策,虽然他们只是少数,并且不能有效表达他们的反对意见。或许索福克勒斯希望通过戏剧来表达危害雅典社会的"良知危机"。

这种主张并不是首次出现。相传公元前441年索福克勒斯的《安提戈涅》上演后，他因为这部作品而被雅典人选为将军。在这前一年索福克勒斯是帝国的财政官，当时伯里克利正在对帝国进行改革，目的是更有效地收取盟金，而盟金的大部分都被用于建筑工程。至少普鲁塔克提到（普鲁塔克,《名人传·伯里克利》, 23.1, 28.4-6），有批评者认为那些钱财本应被用于抵抗波斯，现在却被滥用。以索福克勒斯的职位，如果有任何的问题和不恰当的地方，他肯定最先发现，而且他赞成那些批评者，并开始形成了他在《安提戈涅》中的观点。在《安提戈涅》上演的同一年，伯里克利进攻萨摩斯，发动了一场残酷的、某种程度上讲也是不必要的战争（据说是阿斯帕西娅怂恿他开战的）。第二年，索福克勒斯和伯里克利一同被选为将军。这部戏剧不可避免要涉及当时的政治。索福克勒斯几乎没有军事经验，这是伯里克利胜过他的地方，他被选为将军只是心怀不满的公民抵抗伯里克利政策的一种方式。

在这部戏剧中，索福克勒斯通过安提戈涅表达了自己对家庭的看法。安提戈涅违抗克瑞翁命令的内在动力来自于她对兄弟的爱和忠诚。如果这部戏剧有所暗示的话，那就是索福克勒斯坚定地信奉传统、保守的家庭观念。故而他不可能赞成阿斯帕西娅和伯里克利未婚同居并生育后代。索福克勒斯与他们之间的友谊可能会使人认为他容忍了这种关系。

最后，伯里克利不赞成这位剧作家追求男童的强烈嗜好。他不止一次提到这点，索福克勒斯对此也进行过自嘲（雅典娜埃奥斯，603c-604d；基奥斯的伊昂［Ion］残篇8）。综上所述，并无充足证据能证明阿斯帕西娅和索福克勒斯之间存在亲密关系。

在伯里克利时期的雅典，最后一个可能与阿斯帕西娅交往的重要人物是欧里庇得斯。没有证据表明欧里庇得斯在雅典担任过任何公职，也没有信息表明他参加过战争或与阿斯帕西娅及伯里克利有过个人交往。但是，他与伯里克利绝不只是泛泛之交。据古代传记的可信记载，与其交往的有伯里克利的朋友阿纳克萨哥拉斯、普罗塔戈拉斯以及阿斯帕西娅的密友苏格拉底。当然，他的观点，特别是对众神的观点，与同时期保守的戏剧家索福克勒斯截然不同，而与智者的观点相似。就像阿斯帕西娅和伯里克利一样，欧里庇得斯被看作是自由思想者，也是一个实验家，即使探索事物的过程可能会产生

图6.21 欧里庇得斯。现藏于罗马卡皮托里尼博物馆。

令人担忧的后果,他仍然愿意去探索。

在他的戏剧中,大多数神只是象征性的,造成悲剧的原因是他笔下的人物不能有效控制自己的情感。人类最终要对自己的行为负责,要想避免灾难,中庸是最好的方法。欧里庇得斯对人类行为因果关系的探索使他处于心理学发展的前沿,因为他对笔下人物的一些研究,尤其是女性人物的研究,是对情感类型的绝妙分析。他创作的悲喜剧是革命性的,传统主义者认为他的作品贬损了这种文学体裁。但阿斯帕西娅很可能是支持他的。欧里庇得斯令雅典观众恐慌,他激进的观点(民众指控他亵渎神灵)也令人不安,他自己及他的戏剧经常成为民众侮辱和嘲弄的对象。这些批评可能最终导致他远赴马其顿,并在那里度过余生。

然而,依据我们对阿斯帕西娅的了解,可以设想,她应该赞赏欧里庇得斯对舞台人物更加现实的刻画。甚至他笔下最著名的女性,美狄亚和菲德拉(Phaedra)——典型的人物心理塑造,确定了一个原本站不住脚的观点,即欧里庇得斯是仇恨女性的——从某种程度上说,也是以坚强果断的阿斯帕西娅为原型创作的。可以肯定的是,她是欧里庇得斯可以借助并对妇女本性进行哲学探讨的少数女性之一。毕竟认为这些角色恐怖的是雅典的男性观众。大多数女性至少会同情她们的动机。

反传统和不受欢迎的人通常要寻找赞同他们观点和看法的人，特别是当他们被频繁地嘲弄和讽刺时。这一理由足以说明欧里庇得斯和阿斯帕西娅之间的友谊，尽管传说他多少有些独来独往。

虽然我们很难假定欧里庇得斯在伯里克利在世时就表达过他的政治立场，但公元前431年，在伯罗奔尼撒战争初期上演的《美狄亚》中，他把雅典描述成"神圣的未被征服的土地"，这可能表明他赞成伯里克利的统治方式。因为到公元前415年，他对伯里克利的继承者统治雅典的方式极为失望。在雅典残酷地征服了迈洛斯（Melos）后的第二年、正筹划着侵略西西里的时候，《特洛伊妇女》上演，他借此剧警告了人们这种行动的危险后果，并告诫包括雅典帝国在内的所有帝国终将面对的命运。伟大的特洛伊勇士赫克托尔的母亲赫库芭（Hecuba）在特洛伊陷落时曾哭诉到：

> ……哦，特洛伊
> 在整个亚细亚的气焰真高，
> 你的荣耀就要消失。
> 他们正把你烧毁，还要将我们从这地方带走、奴役。
> 众神啊！我为什么要呼唤众神？
> 我早就向他们祈祷，可是他们充耳不闻。
> 来吧，让我们跳进火中，
> 光荣地葬身于我祖先城邦的灰烬中！
>
> （1276-1283）

公元前429年伯里克利去世时，阿斯帕西娅意识到，在民主的雅典终于兴起了反对贵族统治的浪潮。曾经卑劣的，被认为不适合担任高官的非贵族们现在获得了普通投票者的支持，因为他们厌倦了被尊贵的君主玩弄于股掌之中。阿斯帕西娅开始与一个从事羊毛生意、名叫吕西克勒斯（Lysicles）的富有平民交往，并帮助他取得成功。关于阿斯帕西娅迅速帮他获得了一个重要公职的说法毫无疑问是真的，因为她的经验和能力对于任何一个她打算支持的人来说都是很有价值的。而且如果吕西克勒斯没有展现出他的潜力，她是不会在他身上浪费时间的，因为她并非那种愿意和没有野心没有才华的男人交往的女性。

瘟疫中幸存的修昔底德

伯罗奔尼撒战争爆发后不久，一场灾难性的瘟疫（是由水军带来的）席卷了雅典，持续了数年之久并夺取了上千人的性命。伯里克利亲眼看着两个婚生儿子科桑西普斯和帕拉罗斯（Paralus）死于瘟疫，他的姐姐（妹妹）也在他之前病死，公元前429年，六十多岁的伯里克利也被瘟疫夺去了生命。令人吃惊的是阿斯帕西娅（以及他们的儿子）与伯里克利如此亲密，却没有死亡。或许和年轻的修昔底德——后来成为历史学家，并在自己的编年史著作《伯罗奔尼撒战争史》中描述了这次瘟疫——一样，她也得了这种病，但得以康复。

在《伯罗奔尼撒战争史》中，修昔底德蔑视宗教性的解释，他受智者的启发，因而强调理性的探究和科学的调查。修昔底德仔细观察人们的病情，用心描述出患病过程的细节，尽管现代人做过无数努力，但仍无法准确定义这种瘟疫。修昔底德也是一位道德家，或许他为了创造戏剧性的效果，有意混淆病征使问题变得模糊不清。他对疾病从头发展到四肢的过程描述，或许事实上隐喻的是雅典的霸业，因为他认为这是一个毁灭性的政策。从头部（雅典的首脑）开始，"不道德"的疾病蔓延到躯体（雅典），然后是四肢（整个帝国）。最终，就像瘟疫一样毁灭掉这个"病人"。

不管怎样，修昔底德亲身经历了这种毁灭性的疾病，这使我们深刻而辛酸地体会到，城外伯罗奔尼撒战争激战正酣时，城内的雅典人是怎样应对身边的死亡的：

> 据说这种瘟疫起源于埃及上方的埃塞俄比亚（Ethiopia），从那传播到埃及和利比亚……它突然出现在雅典，瘟疫首先侵袭了皮拉埃乌斯的居民——他们说伯罗奔尼撒人在蓄水池中投了毒，那里没有水井——后来在卫城出现，这时死亡人数激增。关于其起源及成因的推测，如果可以找到足以造成如此巨大混乱的原因，我把它留给其他作者，不管是专业的还是业余的，对于我自身来说，我只会记下它的现象，并说明其症状，如果这种瘟疫再次爆发，后来人可以认识它。因为我得过这种病，也看到过别人患这种病，所以我能够很好地描述它。
>
> 一般认为那年没有其他疾病；纵或有一些患别种病的人，后来也都得了这种瘟疫。然而通常没有明显的患病原因。身体完全健康的人突然开始头部发烧，眼睛变红、发炎，内部开始流血，如喉咙和舌头，呼气有奇怪的臭味。接下来的病症是打喷嚏，声音嘶哑，之后胸部发痛，剧烈咳嗽。等疾病侵袭心脏时，就会恶心；呕吐出医生都有命名的各种胆汁，这极其痛苦。接下来大部分人会干呕，产生强烈的痉挛，有些人不久便停止，有些持续很久。病人的身体摸上去并不

热,皮肤也不苍白,而是颇带红色和土色,出现小脓包和烂疮。但身体内部高热难耐,所以病者连穿着最薄的亚麻布都不能忍受,而要完全裸体。他们最喜欢的就是跳入冷水中;事实上有许多无人照料的病人这样做了,他们无法忍受不可遏制的干渴的折磨,跳进大水桶中;但无论喝多少水都是一样的。另外,他们无法休息无法入睡,这种焦躁不断折磨着他们。瘟热达到顶点时,病人的身体非但没有衰弱,反而表现出惊人的力量,能够抵抗所有的痛苦;所以当大多数人在七八天后死于内部发炎时,他们尚有一些气力。但是如果度过这一阶段,疾病就会进入肠道,产生强烈的溃烂和严重的腹泻,这会引起衰弱,最终丧命。因疾病从头部起,进而发展到全身,即使不致命也会在四肢留下痕迹;它影响生殖器、手指和脚趾,许多人丧失了这些器官的作用,还有些人失明了。有些人初愈时完全丧失了记忆力,他们不知道自己,也不认识朋友……有些人死于无人照料,有些人虽经悉心照料也死去了。没有找到特效药……面对这种疾病,强者和弱者同样无力抵抗……最可怕的是人们知道得了这种病后的沮丧,因为一旦陷入绝望,就失去了抵抗的力量,就更容易受到疾病的侵袭;由于互相看护而患病的人像羊群一样地死去,这样死亡的人数最多。一方面,如果他们害怕去见病人,病人就因无人照顾而死亡;事实上,因为无人照顾,许多人全家都死光了;另一方面,如果他们冒险去照看病人,后果就是死亡。对于那些自命品德高尚的人尤为严重:他们在荣誉的驱使下不顾自身的安危到朋友家去,甚至死者的家人最终都因垂死者的呻吟而精疲力竭,屈从于灾难的力量。然而最同情病者和垂死者的是那些病愈的人。他们从亲身经历中知道了这种病的情况,同时觉得自己安全了;因为一个人不会患病两次——至少不会丧命。这样的人不仅得到别人的祝贺,那时他们自己也很得意,幻想以后也不会染上任何疾病。

乡村居民涌入城市使灾难加剧,新来者对此感受尤为深刻。因为没有房屋居住,他们在炎热的季节里住在空气不流通的茅舍中,死者不计其数。垂死者的身体堆叠在一起,半死的人在街上到处打滚,或者群集于泉水的周围,因为他们极度口渴。他们所居住的神庙中也充满了死者的尸体……因为这次灾祸有压倒一切的力量,人们不知道接下来会怎样,所以对任何事都漠不关心,包括神圣之事和世俗之事。此前沿用的丧葬仪式现在全都废弃了,他们尽自己的能力所及埋葬死者。许多人缺乏埋葬时所必需的东西,因为许多朋友已死去,只能采取最可耻的丧葬方式:有时,他们先来到别人已经做好的火葬堆,把死者的尸体抛到火葬堆上,然后点起火;有

> 时，他们发现另一个火葬堆正在燃烧，便把抬来的尸体放在别人的尸体上，就跑开了。
>
> 因为瘟疫的缘故，其他方面也有空前违法乱纪的情况。人们不分场合明目张胆地冒险做一些之前不敢公开做的事，因为他们看见命运变得如此迅速，富人突然死去，过去一无所有的人继承了他们的财富。因此他们决定迅速花光金钱以求享乐，认为生命和财富都是过眼云烟。至于所谓荣誉，没有人表示自己愿意遵守它的规则，因为一个人是不是能够活着享受光荣的名号是值得怀疑的；一般人都承认，现时的享乐以及一切能够使人得到这种享乐的东西才是既光荣又有用的。对神的畏惧和人为的法律都没有约束力量了。至于神祇，他们认为敬神和不敬神是一样的，因为他们看见所有人毫无区别地死亡；至于法律，没有人认为他能活到因罪行而受审判的时候，相反每个人都觉得已被处以远比这沉重得多的宣判，正悬在人们的头上，在这个判决执行之前，再享受一点人生的乐趣也是合情合理的。
>
> 这就是这场灾难的场景，它给雅典人以毁灭性的打击，城内死神肆虐，城外的土地惨遭蹂躏。
>
> （2.48—54）

我们不知道阿斯帕西娅是在伯罗奔尼撒战争第几年去世的。我们获得的少量信息表明，仅仅是在伯里克利死后第二年，吕西克勒斯将军也战死在小亚。阿斯帕西娅这时可能刚过四十，就算这两个悲剧是接连发生的，那她也至少又活了二十年，甚至更长。随着战争的灾难越来越惨重，雅典人对她的敌意日增，而她先前的保护人要么年迈而逝要么战死沙场，所以她可能被迫隐居，甚至离开雅典。但与苏格拉底的关系表明她可能还待在雅典。

苏格拉底的门徒——曾在他们的对话中提到阿斯帕西娅——大多活跃于公元前4世纪。伯里克利去世时他们刚刚出生，而这时苏格拉底不到四十岁，正值声名鹊起。如果这些学生和阿斯帕西娅有私交，且有苏格拉底和她之间关系的一手资料的话，他们很可能记录了与她相关的事，也借苏格拉底之口谈到了她。比如，柏拉图借墨涅科诺斯（可能暗指他自己）之口告诉苏格拉底他多次遇见过阿斯帕西娅，并且知道她是怎样的人。他们的著作可能暗示了阿斯帕西娅在雅典又活跃了十年，甚至二十年。

无论阿斯帕西娅何时去世，人们对她的记忆并未消退。不管是崇敬还是憎恨，有一件事情是清楚的：单从她对雅典诸多"缔造者"的重大影响来看，

希腊的老年观——从梭伦到欧里庇得斯

今天的人可能会惊奇地发现,公元前429年伯里克利死于瘟疫时,他至少已六十有余。人们普遍认为古希腊人没有这么长的寿命。然而,许多人确实长寿。比如,历史学家波利比阿(Polybius)八十多岁时坠马而亡;演讲家德摩斯提尼62岁时服毒自尽;亚里士多德去世时63岁;柏拉图至少活到80岁。剧作家埃斯库罗斯69岁;索福克勒斯大约90岁。雷奥提尼(Leontini)的智者高尔吉亚(Gorgias)活的年岁最长——107岁。

这仅是寿命超过60岁的希腊人中的一小部分著名人物。在查阅存世文献和铭文时还会发现更多,希腊社会以外也有相当多的六七十岁的人,只需去参考其他资料便可证实。在斯巴达,只有达到60岁才能成为"长老议事会"(Gerousia)成员;在大多数希腊城邦,为军队服役的退役年龄是60岁。这样的推测也是合理的:既然希腊有那么多杰出人物的寿命都超过六十岁,而且其中许多人不是衰老死亡的,那么肯定有许多不为我们所知的男男女女也活了很大年纪。但相比今天,按人口比例来算这个数目显然要小得多。弃婴、奴隶制、持续的战争、瘟疫以及整体上艰苦的生活条件使得古希腊人的寿命比我们从以上例子中推测出来的要短。尽管如此,雅典伟大的立法家梭伦的一首诗表明,活到70岁并非"古来稀",事实上是可以达到的。在这首诗中,他描绘了人从婴儿到死亡的十个不同年龄段,每段七年:

孩童在婴儿阶段生出乳牙,并在七年之内掉落。
这段时间他只是孩子。
当神给予他第二个七年之后,
他的身体有了成熟的迹象。
在第三个七年,他仍在成长,
下巴开始出现胡须,表明他正从少年变为成年人。
第四个七年是每个人最强壮的阶段,
应去追求英勇的功绩。
在第五个七年,男人应该考虑婚姻与子女,
供养家人。
在第六个七年,人的思想最为成熟,
但是他不能做太多事,也不能奢求自己可以做。
在第七个和第八个七年中,也就是这十四年中,
他的演讲是一生中最好的。
在第九个七年,他仍然能做很多事,

但无论思想还是语言的能力都在下降。
但如果他能够安然度过第十个七年，
总的来说，
当死亡来临时，人们就不认为它来得太早了。
（拉蒂莫尔，"梭伦"5，《希腊抒情诗》）

可以肯定的是，大多数古代社会都有关于"生命阶段"的诗歌，这一篇只是对早期诗歌的追忆，甚至可能模仿了早期诗歌。但是诗中包含的信息（如，男子的晚婚和强调优秀演讲技能）是典型的希腊特征，所以诗中也包含了希腊社会对生命的期许。显然梭伦认为人活到70岁左右很容易。在其他地方，他还指出，只要保持精神上的活跃，甚至80岁（显然他自己就做到了）也是可能达到并值得向往的。

尽管希腊人长寿的可能性很大，但是他们不认为晚年生活是非常快乐的，因为死亡即将来临。只需记得《奥德赛》第十一卷中，阿喀琉斯的魂灵对造访冥界的奥德修斯冷酷的告诫，说宁愿作人间最贫苦农民的奴隶也不愿作冥界的王。希腊文献中记述的生儿育女最常见的理由便是子女会照料他们年迈的双亲。从下面的早期诗歌中可以看出，困难、失望和恐惧就是老年的全部。公元前7世纪，克罗丰（Colophon）的米姆奈尔姆斯（Mimnermus）可能认为我们之前提到的伯里克利和其他人都活得太久了；他认为60岁是理想的死亡年龄。他认为下面所说的不值得去经历：

如果最宝贵的爱消失，那生命将是怎样的？
什么是愉悦？
当我的心丢弃这些想法的时候，我宁愿死去：
倾听甜言蜜语，暗中偷情。
这些对于年轻人来说都是迷人的花朵。
而一旦老年伴着忧伤向我们走来，
使人变得虚弱又丑陋，
盘旋于心的邪恶使人心力憔悴
失去了所有阳光散发的喜悦。
男孩厌恶这时的男人，他也不为女性喜欢。
这就是神给老年带来的悲伤。
（拉蒂莫尔，"米姆奈尔姆斯"1）

有人认为，梭伦对年龄更加积极的观点是对米姆奈尔姆斯的悲观的直接回应，然而他的悲观不是个例。特奥斯（Teos）的阿纳克莱昂（公元前6世纪）

图6.22 怀抱婴儿的"祖母"雕像。现藏于伦敦大英博物馆。

在诉说时给出了自己的观点:

> 我已在神庙中变老,
> 是的,我的头发已经花白,
> 年轻时的优雅已尽失无遗,
> 我的牙齿也像老人的一样。
> 生命是可爱的,但是我所剩的时间
> 太少了。
> 我为此悲叹。黑暗之渊的恐惧
> 从未远离我。
> 冥界位于深深的地下;
> 向下的旅途让人惧怕,
> 因为我深知一旦到达那里
> 将永不再回来。
>
> (拉蒂莫尔,"阿纳克莱昂"5)

大多数其他现存的希腊文献中的例子都没有消除这个观念——老年是人生中不快乐的阶段。虚构的老年人物也是如此,尤其是希腊喜剧中。

柏拉图晚年时,曾希望实现他在《法律篇》中所表达的愿望,那就是老年人应该是最受尊重的;但是阿芙洛蒂忒可能更加现实,她说连神都讨厌老年人。或许,活了80岁的悲剧作家欧里庇得斯最好地总结了年老的现实情况。在《阿尔克斯提斯》(*Alcestis*)(ll.669–672)一剧中,他写道:

> 老人们祈求死亡,抱怨他们的年龄
> 以及不得不度过的漫长岁月,这
> 都是假心假意。
>
> 一旦死亡走近,没有人愿意去死。
> 长寿再也不是他们的负担。

她就值得被称为雅典黄金时代的一朵奇葩。但她自身也是一种力量。在希腊很少有女性能像她那样有影响力,拥有像她那样强大的政治权力,尽管这种权力是间接获得的。那些对她的大量侮辱和诽谤,正是她在男性主导的社会中赢得名望的见证。

7

无赖、流氓和盗贼

公元前5世纪与前4世纪雅典法律的另一面
——通奸者埃拉托斯塞奈斯、暴徒科农、投毒者"克吕泰涅斯特拉"、盗用兄弟钱财者狄奥戈伊同以及骗子弗尔米奥

> 克里昂:"我承认我是个小偷,你就不敢承认。"
>
> 腊肠贩:"凭赫尔墨斯(Hermes)……起誓,我也是个小偷,即使目击者在场,我也敢做假证。"
>
> (阿里斯多芬,《骑士》,296–298)

由于"黄金时代"距我们已非常遥远,所以随着时间的流逝,这一时代不可避免地会被添加上一些它本身并没有的光彩,这就使我们金石难辨。虽然我们现在确实生活在一个黄金时代,但由于日常生活中依旧有诸多社会问题不断出现,所以很少有人会相信我们生活的时代就是黄金时代,就像赫西俄德一样,我们也会天真地认为过去的时代更幸福、更繁荣。

　　毫无疑问,在"黄金时代",雅典取得很多辉煌成就,而且其中有些影响深远。当伯里克利在葬礼演说中提及雅典是"全希腊的学校"时,他也意识到雅典正发生着某些非同寻常的变化。尽管如此,雅典城中总是充斥着很多不关心艺术、美、哲学及其他类似事物的人,因为这些东西既不能填饱他们的肚皮,也无法使他们的腰包鼓起,更无法满足他们的一些不合理的要求。

　　在任何社会,总会有一部分人——且雅典似乎更是如此——从事一些非法活动或破坏性行为。然而具有讽刺意味的是,就在这座被很多人尊为诞生

图7.1　发掘出的古代雅典广场(前景),本章中描写的很多事件均发生于此或附近。

塞奥弗拉斯托斯《性格概论》中论述的一些消极性格

人们最喜欢的消遣方式之一是观察他人。有意或无意地我们会倾向于观察某个人特别的外貌或举动,甚至我们还会对其进行"分类"或"定型"。在古代希腊世界,或许这种偏爱更为显著,原因之一就是戏剧,特别是悲剧的广泛影响。戏剧中各种类型的人物角色——并非现实生活中的个体——由演员扮演并在舞台上演出,因此,一个人在日常生活中遇到的相关类型的人在舞台上几乎都能看到(显然对我们当今的电影依旧有影响)。及至希腊化时代,这种表演方式促成了一种被称为"相面术"的伪科学的形成,而所谓的"相面术"就是通过外表判断某个人的性格。

由亚里士多德创建的逍遥学派非常热衷于这一问题的探究。亚里士多德的继承者塞奥弗拉斯托斯(约公元前370—前285年)是主要开创者。他著有《性格概论》一书,书中描绘了30种不同类型的性格,几乎涵盖了一个人在社会中可能遇到的所有性格"类型"。

尽管在所描写的性格中,他并没有标明使我们能够准确识别的个体的姓名,但这些性格均是塞奥弗拉斯托斯对许多现实生活中的人物亲身观察,并将其中具有代表性的人物性格集结成册的成果。正如在下面的例子中所看到的,书中不乏"消极"的性格。(另外两个例子会分别出现在本章的225页和237页)

没有道德感的人

缺乏道德感的人会做一些不光彩的事儿或说一些可耻的话,他会立誓,但没有一点儿责任感,因为他不在乎别人对他的冷嘲热讽,甚至辱骂。他品质低劣,缺乏最基本的庄重感,而且对所有的事情都争相出头。当完全清醒时,他会跳肚皮舞;戴上面具时,他会加入喜剧歌舞队;在一场木偶秀上,他会到处走动向前来观看的人收取入场费,还会与持有通行证者发生争执,因为他们认为自己有权利免费观看;他很有可能经营一家名誉欠佳的客栈或开一家妓院,他还有可能成为一名收税者;另外,他还有可能成为大街上叫卖的小贩、赌徒、厨子——对于他来说,没有不光彩的职业;他离开年老的母亲,使其孤苦伶仃,衣食无靠;他因偷偷摸摸而锒铛入狱,待在监狱的时间比在家的时间还长。

这样的人似乎还有这样的性格特征:他会召集一群人,并站立于人群当中,用沙哑的声音大声地向听众发表长篇大论,其间还不时伴有争论声与谩骂声。有些人在他演说期间到达,有些人则没听完就离开,但他还是让来往的人听到只言片语。他坚信在人群中大发言论无疑是展现没有道德感的最佳方式。

在法庭上,他可以扮演任何角色:

> 被告、原告、目击者。有时，他可能通过发誓自己不知情而逃避作证，亦可能怀揣一堆证据和若干文书作为目击者出现在法庭上；他认识很多无赖，甚至会让其中品行最差的担任要职；不仅如此，当同乡们向他贷款的时候，虽然他会答应借给他们，但利息非常高，平均每12奥伯尔要收取3奥伯尔的利息——不是每年，也不是每月，而是每天；他还会从他们的商业贸易中收取利息，亦会经常挨个进入各面包铺和贩鱼摊收取保护费装满自己的口袋。
>
> （这类人非常令人讨厌，他们总是准备进行辱骂，他们的嗓门非常大，市场里和商铺中总是飘荡着他们的回声。）
>
> （《性格概论》，6）

了西方法律传统的城邦，人们熟知的购买赃货的"黑市（Thieves Market）"就位于主法庭的隔壁！有人肯定会得出这样的结论：雅典人非常宽容。

由于雅典政府似乎对违法者持宽松态度，而且也没有得力的治安力量，所以，有身份的雅典人肯定需要时刻保持警惕，保护自己和家人免受各种犯罪活动的侵害。首先，个人要负责将犯罪分子带上法庭，然后，由陪审法庭进行审判与量刑。可以想见雅典的很多法庭均处于不断开庭之中，且充斥着一位喜剧作家所描绘的"低俗气息——庭审语言的不严谨、怪诞的传唤声以及讼棍的黑话"。雅典人非常喜欢诉讼，所以该剧作家还借一角色之口说道：

> "那儿，雅典？别胡说了。为什么我没看到有法庭在开庭。"
>
> （阿里斯多芬，《云》，ll. 206–208）

基本上大多数违法者都会被审理并受到相应的惩罚，但事实上他们也会通过多种"途径"逃脱拘役，所以这也就意味着将违法者带上法庭并不能对最终审判结果有任何保证。由于法律术语在雅典极为普遍，所以公元前4世纪的另外一位喜剧诗人将一些法律术语与市场上待售的生活用品放在一起进行戏说：

> ……在雅典的同一个地方，你会找到所有待售的商品：无花果、**法庭传票员**、一串串葡萄、萝卜、梨、苹果、**目击者**、玫瑰、欧楂、羊肚、蜂巢、鹰嘴豆、**诉讼**、初乳、乳丁、桃金娘、**分配器**、鸢尾花、羔羊、**水钟**（用

于法庭计时)、法律、起诉书。

(雅典娜埃奥斯引自埃乌布卢斯的话 [Eubulus as quoted by Athenaeus], 14.640b-c)

在雅典,法律与法规的历史比较模糊。诚如在第4章所提及的,一般认为雅典的第一部法典是由德拉古于公元前621年颁布的,如果这部法典的主旨真如书所载,那么很明显,该法典对于各种违法者和懒惰闲散的人来说非常严酷:

几乎所有的罪犯都适用于一种惩罚,那就是死刑。甚至那些被定为犯有懒惰闲散罪的人也要处死;而盗窃蔬菜和水果者,竟与渎神者和杀人犯同罪相处。所以德马德斯(Demades)在后世享有盛誉,就是因为他做出这样的评论:德拉古的法律不是用墨水而是用鲜血写成的。据说当德拉古被问及为什么对大多数罪犯都判处死刑时,他回答说,在他看来,轻罪理当处死,至于更大的罪,还没找到比死刑更重的刑罚。

(普鲁塔克,《名人传·梭伦》[Solon], 17.2–4)

公元前594年梭伦进行改革,废除了德拉古的法典,只保留了其中有关谋杀的部分,然后建立起一部新的且更综合性的法典,并将法典条文刻在木板上示众。最终,这部法典及其附带条文和修正条款均被刻于石上,成为古典时代雅典的法律基础。

其后,任何公民都可以提出新的法律提案,只要公民大会中有多数人赞同,该提案就成为法律条款。然后这项新法律会被刻在公共场所以便所有人能够参考借鉴。但这一程序也带来诸多问题,因为毫不夸张地说,经过一段时间后,法律条文遍及雅典全城。甚至到公元前5世纪末,都还未出现任何集中区域供人们寻找某项专门法律。因此,如果有冤情的人想要申诉,他首先必须要穿梭于各建筑物之间,阅读碰到的法律条文,以找到适用于他们的官方法律条文。尽管政府也尽力将相关法律条文置于大致相同的区域,但是我们依旧可以想象这样一种情景:一个为了弄清自己诉讼是否会有进展的可怜人,不得不经常出没于神庙的柱廊、拱廊及纪念碑,只为寻找一条隐匿在某处的法律条文。

如前所述,喜剧作家不仅青睐于将雅典的法律和法庭作为剧作主题,而且将法庭上潜在的混乱局面(如前所述)发挥至极端也是他们的特长之一。阿里斯托芬在其喜剧《马蜂》中充分利用这一主题，借一个名为腓罗克莱昂（Philocleon）的老人之口，恰到好处地嘲弄了很多似乎靠当陪审员过活的雅典人："我不爱鳊鱼、鳗鱼，只爱炖在平底锅中的小案件。"（ll.510–511）

由于老人比较适合担任陪审员一职，所以在雅典的陪审员中，老年人占有很大比重。对于很多人来说，担任陪审员一职也可以改变其原本枯燥无味的日常工作。它会给人一种责任感、价值感及兴奋感。但陪审法庭亦需要以一种福利的形式向那些拥有很少或没有收入的老年公民提供维持生计的费用——更不要说有机会收受贿赂了：

"我一到那里，就有人把从国库中盗用钱财的温柔之手伸向我，一边向我鞠躬，一边对我甜言蜜语进行哄骗，并苦苦哀求道'老爹（他们称我老爹），可怜可怜我吧！老爹……'，像那个非常重要的人，要不是我曾经将他无罪释放过，你觉得他能记得我还活着？"

（《马蜂》，553–558）

如果我们相信阿里斯托芬的话（我们必须有这样的意识，对于喜剧家来说，讽刺手法往往比现实更为重要），那么老人肯定会争先恐后担任这一职位。在这种情况下，腓罗克莱昂的儿子就不得不把他锁在房子里，而且守在门口防止他奔向法庭。因此，阿里斯托芬非常幽默地描述了腓罗克莱昂的"疯病"：

他是一个痴迷于陪审员这一职务的人，
没有人像他那样痴迷。
他酷爱审理案件，要是他没有坐上前排的凳子，
他就会像个孩子一样放声大叫。
夜里，他一点也睡不着，甚至连眼也不眨一下。
但要是他打个盹儿，他的灵魂就会在梦中
跟随水钟轻轻摇摆。你们知道那些石子儿吧？
他们是陪审员们投票时用的判决票，
由于把判决票拿在手里已经成为他的一种习惯，
所以，每当他醒来时，他的三个指头会合在一起，
犹如在节日圣坛上焚香一样。更糟糕的是，

图7.2 两尊戴面具的喜剧演员小雕像，这些演员曾出现在阿里斯托芬的戏剧当中，现藏于大英博物馆。

如果让他看到墙上涂有某个痴情同性恋的
名字——"我喜欢德摩斯（Demos），
他真俊俏"——他就会在旁边写道：
"我渴望陪审团，它是一颗珠宝。"
有一次，他的公鸡直到日落时才打鸣，
他知道后，说道："那只公鸡腐败了，
它接受了受审查官的贿赂，把他叫醒的太晚了。"
刚吃过晚饭，他就叫嚷着："毡鞋，毡鞋！"
他总是天不亮就赶到法庭，在那里他会打个盹儿，
就像茗荷一样粘在柱子上。
而且他总是怒气冲冲的，当他拿出蜡板进行量刑的时候，
总是画一条长线：判处每个罪人以重刑，
然后他的指甲里塞满了蜡，
就像一只蜜蜂——或大黄蜂——一样回到家来。
他担心投票时石子不够用，所以就在家里保存着一块海滩砂石，
以备判决之用。

总之，这就是他的疯病，我们越规劝他，
他越要去审判，我们彻底失望了，因为他已无药可救。
(《马蜂》，87–113)

雅典的法庭不仅为同时代的喜剧作家提供了源源不断的素材，也为我们深入了解我们业已熟知的某些著名雅典公民的生活与性格提供了一些最为真实、珍贵的文献材料。在一些保存下来的公元前5世纪末和公元前4世纪的起诉和辩护演说辞中，大部分都是由诸如吕西亚斯、伊索克拉底（Isocrates）、德摩斯提尼（Demosthenes）、安提丰（Antiphon）及伊塞埃乌斯（Isaeus）这样的雄辩家准备，供委托人在法庭上使用的辩论词。这些法庭辩词向我们展现了雅典人鲜为人知的人性的一面，这是通过其他途径无法了解到的。通过这些辩论词，我们可以了解他们那个时代的雅典人和雅典城。我们不需要猜测，因为不仅每件事情都被详细记录，而且所记述之事均是基于当时的生活状况。同时，我们也知道，不论哪个社会，哪个家庭，只要不同阶层、不同年龄段、不同道德观的人生活和工作在一起，就会碰到类似的境况与难题。

辩论词中关于被控告的奸夫、恶棍、投毒者、盗用兄弟钱财及骗子的记述，无形间会进一步增加我们对古典时代雅典的认知。

埃拉托斯塞奈斯——福过灾生的通奸者（约公元前400年）

埃乌费勒托斯的妻子并不是第一个受到埃拉托斯塞奈斯诱奸的女人。据说他的"战利品"有很多，而且似乎他毫不费力就可赢得他所追求女人的芳心。他是一个惯犯，但有一天，当他的好色之眼又捕获到一个"猎物"时，万万没有料到她会是他的最后一个情妇。

极具讽刺意味的是，埃拉托斯塞奈斯第一次见到埃乌费勒托斯的妻子（她的名字不为人知）是在她婆婆的葬礼上。之后，他对她充满强烈的渴望，所以他伺机接近埃乌费勒托斯的家人，尤其是那个前往市场购物的女仆。最终，他成功地接触到那个女仆，并让她把他内心的思慕之情传达给她的女主人。无论出于什么原因，埃乌费勒托斯的妻子接受了埃拉托斯塞奈斯的求爱，且彼此开始联络。

在此之前，埃乌费勒托斯自己也承认，他的妻子非常贤惠："她是位贤

图7.3 图为一幅送葬图的中心截取部分,描绘的是为帕特昂(Patron)医生送葬的情景,左边是他的妻子和两个女儿。送葬是件庄严肃穆的事情,与埃拉托斯塞奈斯第一次见到埃乌费勒托斯的妻子时的场景非常相似。现藏于巴黎卢浮宫。

惠的家庭主妇,精打细算并把家里收拾得井井有条。"他希望她满意快乐,同时认为也应该对她保持警惕。但当她产下一子后,他对她就完全的信任了,然而他万万没想到灾难从此开始,知道真相后的他更是追悔莫及。

埃乌费勒托斯有一栋小房子(他对房子的内部布局进行了非常详尽的描述)。男人与女人的居室是分开的,前者住在楼下,后者住在楼上。楼上与楼下由一个楼梯相连。然而,埃乌费勒托斯决定改变这种布置:

> 我孩子出生后,妻子负责照顾他。然而每次她下楼去给孩子洗澡时,我都担心她会有摔倒的危险,所以,我自己搬到了楼上,让女人们住到一楼。这样一来就可以让我的妻子经常呆在一楼,晚上还可以和孩子睡在一起,给他喂奶,哄他睡觉。

这种安排不仅令妻子满意,而且正中埃拉托斯塞奈斯的下怀。由于对妻子和孩子的关心,埃乌费勒托斯竟阴差阳错地亲手把自己的房子变成了这对情人便于约会之地。当他在楼上睡觉的时候,他们则在楼下翻云覆雨。

他们这种关系持续了很长一段时间,她的丈夫不仅没有怀疑她,而且依

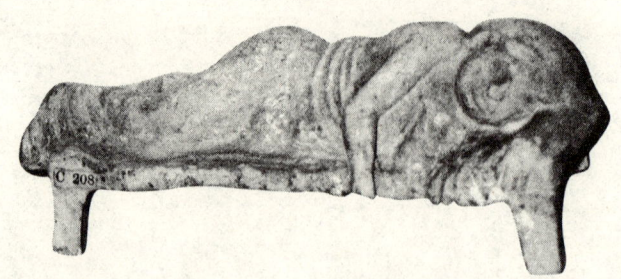

图7.4 公元前3世纪妇女卧床熟睡的赤陶模型，出自埃雷特里亚（？）。床的框架为木制，床板的表面会裹上柔软的皮条。埃乌费勒托斯的妻子之所以愿意到楼下妇女的卧室中睡觉，是因为除了方便照顾孩子外，还可以陪伴情人。现藏于大英博物馆。

旧称赞她，认为她是雅典最为贞洁的女人。但有一天，他从乡间回家比平时早很多。由于并不知道家里有一位"不速之客"，所以，埃乌费勒托斯开始用餐，过了一会儿，当听到孩子的哭声，他吩咐妻子下楼去给他喂奶。起先，她愣了一下，可能是意识到这是女仆为了引起丈夫埃乌费勒托斯注意，使他发现埃拉托斯塞奈斯而故意把孩子弄哭的。她对埃乌费勒托斯说由于他长时间不在家，所以想和他多待一会儿，然而埃乌费勒托斯却变得很生气，坚持要她下楼去陪孩子。"哦，是！"她回过神来并巧妙地回答道："把你一个人留在这儿等女仆上来！别忘了之前你喝醉酒的时候曾殴打过她！"埃乌费勒托斯笑了，他的妻子也起身走出房间，开着玩笑就将房门锁住了。由于旅途劳累，丈夫很快便进入梦乡，其间仅仅被吱嘎吱嘎的开门声惊醒过，但很快又睡着了。

黎明前，妻子返回楼上并将房门打开。当丈夫问及夜里门为何吱嘎吱嘎作响时，她说因为半夜孩子屋里的灯灭了，她起来到隔壁房间为孩子点灯，进出房门时自然会有声响。尽管也注意到妻子浓妆艳抹——她的兄弟刚过世，这种装扮很不合适——但对于妻子的解释，他还是很满意，没有产生任何疑虑。所以，这对情人不但没有被发现，而且还将此次"死里逃生"转化为彻夜的逍遥快活。

又过了一段时间，他们的风流韵事依旧在埃乌费勒托斯的眼皮底下发生。但有一天，在埃乌费勒托斯回家的路上，一个丑老太婆拦住了他的去路。她是埃拉托斯塞奈斯前一任情妇派来的，因为近来当她得知埃拉托斯塞奈斯不去看她是因另结新欢时，决定对他进行报复：

她说："埃乌费勒托斯，无论如何你要明白我接近你的目的并非是想

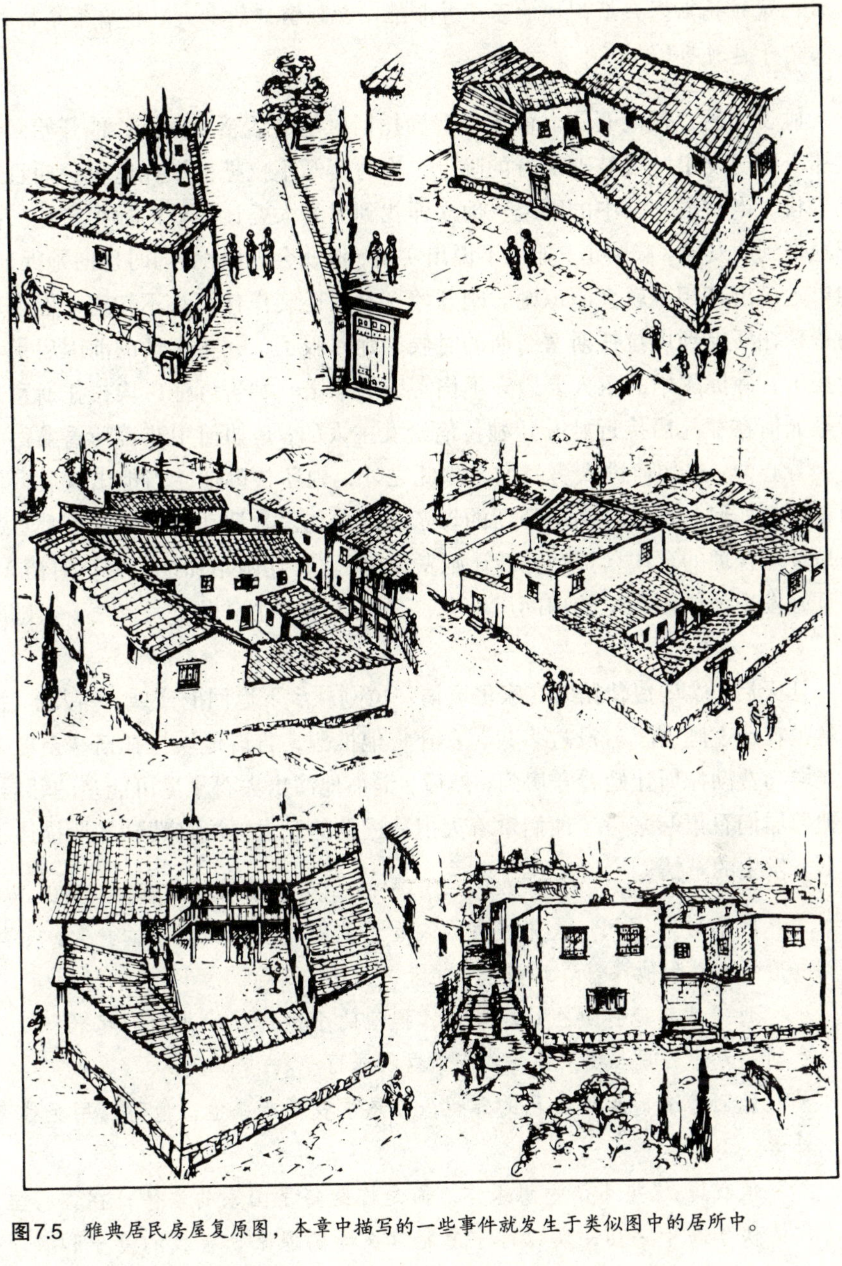

图7.5 雅典居民房屋复原图,本章中描写的一些事件就发生于类似图中的居所中。

干涉你的家事。事实上,这个给你和你妻子带来伤害的人,也是我们的仇人。如果你见到为你家购物和做事的那个女仆,试探一下她,你就会知道事情的真相。"然后,她又补充道:"罪魁祸首是来自奥埃阿(Oea)

的埃拉托斯塞奈斯，你的妻子并非唯一受他诱奸的女人。他有很多情妇，专干这种事。"

她说完后，便离开了。而埃乌费勒托斯对她的话感到震惊，他开始回忆起那个房门发出吱嘎吱嘎声音的晚上，当时妻子不仅把他锁在屋里，而且还化了妆。当领悟到其中的蹊跷，他立即找到丑老太婆让他找的那个女仆。他把她带到朋友家，威胁道，如果不说出实情，他就会惩罚她；同时也向她保证，如果她说出真相，就会原谅她。刚开始，女仆还装作什么都不知道，但当埃乌费勒托斯提到埃拉托斯塞奈斯的时候，她屈服了，并将事情的前因后果和盘托出，并提醒她的主人要遵守不伤害她的承诺。她告诉他，埃拉托斯塞奈斯是如何在葬礼后接近她并让她传信给女主人的；是如何用花言巧语赢得女主人芳心的；是如何进入房间的。除此之外，她还告诉他，当他出城后，他的妻子是如何与埃拉托斯塞奈斯的母亲一同参加宗教活动并让所有事都看起来是合情合理的。埃乌费勒托斯让她发誓保密，并让她帮助他监督这对情人，一旦她发现他们俩在他的房间里幽会，必须立即向他禀报，无奈之下，她同意了。

几天后，埃乌费勒托斯在家里宴请一位刚从乡下返回的亲戚，客人走后，他就躺在床上睡着了。没过多久，女仆将他推醒，告诉他埃拉托斯塞奈斯来了。埃乌费勒托斯让她看守房门，然后，悄悄地溜出去召集尽可能多的邻居。他把邻居们召集起来后，他们拿着火把冲进他的家里。埃乌费勒托斯描述了接下来发生的事情：

  我们破门而入，最先进去的人看到他仍然躺在我妻子的身旁，紧随其后的人看到他裸露着站在床榻上。
  我一拳将他打倒在地。然后，把他的手扭到背后并捆绑起来。然后我问他为什么闯入我家并对我犯下这种罪行。
  他回答道他承认自己的罪行，但恳求我不要杀他，他可以用金钱来补偿。
  但我说："并不是我想杀你，而是你践踏了国家的法律，在你心里，你的快乐高于一切，所以你宁愿犯这么大的罪来伤害我的妻子和孩子，也不愿遵纪守法，行为得体。"

埃乌费勒托斯当场就处决了埃拉托斯塞奈斯，根据雅典法律，在这种情况下将其处死是一种正当行为。

图7.6 图为一个胆小的女人在家里被一个正靠近其房门的醉汉（可能是她的丈夫）吓得直往后退的场景。醉汉手中挥舞着火把，并威胁若不开门，就破门而入。在古代雅典，酒通常是导致家庭内部及外部暴力事件的原因，这一点本章就可以证明（也可参看第4章有关塞奥多托斯的描述）。现藏于大都会艺术博物馆（The Metropolitan Museum of Art）。

在此情况下，尽管这个受到伤害的丈夫有权对奸夫进行处置——尽管通常犯罪当事人也可以支付一定的赔偿金（正如埃拉托斯塞奈斯迅速回答的那样）——但亡者的亲人以谋杀罪将埃乌费勒托斯告上了法庭。他们认为埃拉托斯塞奈斯并未被捉奸在床，所以依据雅典法律，埃拉托斯塞奈斯虽然有罪，但罪不当诛，而谋杀者埃乌费勒托斯却是早有预谋的。他们说埃乌费勒托斯是在街上将埃拉托斯塞奈斯逮捕的，当时，埃拉托斯塞奈斯藏在一个祭坛中祈求庇护，埃乌费勒托斯将他从祭坛中拖出后杀死。因此埃乌费勒托斯被带到法庭并被指控犯有杀人罪。按照法律，此罪一旦成立，理应处死，但是在审讯当天，被告可以选择自愿流亡，财产全部充公。

当然，埃乌费勒托斯故事的某些部分并不可信：首先，这么长时间以来，他竟没有发现妻子的偷情行为就令人生疑；其次，埃拉托斯塞奈斯被杀的那个晚上，埃乌费勒托斯恰好把他的一个亲戚领回家吃饭，所以当他被控诉时，他大可以说当时他正在宴请一位亲戚，并非预谋要杀死埃拉托斯塞奈斯；第三，尽管他一再强调当时将邻人召集起来是如何如何困难，但那晚他在顷刻间成功将邻居们聚集在一起难道纯属侥幸；第四，他怎么可能直接揭发妻子的奸夫，难道他不知道这会使他自己也陷入难堪与被人嘲笑的境地；第五，我们有理由相信他知道自己的居所中正发生着什么，但是他又为何等到此时才动手，其中所隐藏的动机（若有的话）又是什么，所有这些疑问都很难给出确切结论。即便如此，并没有人站出来怀疑他的证词，相反，有很多人支持他。尽管我们并不知道法庭的调查结果，但据大胆推测，他应该是被认定无罪的。

为了确保财产继承与供奉祖先得以顺利进行，就必须保证血统不能出现任何差池，因此通奸在当时是一件很严重的事。由于埃拉托斯塞奈斯不仅玷污了他的妻子（据她的不耻行为来看，应该是被休了），败坏了他家庭的名声，同时使自己也背上了好色之徒的名声，这些足以使大多数陪审员认为埃乌费勒托斯的行为虽残酷，但也合情合理，并最终还其自由。事实上，当时最伟大的辩护者之一吕西亚斯（《演说辞》，1）为被告准备了辩论词，辩论词表明似乎该案件并非板上钉钉。作为谋略的一环，他声称，法律本身规定他必须杀死罪犯。这话当然虚妄不实，可有助于使人们相信：他并没有越俎代庖，替城邦执法。看来埃乌费勒托斯表达己见的方式十分聪明——此人不仅保护了自己的家人，也捍卫了整个共同体。

一次偶发的暴行——暴徒科农和他的儿子们（约公元前340年）

阿里斯同（Ariston）的麻烦始于他戍守阿提卡边界之时。当时，科农的儿子们将营帐安置于阿里斯同和他同伴们的营帐附近。他们的粗俗习性、污秽言语、酗酒成风，与阿里斯同及其朋友的生活方式截然相反。他们尽可能地不与科农的儿子们交往，但后者的恶劣行为还是会不可避免地影响到他们。只要科农的儿子们在身旁，他们就不得安宁。那些人的行为确实非常低劣：

> 他们通常会在午饭后喝酒，而且直到很晚。戍守边界期间，他们每天都是如此。前线的生活方式和家里是一样的，因此当其他人都去吃饭的时候，他们就会玩耍酒疯的把戏，大多数情况下会针对我们的仆人，

但最后也会针对我们。通常他们会假借仆人们烧饭时冒出的烟打扰了他们，或者仆人们对他们莽撞无礼，以及其他各种各样的借口；为此，他们会将我的仆人痛打一顿，然后拿起夜壶往他们身上倒尿，更有甚者直接往他们身上撒尿。他们可谓是不知羞耻，无恶不作。

阿里斯同及其同伴们告诫邻居停止纠缠他们，结果换来的却是科农儿子们的侮辱。所以他们去找卫戍统帅说理。似乎他通报了他们的粗暴行为，而且还亲自巡访了他们的营帐，对他们的放荡不羁进行了训斥。科农的儿子们却不屑一顾，并用同样粗鲁的方式——业已闻名于整个营帐——来对待戍卫统帅。统帅严厉的批评收效甚微，科农之子仍打算当晚报复并袭击阿里斯同的营帐，若不是许多军官和士兵听到科农喝醉的儿子们发出的暴乱声，而赶来援救他们，阿里斯同和同伴们可能已经身受重伤。虽然他们逃过了这一小劫，但这种仇视之情一直延续到他们卸甲归乡之后（他们并非职业兵，而是雅典的公民兵）。然而阿里斯同总是谨慎行事，且认为最好的方法就是尽量避免与他的敌手接触。

一天晚上，当阿里斯同正与一位友人在雅典广场散步，科农的一个儿子科特西亚斯（Ctesias）像往常一样喝的醉醺醺的，他看见了阿里斯同，并向他大声呼喊，咕咕哝哝地向阿里斯同说着什么，当时阿里斯同也没有听清。然后，他就向雅典郊区跑去。当时，他的父亲与一些朋友正在居于那里的一个开洗衣坊的朋友家参加酒会。显然，他没费多大力气就把那些狂欢者诱骗出来，跟随他去找阿里斯同，当时阿里斯同还在广场上，所以，他们很快便追上阿里斯同和他的朋友，并对他们进行殴打：

> 我们刚好在返回的路上，当我们再次走到纪念碑附近的时候，碰到了他们。当他们走近我们的时候，有一个人，但我不知道是谁，进攻我的朋友法诺斯特拉托斯（Phanostratus），并将他牢牢擒住。此时，科农和他的儿子以及塞奥戈奈斯（Theogenes）向我进攻。他们先脱掉我的衣服；后将我绊倒并扔进泥里；接着扑向我，对我进行拳打脚踢。我的嘴唇被刺穿，双眼无法睁开。当我腿不能站，口不能张的时候，他们才放开我。

然后，攻击者用脏话对他进行谩骂，而且当时五十多岁的科农模仿一只在斗鸡比赛（雅典颇受欢迎的一种娱乐）中获胜的公鸡，还打趣地学着公鸡的样子打鸣，像公鸡拍打翅膀那样挥舞着自己的双臂。当科农和他的朋友们离开后（带走了受害者的衣服），一些旁观者将赤裸的阿里斯同送回家。他

图7.7 位于雅典广场的建筑物地基：地基被初步认定为雅典的监狱，若真是如此，那么这里就应该是本章所提及的闹事者被关押的地方，也可能是苏格拉底被关押和处决的地方。

的母亲和仆人们看到他伤痕累累的样子，非常悲痛，并嚎啕大哭，邻居们听到他们的哭声后，纷纷前来询问发生了什么事情。在他们平静下来之后，决定先把他送往浴室沐浴，然后再请一位医生为他疗伤。在前往浴池的路上，他们碰见阿里斯同的亲戚迈底亚斯（Meidias），当时，他和朋友吃完饭，正准备回家，所以他们就先陪阿里斯同去沐浴，并一直陪伴他看完医生。由于他的身体非常虚弱，所以他整晚都待在迈底亚斯家（与阿里斯同家相隔不远）：

> 被殴打和伤害之后的我，情况非常的糟糕。后来，医生告诉我脸上的肿胀、伤口及青肿不会危及我的生命。但随后我持续高烧，我的全身——特别是两侧和腹部——伴有剧烈疼痛。我吃不下任何东西，而且正如医生所说，要不是他在我最疼痛、最危急的时候，用迅速放血的方式挽救我，我可能已经死于身体化脓。的确，放血使我捡回了一条小命。

无礼之人

给无礼之人下定义并非难事：简言之，就是用冒失莽撞、令人讨厌的方式取悦自己的人。具体来说，它是这样一类人：当他在街上遇到一位端庄的已婚妇女时，他会掀开衣服，展露肌体；在剧院，当其他人都已经停止鼓掌时，他却掌声依旧；当其他人都在全神贯注地观看颇受欢迎的艺人表演时，他却嘘声大作；当剧院中鸦雀无声时，他却抬起头，嗝声不断，引来观众扭头观看。

除此之外，在一天中市场上最繁忙的时段，他会在街上漫步，穿梭于坚果与草莓摊儿之间，驻足间，借与可怜的商贩谈话之机，免费品尝摊儿上的水果；对一个不熟的人，他竟然亲切地直呼其名；对于一个正匆忙赶路的人，他竟让其留步，并说"等一下"；对于刚刚在重大案件中败诉的人，他竟将其挡在法庭外，并拿刚刚发生于法庭上的事与其开玩笑。他也会亲自购物，买一些自己喜欢的东西，还会花钱雇一些女笛手为自己演奏；然后，他会向每一个他碰到的人展示他购买的东西，并邀请他们前来分享；他会驻足于理发铺旁，向整个世界宣布他要去喝酒了。

当母亲占卜回来时，他竟不停地责骂预言者；在进行祈祷和奠酒祭神仪式期间，他打翻杯子，竟哈哈大笑，好像自己做了多么聪明的事情；当其他人都在静静地欣赏一位女艺人的精彩表演时，他却伴随音乐一边打拍子，一边吹口哨；当他的行为搅乱了女艺人的表演节奏，迫使她不得不停下来时，他又会对她嗤之以鼻。一次正式宴会上，他吐的到处都是，甚至隔着桌子吐到侍者身上。

（塞奥弗拉斯托斯，《性格概论》，11）

最终，阿里斯同在身体康复后将这件事诉诸法庭。可想而知，当科农意识到自己牵扯进一起严重且无法逃避的案件时，便用各种可以想到的诡计——恐吓、拖延、甚至离奇地宣称他的儿子是私生子，是"社会的受害者"。法庭之上，他竟递交假证人的宣誓词，但法庭通过对这些目击者名字的辨认，认定他们是科农为非作歹的亲信和同党，事发当晚，他们也参加了酒宴。审判期间，他还打算用其他一些卑鄙手段，但均被阿里斯同一一揭穿。他还揭露道，早在他还是少年的时候，科农就加入了一个自称为"Huns"的团体，该团体中竟然还包括一个已经被处决的人。这群流氓竟然用其他人献给死者的祭品维持生计。

公元前4世纪最伟大的演说家德摩斯提尼（《演说辞》，54）起草了阿里斯同的诉状。其中,很明显医嘱证明具有很强的说服力,它使被告无论伪造什么样的证据都显得苍白无力。由于阿里斯同品性良好,所以那些声誉良好的目击者支持他的陈述。而科农向来就有的"闹事者"的名声对他很不利。另外,他还是每位有责任心的公民心中的噩梦,所以,他最终毋庸置疑地受到了应有的惩罚。

姻亲问题——一位恶毒的继母?(约公元前420年)

腓罗内奥斯(Philoneos)将药一饮而尽,倒地身亡。他的朋友则奄奄一息,三周后,也离开人世。腓罗内奥斯的情妇是一个奴隶,为了重获主人的宠爱,在不知情的情况下,让这两个男人喝下毒药(她以为是春药),致使他们命丧黄泉,她为此在受尽严刑拷问、百般折磨后,被处以死刑。腓罗内奥斯朋友的后妻才是整个阴谋的策划者,但她却逃脱了法律的严惩。若干年后,她的继子达到法定年龄,将她以谋杀罪推上被告席,这个年轻人说道:

> 我家的房子有一个阁楼,每当腓罗内奥斯来城里办事的时候,都会住在阁楼里。这个腓罗内奥斯是我父亲的挚友,为人诚恳,受人尊敬。他有一个情妇和我继母关系不错,有一次,他说他要把他的情妇卖给妓院,当我继母得知他有此想法后,就派人去请她。她来到我家后,我继母告诉她其实她自己也受到了我父亲的不公正待遇,所以,如果她按照她说的去做,不仅可以使她重获腓罗内奥斯的宠爱,而且还可以使自己重获我父亲的宠爱。若按其所说,我的继母是整个阴谋的策划者,那个女人是她指示的遵从者。

这个单纯的女人迫不及待地答应与她联手。不久后,恰好腓罗内奥斯和年轻人的父亲都因有事要前往雅典的皮拉埃乌斯港:年轻人的父亲打算乘船前往纳克索斯岛;腓罗内奥斯要去参加一个纪念宙斯的宗教典礼,所以两人决定结伴前往港口。腓罗内奥斯还提出在参加完宗教典礼后,要设宴为友饯行。他的情妇协助他献祭,帮他准备宴席。当时,她拿着同谋给的药丸,以为那是春药。

宗教典礼结束后,腓罗内奥斯的情妇招待这两个男人坐下用餐,她拿不定主意何时放药,经过激烈的思想斗争后,认为最好等到他们吃完饭后再动手:

吃完饭之后，他们——一个正向宙斯祭祀，宴请友人，另一个正与友共餐，将扬帆远航——自然要举行焚香祈祷，祭酒饮酒仪式。腓罗内奥斯的情妇协助他们进行这一仪式（其间要诵读指定的祈祷文,可惜啊!……没有实现），所以她伺机将药放进酒里。她坚信这是明智之举，而且认为给他放的越多，他就会越爱她，所以她给腓罗内奥斯的酒里放了大剂量，给我父亲放了小剂量，她丝毫没有发觉其中的问题，直到灾难来临，才意识到是我的继母欺骗了她。

祭酒完毕后，他们端起将他们送上黄泉路的酒杯，一饮而尽。

其实，在死之前，年轻人的父亲就预感到自己会被后妻毒死，因为这并不是她第一次要将他置于死地。之前，他就发现她为自己调制"春药"，关于此事，家里的奴隶都可以作证。所以临终时他盼咐儿子要为自己报仇。

父亲死后，大概儿子只能与同父异母的兄弟及杀死生父的继母一起生活——对他来说，这种境况是多么的煎熬难耐！不知过了多久，他终于长大成人。达到法定年龄的他最终以谋杀罪将继母告上法庭，但由于腓罗内奥斯的情妇去世已久，而且也没有足够的确凿证据支持他的起诉，所以形势对他很不利。更糟糕的是，同父异母的兄弟对他的起诉进行辩驳，否认母亲谋杀了自己的父亲，这使得年轻人陷入"灰姑娘"般的两难境地。他们并没有质疑母亲杀死父亲这一事实，但是他们反驳年轻人的理由是他们觉得这只能算是母亲的一种过失，况且她让那个情妇给父亲放"春药"的动机，也只是想挽回父亲的宠爱而已。和其他人一样，她自己也没料想到结果会如此糟糕。

尽管这种解释对我们来说似乎有些牵强，但古人很难将春药与其他药物进行有效区分，有时春药的配制稍有差错或药物中的某个成分出现问题都可能置人于死地。很明显，"药量过大"的事情也时有发生。所以，在很多人看来，将丈夫的死亡归因于这样一种过失是可信的。

尽管如此，年轻人很难理解他的同父异母的兄弟为何要坚定不移地包庇杀死他们父亲的母亲。他争辩道，他们本应帮他为父报仇，可他们并不想知道事情的真相。如果他们想知道，只需要拷问（必要时也可通过法律途径）知道真相的家奴，但他们没有这样做。他们始终认为他们的母亲没有罪。

当然，这起案件并不易做出判决，主要是因为它同时牵扯到姻亲与同父异母兄弟（在后者中，长子担任母亲的辩护人，因为妇女不可以在法庭上为自己辩护）。年轻人在若干年后下定决心追究此事，而且似乎信心十足，但由著名的辩护者安提丰准备的辩论词(《演说辞》,1)并不是最具有说服力的。因为很明显,对他最有利的证据——熟知他继母可疑行为的奴隶的证词——未被采用,这就使该案件出现另外一种有趣的局面。

若他父亲的奴隶不再受他支配,那么他们就不再是他的财产,而且在家里要和他分开住。因此,这又牵扯到继承问题。如果年轻人的继承权被剥夺(这将有利于其同父异母的兄弟),那么他费尽周折将继母推上被告席定有其他目的。虽然法庭上他们都表现得情真意切,但可能实际生活中这家人彼此之间的关系并不融洽。同父异母兄弟对母亲的罪行可能一无所知——他们的父亲死了,而且已经死了很长一段时间了。这已是无法改变的事实。因此,他们反对年轻人的主要目的可能是想保护他们自己的继承权,因为一旦他们的母亲被认定有罪,他们很可能将一无所有。

这个女人是故意谋杀亲夫的吗?看似可能,但对我们来说这将是不解之谜。如果她是故意的,那么,这个满腹委屈的妻子肯定不是第一次想将可恶的丈夫置于死地——或者也不是第一次想将自己孩子的利益凌驾于继子的利益之上。

狄奥戈伊同——盗用兄弟钱财的外祖父(约公元前400年)

狄奥戈伊同的兄弟狄奥多托斯(Diodotus)是个富有的商人。在某种程度上狄奥戈伊同显然想从大有成就的兄弟狄奥多托斯那里获益,所以,他假借确保财富不外流的理由说服弟弟一定要与家族内的人通婚,并提议自己的女儿就是最佳人选(雅典法律允许叔侄通婚)。狄奥多托斯采纳了他的建议,并育有二子一女。

若干年后,狄奥多托斯应征服兵役。考虑到自己可能会战死,所以他打算把家里的事都安排妥当。由于狄奥戈伊同是他的兄弟(也是岳父),是孩子的外祖父(也是伯伯),所以他认为万一自己发生什么意外的话,狄奥戈伊同是保护自己孩子的最佳人选。他将一份遗嘱和一大笔钱交给狄奥戈伊同。遗嘱中,他概述了各种财产的明细,并特别指出万一自己遭遇不测,妻子和女儿会得到什么(特别是出嫁时的嫁妆)。然后,他将一个密封好的副本放在自己家里。一切安排妥当后,他便入伍了。不幸的是,他战死在小亚的以弗所。

似乎只有狄奥戈伊同知道狄奥多托斯战死的消息,他将此事隐瞒下来,

帕西翁——昔日的奴隶成为雅典富有的公民钱庄主

古代雅典法庭保存下来的案件中，最引人注目的当属一个名为帕西翁的人及其家人的案例（尤其是伊索克拉底，《演说辞》，17；以及德摩斯提尼，《演说辞》，36,45）。昔日的奴隶帕西翁不仅拥有了公民身份，而且成为钱庄主——可能在他去世时，已经成为雅典最富有的人。像他这种背景的人偶尔会卷入法律纠纷是很正常的事情，关于他的庭审记录及其长子阿波罗多鲁斯（Apollodorus）的法庭陈述（他死后，他的儿子曾多次卷入法律纠纷）都展现了帕西翁的生活细节。他"白手起家"的故事可让我们很好地了解一个昔日的奴隶是如何摆脱奴隶枷锁的束缚，是如何将自己及家人的社会地位提高到可以与昔日奴役他的人并肩看齐，并拥有自己的奴隶的。

实际上，古代希腊世界的奴隶制度并非是统一的，雅典和斯巴达就是最好例证。斯巴达于公元前8世纪通过对近邻美塞尼亚居民的镇压奴役，建立了稳固的奴隶制体系。斯巴达的奴隶被称作"黑劳士"，由于奴隶的人数在大幅上升，而且已超过奴隶主的数量，所以，他们一直都是斯巴达潜在的安全隐患。在雅典，梭伦于公元前6世纪废除债务奴隶制，雅典人就不得不采用传统方式——战俘、海盗、弃婴——获取奴隶。奴隶的人数达到一定规模后，奴隶又可以繁衍新奴隶。雅典——很可能是阿提卡地区的2590平方公里区域——的奴隶数量最高时曾达10万人。从人种来看，多数希腊奴隶与奴隶主并无差别，仅从外表确实很难区分谁是奴隶，谁不是奴隶。他们和自由人一样：穿相似的衣服，做同样的工作，拿同样的报酬。实际上，除雅典外，其他地方的债务奴隶制继续存在，很多公民依然会沦为债务奴隶而饱受奴役。即便如此，通过对口音的辨别（口音不标准者说明不是本地人）大家还是可以弄清谁是奴隶，谁不是。另外，法律也强化了奴隶的身份。

实际上，每个人——不论来自哪个经济阶层——都至少可以拥有一个奴隶。越富有的人，拥有奴隶的数量也就越多。显赫人物的家务通常会在女主人（例如179页伊斯克玛斯教导妻子的例子）或年资较深的奴隶的监管下，由奴隶打理。当然也有逃亡者，但对于一个逃亡的奴隶来说，他很难找到庇护所。奴隶主鼓励奴隶结婚，因为他们认为如果奴隶结了婚，就不可能扔下妻儿独自逃亡。另外，虽然习惯法也规定逃亡的奴隶要被送回，但对于很多出身奴隶家庭的人来说，其实他们自己也不知道去哪儿。伯罗奔尼撒战争中有一个奴隶逃亡并饱受挫败的例子。起先，斯巴达人为所有从雅典逃亡的奴隶提供庇护所，但之后，他们再度奴役那些业已逃至斯巴达的奴隶。除了斯巴达之外（黑劳士长期受监管），希腊人并没有出现像罗马人那样担忧奴隶的情形。在奴隶制度的规模和

图7.8 一位衣着华丽、表情冷漠的女仆为其女主人遮阳的情景。现藏于大英博物馆。

多样性方面,希腊不及意大利和西西里。

由于古代希腊的奴隶制并不是某个特定群体被另外一个特定群体奴役,所以,它似乎并不涉及道德问题。尽管人们不愿对奴隶制这一问题进行深思,但它确实存在,而且从理论上讲,任何人在任何时候都可能沦为奴隶。一个在海洋上航行的人,如果他被海盗俘获,而又没有被赎回,那么他就会被变卖为奴,失去独立自由。例如,具有讽刺意味的是,帕西翁儿子的一个邻居在海上追赶自己的一些逃奴时,被海盗俘获了,而且在被赎回之前,他身戴枷锁,在埃吉纳(Aegina)受奴役。

当然,奴隶是财产。至少一个安分守己的奴隶,可能会享有家庭成员般的待遇。一个没有特殊技能的奴隶可能会进入雅典国家矿井中,靠出苦卖力维持生计,这样的奴隶可能寿命不长。有些女奴可能会死在一些官办的妓院中,有些女奴还可能成为交际花,这类女奴的境况要比普通妓女好得多,阿斯帕西娅就属此类(参看第183—208页)。她拥有自己的妓女,对她们进行培训,并利用她们的美色赚钱。技艺高超的奴隶通常会寻求更好的待遇。尽管不乏有一些残暴的奴隶主,但总的来说,他们不会找理由虐待一个可以为他们赚钱的奴隶。有技能的奴隶在从事贸易活动时,享有很大自由:可以与主人同享赢利;可以购置奴隶协助他们工作;特别是还可以为自己和家人赎回自由。然后,他们继续从事贸易活动,并成为城邦中大规模被释奴中的一员。帕西翁就是被释奴,而且最终还获得了雅典公民权。

公务奴隶会在城邦政府中担任书吏和

其他职位。当时雅典的街卒由"塞西亚弓箭手"担任。从阿里斯托芬的喜剧《吕西斯特拉特》中的描述可以看出,他对这些街卒持蔑视态度:他怀疑这些街卒除了晚上护送醉酒的公民回家之外,还有没有做过更多的事。城邦也会提供资金为一个热爱公益的奴隶赎取自由。法庭上,只有在严刑逼供下,奴隶提供的证词才能生效。有趣的是,在一次庭审(伊索克拉底,《演说辞》,17.13ff.)中,被释奴帕西翁竭力掩饰自己曾经是奴隶这一事实,对于他的这种行为,控告者只是将其当作帕西翁掩盖罪行的又一手段。

帕西翁生于约公元前430年,虽有希腊名,但他可能是腓尼基人。两个雅典钱庄主阿尔克斯特拉托斯(Archestratus)和安提斯塞奈斯(Antisthenes)购买了他,公元前5世纪末,他开始为他们效力。由于帕西翁性格良好,为人诚实(德摩斯提尼,《演说辞》,36.43–44; 52.29),所以深得主人的尊重,最终他不但被释放,而且还担负起打点生意的职责。至公元前394或前393年,他似乎有了自己的钱庄,可能开始时是租赁,后来就从他的前主人那里把钱庄盘买下来。帕西翁业已成家,因为他的长子阿波罗多鲁斯就是在此时出生的。关于他的妻子阿尔姬佩(Archippe),我们除了知道她爱帕西翁,不是公民外,其他我们一概不知。她应该比丈夫小,因为他的次子出生于公元前380年,而当时的帕西翁估计已有50岁。

公元前394或前393年,对帕西翁来说是特别重要的一年,因为就是这一年,他首次被告上法庭。将他告上法庭的是一位来自博斯普鲁斯(Bosporos)王国(位于克里米亚[Crimea])的贵族青年,青年说帕西翁拒绝归还他先前存储在钱庄的一大笔钱(伊索克拉底,《演说辞》,17)。由于我们并不知晓审判结果,所以这次指控是否有效,我们也不得而知。但很明显他为人诚实的声誉并没有因此而受到损害,因为在之后的几年里,他的钱庄非常兴旺,如果他当时被认定有罪,就不可能出现这种情况。在帕西翁的钱庄所在地皮拉埃乌斯,不仅很多商人都是他的客户,就连将军提莫塞乌斯(Timotheus)(德摩斯提尼,《演说辞》,49)、演讲家德摩斯提尼的父亲也是他的常客。在帕西翁去世很长一段时间后,德摩斯提尼自己也曾卷入到关于帕西翁家人的法律纠纷中。

在接下来的几年,帕西翁向城邦捐赠了1000个盾牌。这些盾牌均出自他的盾牌坊,表面上他是在捐赠战时的礼物,实际上是想讨好雅典人。他的慷慨使他受益颇丰:他被授予雅典公民权(德摩斯提尼,《演说辞》,59.2)。对于一个并非出身雅典的被释奴来说,能获得雅典公民权这一殊荣,实属罕见。成为雅典公民后,帕西翁继续向城邦贡献自己的力量:当时,一般每次均由两个富有公民共同承担一艘船的船员和舾装设备供应,而帕西翁一个人同时就为五艘水军船只供应船员和舾装设备。拥有了公民权,也就意味着帕西翁可以拥有个人财产。在他去世的时候,他已经拥有不动产,包括位于皮拉埃乌斯的房舍和出租出去的几栋公寓,总价值约20塔兰特。

公元前380年，帕西翁的次子帕西克勒斯（Pasicles）降生，此时距其长子的出生已过去14年（似乎两个儿子年龄相差很大）。帕西翁死后，尽管已无法证明，但当时还是有人怀疑帕西克勒斯是帕西翁的年轻妻子与别人私通生下的孩子（德摩斯提尼，45.83—84）。公元前4世纪70年代末期，帕西翁陷入到更多的法律纠纷中。当时，他的健康状况欠佳：两眼昏花，走路不便，让他奔走于家与雅典之间，是件很困难的事情（德摩斯提尼，52.13）。他预先将钱庄的日常管理委托给一个名为弗尔米奥的自由人。弗尔米奥几乎是他自己早期经历的一面镜子（此人与235—240页谈及的弗尔米奥并非同一人）。弗尔米奥并非希腊人，而是帕西翁从奴隶市场上买回来的奴隶。帕西翁教他写字，培训他如何打点生意，并最终将他释放。公元前361年，他获得雅典公民权。帕西翁完全信任他，担心自己会有意外，他将钱庄和盾牌坊租给弗尔米奥。这样，一来可以确保它们的完整性，二来等到他的儿子长大成人后，可以依法分割这些财产。公元前370或前369年帕西翁卒，在此之前，他立遗嘱将遗孀阿尔姬佩赠与弗尔米奥，此举在当时，尤其是在钱庄主中间是常见的商业惯例。这种做法是为了进一步保护帕西翁的财产，防范那些觊觎家产丰厚的丧偶妇人者，并阻止阿尔姬佩再婚，以防因再婚产生的子女或姻亲争夺他的遗产。此时，帕西翁的长子阿波罗多鲁斯大概24岁，从他之后的一些法律活动看，他是个好争辩之人。帕西翁这样安排的目的也许是想保护次子的利益，防止帕西克勒斯在长大成人前受哥哥的欺负。帕西翁去世时，他积累的财富至少有70塔兰特，若以黄金为标准，约等于现代的2200万美金（塔兰特是重量单位。在阿提卡，一塔兰特约合910盎司：$70 \times 910 \times \$350/$盎司）。通过比较研究，约翰·雅各布·阿斯特（John Jacob Astor）认为即使1848年的美国，最富有的人所拥有的财富也不过2000万美金而已。

帕西翁的法律纠纷并没有随他的故去而结束。阿波罗多鲁斯从皮拉埃乌斯的家中搬出，移居乡下。不久之后，曾将他父亲告上法庭的那个人又将他推上公堂，重新尝试要回他所说的那笔属于他的钱。审判的结果如何，我们不得而知。但此后，阿波罗多鲁斯曾多次对簿公堂。此外，弗尔米奥按照帕西翁的遗嘱与阿尔姬佩结婚后（他们生有孩子，进一步证实她比较年轻），阿波罗多鲁斯对此极为愤恨，在接下来的几年中，他与弗尔米奥也多次陷入法律纠纷。在他母亲阿尔姬佩死后，阿波罗多鲁斯对弗尔米奥的攻击越发激烈。他不仅指控弗尔米奥是个忘恩负义的大骗子，而且还极力证明弗尔米奥与他母亲的婚姻是非法的，他同母异父的弟弟（他支持弗尔米奥）实际上是弗尔米奥与自己母亲阿尔姬佩私通所生的孩子（德摩斯提尼，45.83—84）。有趣的是在这些法律纠纷中，阿波罗多鲁斯竟毫不留情地指出弗尔米奥之前是奴隶，这表明他已经忘记（或故意回避）自己的家人也曾被束缚在同一个制度之下。

目的是想瞒着家人将其弟弟的财产转移到只有自己可以找到的地方。他知道如果想事成，还必须销毁狄奥多托斯临走时放在家里密封好的遗嘱副本，所以，他假借做生意的需要，将副本成功获取。在几乎将所有的东西都占为己有之后，他公布了狄奥多托斯的死讯。

狄奥多托斯的妻子和孩子按照习俗为他举行了丧葬仪式后，他们母子在皮拉埃乌斯住了一年，因为他们的生活用品都在那里。当这些生活用品用完后，狄奥戈伊同接管了狄奥多托斯的财产，并成为他孩子的保护人。首先，他把孩子送回雅典，然后又用狄奥多托斯指定的嫁妆钱（当然他也贪污了一些）让自己的女儿改嫁。

八年后，狄奥多托斯的两个儿子达到法定年龄，贪婪的外祖父把两个孩子叫到身边，告诉他们遗产的情况，但他给出的数目仅仅是他们父亲留给他们遗产的一小部分，不仅如此，他还埋怨道：

> 为了把你们抚养成人，我已经花费了很多自己的钱。有钱的时候，我不在乎；但是现在我自己也生活贫困，所以，既然你们都已达到法定年龄，长大成人了，你们就应该从现在开始自谋出路，自力更生。

在孩子们得知父亲给他们遗留的财产的真正数目，想到原来是自己狠心的外祖父（伯伯）欺骗了他们，并迫使他们陷入贫困时，他们便哭着跑去找母亲。但母亲当时也心烦意乱，无计可施，所以她带着孩子们去恳求她的第二任丈夫法埃德鲁斯（Phaedrus）出面调解。她恳求他去召集她的父亲和家里的其他成员前来开会。她强调道：尽管她并不习惯在男人面前开口说话（恰好说明即使在家事的讨论中女人亦是多么地受压制），但这次受到的巨大伤害迫使她不得不这样做。法埃德鲁斯答应了她的请求。

法埃德鲁斯在与家里的其他成员沟通后，开始安排一场对狄奥戈伊同进行审问的会议。起初，他不愿参加，但最终还是默许了。会上，愤怒的母亲大胆地对狄奥戈伊同对待她的孩子的龌龊行为表示鄙视：

> 你是孩子们父亲的兄弟……是我的父亲，同时还是孩子们的伯伯和外祖父！即使你在别人面前不感到羞耻，也应该敬畏神明吧……

狄奥戈伊同贪婪，但不聪明。他在匆忙中销毁狄奥多托斯遗嘱的副本时，由于粗心大意，并没有将证据毁掉，而只是扔掉。具有讽刺意味的是，当母亲正在收拾东西，打算搬出旧屋，住到第二任丈夫那里的时候，孩子们发现了遗嘱的副本,并把它交给母亲。其实她早就知道亡夫所立遗嘱中的确切条款,她列举遗嘱中的详细规定,痛斥父亲的无耻行为——在讨论中拿出遗嘱副本,揭示遗嘱内容。

为什么她没有早些站出来揭露她的父亲,我们不得而知。可能她希望父亲的"小"错误可以适可而止,但当她意识到他在骗取本应属于她孩子的东西时,她无法再继续保持沉默。狄奥戈伊同不仅歪曲遗嘱内容,剥夺继承者的继承权,而且还将亡弟通过投资积累下来的财产占为己有,使自己变得富足。所以,她认为他是个最坏的人:

> 你毫不犹豫地将这些孩子,也就是你的外甥赶出他们自己的家,夺走孩子们父亲留给他们的家庭用品和金钱,使他们没有侍者,没有床单,没有披风,没有鞋穿,衣衫褴褛,甚是可怜。而你呢?你和我的继母有了孩子后,你让他们在锦衣玉食的生活中成长,当然这是理所应当的;但同时你却无理地对待我的儿子,无耻地将他们赶出他们自己的家,并决意剥削他们的财产,使他们陷入贫困。对于你的所作所为,你没有表现出对天神的敬畏;在知道事实的女儿面前,你没有表现出半点羞愧;同时你对你的亡弟没有表现出应有的尊重。是的,在你眼里,我们所有人都没有钱重要!

家人在知道事情的真相后都极为震惊,对孩子们的遭遇深表同情。他们为孩子们已故的父亲祈祷,对贪婪的狄奥戈伊同背信弃义的恶劣行径严厉谴责。尽管如此,他们似乎并未向狄奥戈伊同施加压力,而是将此案交由法庭审理。法庭上,孩子们的继父以吕西亚斯准备好的辩论词据理力争,列举了一长串的例子控诉狄奥戈伊同是如何耍诡计修改账目欺骗自己外孙的;是如何厚颜无耻宣称自己花在孩子们身上的钱远远多于从他们父亲那里得到的;是如何巧妙地打点生意使他们母子饱受损失,而自己却从中独享收益的。

狄奥戈伊同可能被释放了,但有关他贪婪的证据极为充分,所以孩子们可能获得了他们应有的权利。寻找一位值得信赖的代理人根据自己的愿望处理财产,是很多雅典人都关注的一个现实问题。毫无疑问,陪审员们也预感到类似的事可能会发生在自己身上,因为不论他们有什么样的财产,将来肯定要面临如何分配的问题。判决狄奥戈伊同有罪可能使陪审员们相信他们在防止此类案件发生方面迈出了正确的一步。

弗尔米奥——一个骗子（约公元前360年）

当克律西普斯进入店铺时，只知道是要和一个叫弗尔米奥的商人谈一桩特别的生意，却没有料想到各种麻烦正向他逼近。弗尔米奥似乎很有诀窍，总是能骗取没有防备的投资者的信任，让他们为其商业投机提供资金保障。作为一个居住在雅典的外邦人，克律西普斯真心诚意地将钱以"船舶抵押契约"（一种早期船舶保险契约）的名义借给这个骗子。根据契约，他要支付给弗尔米奥一大笔钱以确保船上等同于两倍贷款的货物的安全。在这种情况下，当船抵达克里米亚的博斯普鲁斯王国后，弗尔米奥要将货物全部售出，然后再从那里运回另外一种货物在雅典出售。对于这两种货物的盈利，弗尔米奥不仅要将克律西普斯先前投入的本金全部返还，而且还要将盈利的30%分给他。若弗尔米奥返回时并未装载货物，那么，他要向克律西普斯交相当于贷款总数两倍的罚款。他似乎也可以选择只还贷款和利息。尽管这种贷款有风险（一旦船在海上失事，借款者将一无所有），却很普遍。因为在这种不费力且盈利丰厚的前景的驱使下，甚至那些性格保守的人有时都想尝试一下。

弗尔米奥随即实施他的阴谋。在克律西普斯毫不知情的情况下，他又从另外两个人手里获得贷款，其中一个叫拉姆皮斯（Lampis），是为弗尔米奥运送货物的船主。弗尔米奥似乎并没有使用克律西普斯的钱——如果真是这样，他就没有将克律西普斯指定购买的货物装于船上。他可能只使用了另外两个人支付给他购置货物的钱。由此可以看出，在这次投机中，弗尔米奥自己不但没有投入任何东西，相反，他还希望在自己不遭受任何风险的情况下，利用他人的钱非法获利。有人可能会想，他的投资者肯定会保持高度的警惕，但很明显他们没有。

我们并不清楚弗尔米奥的确切计划是什么，但可以肯定的是，即使他把货物运送到博斯普鲁斯全部出售，也不可能将欠三位投资者的债务全部还清。由于另外两个投资者和他订约只是为了海外航行（这两个人陪同他一起出航），他可能想把用他们的钱购买的货物出售，所得盈利中，一部分用于偿还他们的贷款，剩下的归自己所有；如果不是这样的话，他还可能考虑使用克律西普斯提供的资金来弥补差额，而且依旧可以获得丰厚利润；然而也可能他从一开始就打算欺骗这三位投资者，将盈利全部归自己所有。但无论哪种情况，似乎克律西普斯都极有可能在此次交易中无利可图。

图7.9 图中描绘的是海盗（或者某不友好城邦的战船）袭击商船——可能类似于克律西普斯提供资金雇人运送自己货物的船只——的情景。此类海上商业冒险风险性极大。现藏于大英博物馆。

克律西普斯并未识破合伙人的诡计，甚至还不知道自己的那份货物根本就没有被装载上船。他竟天真地将一些关于此次生意具体事宜安排的信件交给弗尔米奥，让他交给他的一个正在博斯普鲁斯过冬的奴隶和一个待在那里的生意伙伴，信中给出了一些关于货物卸载、检查及保护方面的指导。当然，这些书信并未被送到他奴隶和生意伙伴的手里。

弗尔米奥一抵达博斯普鲁斯，就开始试图出售他购买的货物，但并不顺利，因为一场战争使当地的经济严重瘫痪。这种情况也导致一些问题，因为拉姆皮斯和另外一个贷款给弗尔米奥进行远航的债主想与他共享盈利。似乎弗尔米奥找到了说服他们先行返回雅典的借口，然而他们说，只有他用克律西普斯的钱购买尽可能多的货物载于船上，他们才肯返航（很明显他们已经知道克律西普斯也是投资者之一，但可能当时并不清楚其中错综复杂的细节）。弗尔米奥说他无法遵从，因为他还没有将买来的货物全部售出，他要待在博斯普鲁斯，直到将生意处理完毕才返回雅典，可能他还承诺，一回到雅典就将欠他们的钱全部还清。

拉姆皮斯驾船离去正中弗尔米奥的下怀：这样他不仅可以逃离债主的控

喜好与恶棍为伍者

　　喜好与恶棍为伍者即是对罪恶的偏袒者。他属于这样一类人：他猜想如果与被判有叛国罪的人结交，那么他会认为他已找到真正的生活，并将成为一个令人敬畏之人；或者当你告诉他某人是个好人，受人尊敬时，他将回答道"貌似如此"，接着继续说道："实际上，人都是一样的，无所谓好人，可敬之人。"而且他还会嘲弄道："他好在哪儿，又可敬在何处？"

　　此外，他还会说："对于所谓的恶棍，如果你尝试着接触他，了解他的话，你会发现他才是真君子。"他也承认："你们听说的关于恶棍的事情，有些确实是真的，但其他的纯属虚构。"他认为："他们聪明、善良，决不辜负朋友。"他说这样的人是他见过的最有能力的人，所以，他会竭尽全力拥护他们。另外，当他听说某个恶棍在法庭上受到指控或者被召集到公民大会上抗辩，他会对该恶棍表示同情。每次他都会对陪审员说："法官们，记住！你们在审案，而不是审人。"他称被告是民众利益的忠实维护者，是犯罪分子罪恶行为的坚实反对者。他补充道："像如此之好的公民我们都要遗弃，那么就别指望还会有人挺身而出，为国家利益而奋斗了。"

　　你还会发现他会在法庭之上使用卑鄙手段笼络陪审员，充当起无赖的保护人。而且，当被问及他有什么看法时，他会毫不犹豫地站在无赖的一边，不择手段为他们辩驳。

　　一般来说喜好与恶棍为伍的人，其实他本身也是恶棍，有句古语："物以类聚，人以群分。"应该说的就是这类人。

（塞奥弗拉斯托斯，《性格概论》，29）

制，而且还可以占有他们所有资金——对一个骗子来说，确实如临梦境。要不是拉姆皮斯的贪婪，他本已美梦成真。由于拉姆皮斯不想空船而归，他就在船上装载了过多的货物，致使船在航行至离港口不远处沉没。拉姆皮斯幸免于难（我们并不知道是否另一个债主也在船上），但他的很多船员却因此丧生，所以博斯普鲁斯上空哀声一片。人们很快评论道：弗尔米奥是多么幸运啊，当时不仅他没有在返航的船上，而且也没有放自己的货物在上面。他自己也是如是评价。

　　虽然没有确凿的证据，但据弗尔米奥狡猾的性格，再结合返航船只失事时的情景使我们几乎不得不怀疑沉船事件与他有关。但是由于这次事故发生的是如此凑巧：靠近港口，恰好发生在他和债主们真情别过后，似乎他们之间的分歧已经消除，在很多目击者看来，弗尔米奥所有的麻烦业已解决。如果他的两个债主也溺水身亡，他欠他们的债务将会一笔勾销。因为他可以说

图7.10 德摩斯提尼的半身雕像。他曾为阿里斯同和克律西普斯准备辩论词，是当时最伟大的演说家。现藏于大英博物馆。

在他们返航之前，他们的账目就已两清。对克律西普斯，他则可以编造故事告诉他为何不欠他钱了，比如他可以说用他的钱购买的货物已沉入大海。因此，若无人质疑他，弗尔米奥可能会坚持说他已经兑现了契约中规定的所有条款，再将所有东西归为己有。

弗尔米奥是否真的与沉船事件有关，我们无从得知（似乎拉姆皮斯并没有怀疑他）。拉姆皮斯回到雅典后，几经打听找到克律西普斯，并告诉他弗尔米奥并没有按照契约载回货物或带回金钱。此时的克律西普斯才意识到自己上当受骗了。

过了一段时间，弗尔米奥终于在雅典出现，克律西普斯遇见他的时候，将他拦住索要欠款。为了敷衍克律西普斯，他答应会很快还钱，但不久就食言了。万般无奈之下，克律西普斯只得联合他的另外一个生意伙伴（似乎他也参与了此次投资）通过法律途径追究此事。起先，拉姆皮斯支持他，并一再否认弗尔米奥曾将克律西普斯指定的货物载于船上或给过他钱。当克律西普斯想要给弗尔米奥送法庭传票，但不知去哪儿找他时，还是拉姆皮斯带的路。但具有讽刺意味的是，最终弗尔米奥用欠克律西普斯的钱成功将拉姆皮斯"收买"。于是拉姆皮斯就改变最初的说法,转而支持弗尔米奥。他说弗尔米奥并没有违背契约,而且随着船舶失事,弗尔米奥所有的债务也应一笔勾销。当有人提醒拉姆皮斯说他之前的指控是反对弗尔米奥的——而且有目击者可以作证——他回答道,他当时说这些话的时候肯定神志不清。

弗尔米奥尽可能地钻法律的空子来逃避指控。起初,这场纠纷经由仲裁者裁决,但由于仲裁者是弗尔米奥的朋友,他不愿意否决弗尔米奥,但也不愿因为偏向弗尔米奥而使自己遭受指责。所以,该纠纷最终交由雅典法庭审理。克律西普斯和他的合伙人用德摩斯提尼为他们准备好的辩论词在庭堂之上据理力争,其中总结的几个要点对弗尔米奥的辩护产生很大冲击,使他几乎无力还击:

> 陪审法官们,现在按照事实,你们自己可以想一下这个人用什么方法可以偿还所有的债务。他从此港口驶出的时候,既没有往船上装载货物,也没有放足够的抵押品;相反,他还额外向我借了一笔贷款。到达博斯普鲁斯后,他不但没有为自己货物的销售找到市场,而且还无法摆脱那两个借给他钱用以海外航行的人……

此二人长期在雅典做生意,却从没陷入过法律纠纷,所以在此次纠纷中,没有前科这一事实对他们极为有利。他们继续罗列详细的证据,颠覆弗尔米奥辩护的逻辑,质疑其陈述的真实性,最终使其诡计彻底暴露。然后,我们将期望陪审员的裁决对他们有利,因为至少在这起纠纷中,很明显被告应当受到相应惩罚。

在喜剧《云》(Ⅱ、445-451)中,阿里斯托芬将主角斯特瑞普西阿德斯(Strepsiades)塑造成一个债务缠身,被债主紧逼的人。他的愿望是掌握一门能够欺骗和误导人民的技艺,并从中获益。所以,当歌队问他有什么愿望时,他用这样一席话告诉歌队他想成为什么:

> 一个骗客,一个混蛋,一个伪君子,一个懒汉,一个讼棍,一个喉舌,一个徒有虚名的人,一个卑鄙的人,一个暗探,一个狡猾的人,一个饶舌的人,一个流氓,一个喜欢拍马屁的人,一个油嘴滑舌的人,一个坏透了的坏蛋,一个暴戾的人……

尽管斯特瑞普西阿德斯是文学作品中的角色,但从本章中的例子看,似乎在古典时代的雅典大街上，有斯特瑞普西阿德斯的这些愿望的人（且比这更糟糕的）可能绝非少数。关于这一点，阿里斯托芬要比很多其他公民更为了解。

8

希腊化时代的科学、技术和幻想

亚历山大和他的海下冒险

确实是真的,这些和其他的事情,在人类历史中一再被创造……

（亚里士多德,《政治学》,1329^{b}25）

伯罗奔尼撒战争后的半个世纪，希腊变得越来越容易受到外部控制的影响。由于饱受长年的内部冲突和人力财力丧失的折磨，没有城邦能够坚定地独立自主。波斯黄金时常成为成败的关键。公元前5世纪早期那些伟大的波斯国王依靠武力没有做到的事，在公元前4世纪由他们平庸的继承者实现了，即使得希腊人依附于波斯并通过对金钱供应的严密控制来操纵他们。

不出预料的结果是，马其顿的腓力和他的儿子亚历山大最终征服了一盘散沙的希腊并成为了希腊的霸主。起初希腊人仅仅将这看作是一时不幸，但是当继承者取代腓力和亚历山大统治时，征服者们很快展示了其永久性。无力做其他事情，希腊人只能徒然地站在一边，眼睁睁地看着马其顿人控制他们的世界。

在那个变化过程完成之前发生了很多事情。腓力于公元前336年被刺杀（参看第244—247页），他的人生提前落幕，亚历山大取而代之，成为马其顿国王和希腊领导者。他以此身份发动了一场针对波斯帝国的大规模远征，那场征战本来是他父亲计划的，但是现在亚历山大毅然承担且执行得超出了腓力的想象。

公元前334年，亚历山大带着由40000步兵和5000骑兵组成的军队，离开马其顿的首都佩拉，穿越赫勒斯滂海峡到达小亚（参看图8.6）。经过历史上无人可敌的十年征战之后，他摧毁了旧的波斯帝国，建立了一个从利比亚延伸至印度的新帝国。亚历山大依次在格拉尼库斯河（Granicus River，公元前334年）、伊苏斯（Issus，公元前333年）、高伽迈拉（Gaugamela，公元前331年）打败波斯军队，甚至在后两场战争结局明了之前，波斯大王大流士便被迫逃跑。其间，亚历山大从波斯手中解放了埃及（公元前332年），成为埃及法老并建造了亚历山大城，该城在他死后成为了全世界最大的城市。

到公元前330年，巴比伦和苏萨（Susa）已归属亚历山大，他占领并焚毁了波斯波利斯（Persepolis）——波斯的王城。公元前326年（印度历史上首个明确纪年）他越过印度河，在这之前，大流士已被自己手下的贵族杀害；而亚历山大已经越过兴都库什山（Hindu Kush）进入了原始的大夏（Bactria

图8.1 亚历山大大帝像。亚历山大继承了其父腓力的马其顿王位，建立了一个从利比亚延伸至印度的帝国。他死于公元前323年，时年32岁，其后希腊化时代开始。现藏于巴黎卢浮宫。

和粟特（Sogdiana）地区，他成功克服了种种可以想象的军事不测和敌对人群。他也不得不应付疾病、伤痛，更为糟糕的是还要面对那些危及性命、甚至会有高级将领参与的阴谋。他试图使自己的统治适应纷繁复杂的居民与地区，而这在抱有种族主义观念的马其顿军队中激起了不满情绪。经历了这一切，亚历山大活了下来并稳步推进至印度，直到他的马其顿士兵认为他们走得太远而拒绝前进。在沿着印度河费力前进，从巴基斯坦和伊朗的沙漠中存活下来，以及克服了其他困难后，公元前324年初亚历山大在波斯湾正北的苏萨成功结束远征。

亚历山大的最后一年是忙乱的。环航阿拉伯半岛的计划从未付诸实践。各阶层间的抱怨、可信任的官员的问题、个人灾难、帝国边远地区的反叛、希腊的问题以及另一个困难，即将最终组成新帝国结构的各种各样的成分——种族、人种、宗教、政治和其他方面——联系起来，所有这些都产生了不良影响。公元前323年6月10日，亚历山大大帝32岁突发疾病（因狂饮而突然发作）而亡，当时他居住在巴比伦的尼布甲尼撒（Nebuchadrezzar）的皇宫内。

腓力之死——刺杀者保桑尼阿斯

如果亚历山大没有成为伟大的人物，我们可能会听说更多关于他父亲腓力的事情。起先是腓力负有盛名，而亚历山大最初肯定怀疑过，他到底能否摆脱父亲的阴影。公元前4世纪的历史学家塞奥彭普斯（Theopompus）在其《腓力传》（*Philippica*，现已佚失）中称，腓力在欧洲前无古人并被马其顿人褒奖为最伟大的国王。在他46岁即公元前336年被刺杀前，腓力确实已把马其顿从各种各样混合的部落和种族转化为统一的王国和民族，使其性质从乡村转为城市，并建立了一支在他的时代最为新式、有效、杰出的军队。他23年的统治所遗留下来的，是欧洲的首个"民族国家"、在佩拉的首个民族都城以及首支民族军队。

下文是公元前1世纪的编年史家、西西里的狄奥多鲁斯（Diodorus）关于腓力被刺杀的记录。虽然可能会置疑一些细节，现代学者一般愿意相信其主要叙述。刺杀者名叫保桑尼阿斯，是腓力的私人侍卫之一。刺杀发生在阿埃伽埃（现代费尔吉纳[Vergina]）的一个剧场内；阿埃伽埃是古代马其顿的都城以及王族的崇拜中心，也是马其顿诸王的墓地所在。当时是在庆祝腓力女儿的婚礼，该女儿是由埃皮鲁斯的奥林匹娅斯所生，而新郎是奥林匹娅斯的兄弟、埃皮鲁斯的国王（一场叔刘与侄女的姻缘）。这场婚礼旨在巩固马其顿和埃皮鲁斯王族间的联

图8.2 四德拉克马上貌似宙斯的腓力肖像

系，并且重申奥林匹娅斯的地位（同时重申亚历山大的继承权），因为腓力当时刚刚再婚——这已经是第七次了。多起婚姻并非罕见，这能使王族与实力强大的同盟建立政治联系，并且有助于保证有一个健在的王位继承人。但它们也会造成当事方的情感紧张状态。

狄奥多鲁斯描述了刺杀当日的情况：

> 最后，饮酒已经结束并开始为次日的活动做准备。虽然天还未亮，大批观众急忙进入剧场，拂晓之时游行队伍已准备就绪。伴随着种种铺张的表演，腓力出现在十二主神雕像的游行队伍之中，那些雕像巧夺天工、装饰丰富令人眼花缭乱，并使观者感到敬畏。它们旁边还有恰如神像的第十三座雕像，那正是腓力本人的，由此国王展示了他自己跻身于十二主神之列。
>
> 剧场内座无虚席，腓力穿着一件白色斗篷出现，由于他明确的命令，侍卫离他有一段距离并且只是在远处

跟着，因为他希望公开表明：他是被所有希腊人的亲善所庇护的，因而无需持矛士兵的保卫。这是他所获得成就的顶点，但是当所有赞誉和恭贺回响在耳边时，一场刺杀国王的阴谋突然毫无预警地暴露了。为了使故事清晰明确，我们应该阐明此事的原因。

有一个出身于俄瑞斯提斯（Orestis）地区的马其顿人，名叫保桑尼阿斯。他是国王的侍卫并因形貌昳丽而受到国王喜爱。当他发现国王开始倾心于另一个保桑尼阿斯（一个和他同名的人）时，他对那人恶言谩骂，指责他雌雄同体人尽可夫。那个保桑尼阿斯不能忍受这种侮辱，尽管

他在当时保持了沉默，但是，在告知阿塔路斯（Attalus）——他的好友之———自己打算做什么之后，他以一种极为惊人的方式自愿赴死。因为几天之后，腓力正在打仗……保桑尼阿斯站到他前面，用身体挡下了所有对准国王的攻击，并因此而死。

此事引起广泛的讨论，而阿塔路斯本身是宫廷阶层的一员并对国王颇有影响。他邀请第一个保桑尼阿斯参加宴会，不断地给他喝没有兑水的酒直到把他灌醉，然后把不省人事的他交给了一个骡夫，那骡夫虐待了醉酒放荡的他。不久，保桑尼阿斯从醉酒状态中清醒，极其愤恨那对他人身的

图8.3 阿埃伽埃（现代费尔吉纳）的剧场，公元前336年6月腓力在此被保桑尼阿斯刺杀（部分发掘）。

凌辱，并在国王面前指控阿塔路斯的罪行。腓力也因这残暴行径而生气，但是在那时他不想惩罚阿塔路斯，因为他们的关系，也因为迫切需要他的效劳。阿塔路斯是克莱奥帕特拉（Cleopatra）——国王刚刚迎娶的新妻子——的叔叔，而且他已经被选为要送往亚洲的高级军队的将军，因为他在战场上表现英勇。有鉴于此，国王试图平息保桑尼阿斯对自身遭遇的义愤，赐给他大量礼物并在侍卫中提升了他的荣誉。

然而，保桑尼阿斯却不能平息自己的愤怒，他渴望为自己复仇，不仅要报复那个伤害他的人，还要报复那个没有替他报仇的人。特别是他的这种打算又得到了诡辩家赫尔莫克拉泰斯（Hermocrates）的鼓励。保桑尼阿斯是赫尔莫克拉泰斯的学生，当他在教学课堂上询问如何能够扬名立万时，诡辩家的回答是去杀死那个取得最大成就的人，因为只要他不被忘记，杀死他的人亦会被记得。保桑尼阿斯把这种言论和他的私人怨恨联系起来，并因不满而对自己的计划毫不迟疑，他决定借着节庆掩饰行动，方法如下：他在城门布置了马匹，来到剧场的入口并在斗篷下藏着一把凯尔特（剑）。当时腓力示意伴随他的朋友先行进入剧场，而侍卫都隔有一段距离，保桑尼阿斯看到国王独自待着，便冲向他，刺向他的肋骨而使其倒地而死；然后他跑向城门和已经为逃跑准备好

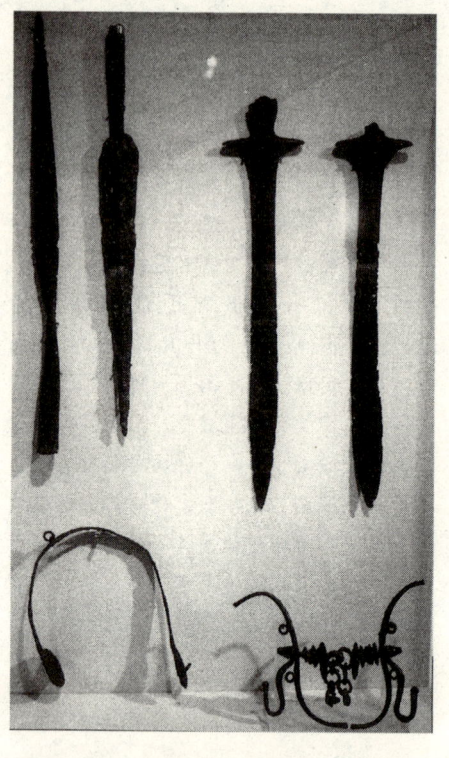

图8.4 在发掘腓力国王的墓地时，发现这些武器、马衔和马笼头的位置及周边环境都暗示着，它们直接参与了刺杀腓力的事件。现藏于色萨罗尼克（Thessalonike）博物馆。

的马匹。一组侍卫立即冲向国王的尸体，其他人则汹涌而出去追赶刺杀者；这之中有雷奥纳图斯（Leonnatus）、贝尔迪卡斯（Perdiccas）和阿塔路斯。保桑尼阿斯开始进行得很顺利，而他本可以在被抓到之前骑上马的，如果不是因为靴子被葡萄藤缠住而绊倒在地的话。当他狼狈地赶快爬起来之时，贝尔迪卡斯和其他人追了上来并用标枪杀死了他。

这便是腓力的死亡，在他的时代他是欧洲最伟大的国王，并由于王国的范围而跻身为十二主神的王权同行者。他统治了（将近）24年。

（16.92.5-95.1）

身处腓力宫廷的亚里士多德（《政治学》，1311ᵇ）能够知晓此事，他证实了保桑尼阿斯的刺杀是因为腓力纵容阿塔路斯及其朋友对他的侮辱；而且，这确实是唯一的原因。保桑尼阿斯感情用事并抓住瞬间的机会，一时冲动杀死了腓力，接着跑向有马匹的地方（也包括他自己的马？），不幸绊倒后被追赶的侍卫杀死。那些侍卫，因为之前的失职，现在更想在刺杀者逃跑前处决他，而不是活捉以使他招供可能存在的阴谋！真实的情形可能不比这复杂多少，但是事后出现了大量古代和现代的阴谋猜想，他们怀疑亚历山大、奥林匹娅斯（亦或两者皆有）、亚历山大的朋友、阿塔路斯、其他的王位继承人、波斯代理人或希腊"自由斗士"等等。就像其他任何刺杀如此重要的人的事件一样，真相可能永远不得而知，但是大多数被怀疑的人都被起诉了，如果被判有罪，便遭处决。最后，所有被认为与此事有关的人（当然不包括亚历山大的母亲奥林匹娅斯）都过早地死去了。

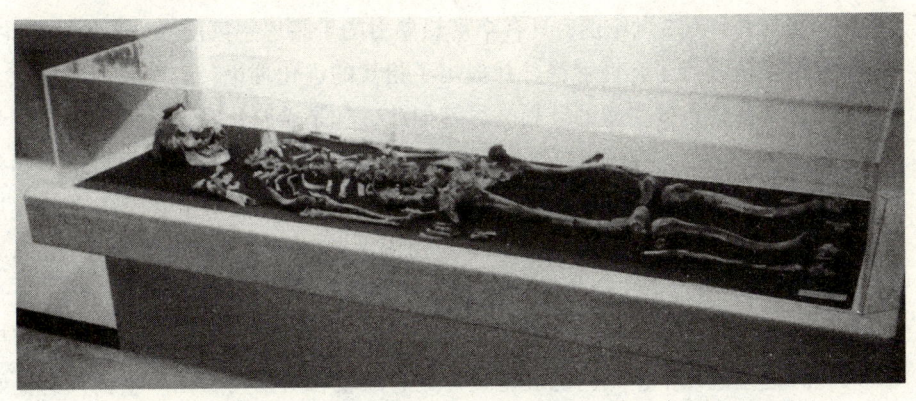

图8.5 马其顿的腓力、亚历山大父亲的复原后的火葬遗体。现藏于色萨罗尼克博物馆。

公元前323年，亚历山大的死开启了希腊化时代，在历史上，即使存在也少有任何时代能够如此成功地混乱与创造并存。在继承者，即亚历山大的将军们的战火中锤炼，在经济社会的剧变中坚强，希腊化世界取得了引人注目的科学技术成就，直到其被罗马人的突然进攻所征服——这是一个令人不安的暗示，即长期持续不断的战争既可刺激发展亦会带来损害。

图 8.6 亚历山大的军队在此越过赫勒斯滂海峡从欧洲进入亚洲,从右边塞斯图斯(Sestos)的旧址前进到左边的阿比多斯(Abydos,现代肯纳卡莱[Canakkale])。此前的一个半世纪,薛西斯的军队在同地反向越过海峡——通过一座浮桥——开始了第二次希波战争(见本书第5章)。

早在公元前3世纪前,具有丰富想象力的希腊思想家便提出了原子理论,对宇宙运转进行了合理解释,并提出了粗浅的进化理论,以及其他同样惊人的、包含各种各样主题的计划。尽管如此,却是希腊化时代见证了希腊科学与技术的成熟。希腊化时代的思想家推断出以太阳为中心的太阳系,测量了地球的周长(与现代估算误差在160公里之内),推动了医学研究的发展(参看第251—253页)。而发明家如亚历山大城的克特西比乌斯(Ctesibius of Alexandria)制造了气动装置,可自动开关门、移动雕像;他们还完成了大量其他的工程和机械壮举,它们在那个时代得以实现,这对我们来说是不可思议的。这短短几个世纪内的理论、计划、成就将对罗马帝国产生长久的良好影响,并为其所有形式的创造活动提供动力、灵感和指导。亚历山大城的希罗的蒸汽机(公元1世纪)以及其他可能实现的引人注目的成就都是植根于同样的希腊化传统。而尚是无稽之谈的那些,在这时至少已经被考虑了——证据便是杜撰的归功于亚历山大大帝的海下冒险。

科幻小说的开端

如果有可能的话,做出上述发现的那些古代科学家、技师和匠师无疑也

图8.7 希腊化时代新的创造力同样反映在艺术的现实主义和感情主义上,像这件作品,其描绘的是特洛伊的祭司拉奥孔和他的儿子们正被一条巨大的毒蛇所缠绕的情景。现藏于罗马梵蒂冈博物馆。

会想出办法,去勘察始终最为吸引人类的那三个领域:大海、天空,当然还有宇宙的深处。不幸的是,他们既没有知识也没有器具来接近这三个领域。当然,只有到20世纪,科学和技术才使得这样的冒险不足为奇,尽管我们也只是开始勘察海洋的深处和宇宙而已。对于古人来说,征服这些领域的可能性是如此的微乎其微,以至于关于这类冒险的猜想更多存在于文学作品而非科学专著中。不足为奇的是,大多数这种文学猜想的大多数都带有一定的异想天开成分,无需认真对待。

尽管如此,人类的想象确实会激励后代,过去提出的任何幻想,很少在后世没有成为现实,或至少有可能成为现实。例如,在过去的大约一百年间,杰出的科幻小说作家儒勒·凡尔纳(Jules Verne)和威尔斯(H. G. Wells),用科学奇迹吸引了他们的读者。在当时,他们的设想超出了同时代的科学家

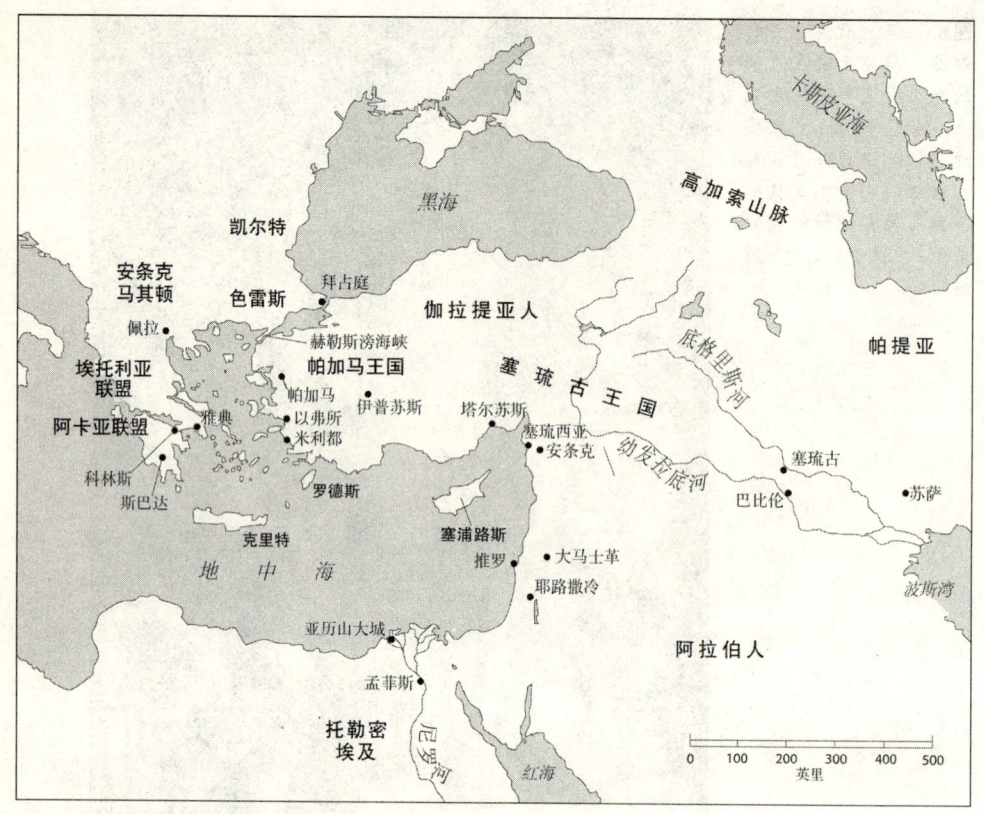

地图19　希腊化世界

和技术专家的能力,但是他们的科幻小说已经成为我们的科学事实。可能有人会认为他们的想法都是相当近代的,其实其中大多数都有着可以追溯几个世纪的历史。例如,那些认为是凡尔纳首次全面描述了月球旅行的人,无疑将惊奇地知晓一个更早期的发生于公元2世纪的罗马帝国的旅行——由希腊讽刺作家琉善编造的滑稽可笑地拜访月球表面:

> (我们)在黎明借着一阵温和的风航行。大约中午时……台风突然袭击了我们。它使船快速旋转并升向高空50公里处。但在其使我们落回水面前,我们还悬浮于空中,一阵风鼓起船帆并送我们前行。我们在空中航行了七天七夜。第八天我们看见了一大块陆地,像是一个浮在空中的岛。它是圆形的,被巨大的灯光照亮并闪闪发光。我们在那里进港抛锚、登陆上岸,紧接着勘察了乡村,发现有人居住和耕作。在白天看不到其他

医生以及心理学家埃拉西斯特拉图斯

公元前5世纪，希波克拉底（Hippocrates）和他在科斯（Cos）的学派，凭借寻找引发疾病的人体而非神圣的原因，彻底变革了医学。虽然此方法是一个重要的飞跃，但是首批理性的医生要想彻底理解人体运作方式仍然任重而道远。不幸的是，许多由他们提出的、关于健康的权威却错误的意见，变得如此根深蒂固以至于持续了几个世纪——尽管存在着反驳它们的经验性证据。他们的学说之一便是关于四种体液（four humors）的：血液、粘液、黑胆汁、黄胆汁。该理论提出，只要这些体液保持均衡，一个人便会"情绪良好"（in good humor，现今这个说法仍在频繁使用，但是很少有人知道其原始含义），或者身体健康。

为病人放血被认为是调节均衡的一种方式，而这种行为直到近代仍是医学疗法中必不可少的一部分！

在人类历史上，错误的观念长期存在并被顽固维护的例子数不胜数，推开合理的解释而支持荒谬的选择亦不难发现。例如，如果公元前3世纪希腊化时代的医生埃拉西斯特拉图斯（Erasistratus）的某些著作和观念被广泛认可的话，我们的医学知识本应该有可观的增长。埃拉西斯特拉图斯摒弃了体液学说（遗憾的是，盖伦［Galen］在公元2世纪重申此学说，他的声望有助于其流传至现代）。埃拉西斯特拉图斯和同时代的较为年长的赫罗菲鲁斯（Herophilus）一起，在埃及亚历山大城进行了创新性的医学研究。

图 8.8 古代希腊医生所使用的钳子、锯、刀片、钻以及其他的工具和设备。出自伊庇达洛斯（Epidaurus）的阿斯克勒庇俄斯（治愈之神）圣所。现藏于伊庇达洛斯博物馆。

埃拉西斯特拉图斯主要对生理学感兴趣，赫罗菲鲁斯则更多关注解剖学。二人均可以被恰如其分地称为各自领域的"奠基者"。

赫罗菲鲁斯的研究得出的是关于大脑、心脏、神经以及其他器官性质和功能的十分先进的结论——尽管，与其年轻的同事不同，他依然信奉体液理论。埃拉西斯特拉图斯随后详细说明了赫罗菲鲁斯的见解。在17世纪哈维（Harvey）的探究以前，他们的工作无人超越。二人的很多结论是通过对获刑罪犯的活体解剖得出的，这种实践使一些人感到惊惧，并在后来受到了基督教神父的谴责。

尽管埃拉西斯特拉图斯足够明智地摒弃了四体液理论，但他仍然对人体的很多方面一知半解。例如，他相信血液是由血管输送的，却又错误地断言动脉中充满空气。尽管如此，在希腊化时代，一定有很多病人受益于他的工作、受益于他对疗法的正确应用，诸如用鸦片制剂镇痛，以运动、日常饮食、按摩、洗浴治疗其他疾病等。

埃拉西斯特拉图斯原为科奥斯（Ceos）人，去亚历山大城前，他曾客居塞琉古——亚洲塞琉古王国（Seleucid Kingdom）的建立者——的宫廷。他是那里皇族的医生和朋友。普鲁塔克记载他参与了一件欧里庇得斯式的、相当戏剧性的事件，如果是真的，那么这证明医生除了内科外，在心理学领域同样才华横溢。事件关系到塞琉古的年轻妻子斯特拉托尼科（Stratonice）以及国王的儿子安条克（Antiochus），他不能自拔地爱上了她：

> 好像是安条克爱上了斯特拉托尼科，虽然已经为塞琉古育有一子，她还是个年轻女子。安条克感到痛苦，并一度努力隐瞒他的感情。但是最后他断定，自己的病是无药可救的，那欲望是可耻的，他的理智又过于软弱无力抑制：因此他决定逃避生活并通过怠慢自己的身体、拒绝进食而逐渐自我毁灭，借口则是自己受到了某种疾病的折磨。医生埃拉西斯特拉图斯毫不费力地诊断出他的症状，即相思成疾，但是却不太容易发现他爱上的是谁。他依习惯日复一日地待在病人房间里，当任何一个特别漂亮的少女或年轻男子进来时，他都会仔细研究病人的脸，并且观察那些天性形成以反映和共享灵魂悸动的人体部位和活动。毫无疑问，其他任何人进来时，安条克都无动于衷，而每当斯特拉托尼克来看望他时——她经常前来，或自己或与塞琉古一起，萨福描述的所有症状立即显露出来了：他的声音颤抖，面色红润，眼神变得慵懒，皮肤突然大汗淋漓，心脏开始剧烈而杂乱地跳动，最后仿佛是灵魂被激情所压倒，他将会陷入无望、虚脱、苍白的状态。

除此之外，埃拉西斯特拉图斯仔细考虑到，如果国王的儿子爱上的是其他任何女人，他都不太可能会坚持到至死也一言不发的地步。他知道把这种秘密透露给塞琉古是个难题，但是由于相信国王对儿子的感情，在某一天他还是冒险告诉国王：使安条克遭受痛苦的疾病是爱情，无法满足亦不能消除的爱情。

"怎么会无法消除？"国王吃惊地问到。

"因为"，埃拉西斯特拉图斯回答，"他爱上了我的妻子。"

"那么，埃拉西斯特拉图斯"，国王说道，"因为你是我儿子的朋友，难道你不能放弃你的妻子并让她嫁给他么，尤其是当你知道他是我唯一的儿子，是我们混乱王朝的唯一支柱，而这是救助他的唯一办法时？"

"你是他父亲"，医生答道，"如果安条克爱上的是斯特拉托尼科，你会这样做吗？"

"我的朋友"，塞琉古回答，"我只希望有人，不管是神还是人，能够将他的爱意转向她。只要能够救安条克，我宁愿放弃我的王国。"

塞琉古非常动情地说了这些并在讲话时流下泪来，因此医生抓住他的手说："那么你不需要埃拉西斯特拉图斯了：陛下，你是一个父亲、一个丈夫、一位国王，你也是自己家庭最好的医生。"之后，塞琉古传唤人民召

图8.9 半身像。经鉴定为塞琉古，希腊化塞琉古王国的建立者。现藏于巴黎卢浮宫。

开全体会议，并宣布依照他自己的意愿和希望，安条克应当迎娶斯特拉托尼科，而且他们应当被宣布为整个北部亚洲的国王和王后。他说，他的儿子始终惯于服从父亲，相信他不会反对自己的愿望；而如果他的妻子不愿接受这不寻常的安排，他恳请朋友们去劝服她接受，就像是接受任何对国王正当而对王国有利的正义与光荣的事那样。这就是我们知道的，安条克是怎样迎娶斯特拉托尼科的。

（《名人传·德摩特里乌斯》，38）

陆地，但当夜色降临，我们看到很多其他的发光岛屿，有大有小。下面是另一块陆地，聚集着城市、河流、海洋、森林、山脉；我们猜测那便是我们自己的地球……而我们现在所在的陆地，对地球上的人来说是月球。

（《一个真实的故事》，1.9–11）

琉善的冒险没有止步于月球，他还游览了其他天体，甚至还卷入了一场月球人与太阳人的战斗。他已预先提醒读者，他们将会发现他的"真实故事"是自己曾经听过的最不寻常的奇谈。显然他并未令人失望。然而，有趣的不仅仅是他敢于设想一个前往其他天体的旅行，还在于他选择的运送自己去月球的方式，这是有启发性的：他没有尝试发明一些奇异的机器，而是满足于在自己的知识范围内行事。正在航行的船只被台风缠住，然后一阵风鼓起船帆将其送至月球。当然这是不可能的，但这种推论仍然有一定的合理性。由于琉善选择了一种熟悉的运输方式并把发生的事情归因于环境——而非船只，他不过是借自然原因延伸了其时代的技术所容许的限度而已。所以他是把这种旅行的奇想保持在可能的范围之内的。

尽管该故事发展得夸张荒谬，从中却可以清楚看出琉善对"空间旅行"的可能性的迷恋。如果不是有一些兴趣，他是不会选择利用那个主题的；而且，在这方面他是对科学、技术和幻想的希腊化迷恋的一种继续。这在以下事实中进一步表现出来：他不仅把读者带往月球，还使他们相信阿基米德（Archimedes）——希腊化时代最伟大的技术专家以及大量非凡机器的发明者——曾经发明了一种射线，可以摧毁任何它碰触到的事物。尽管理论上是可能的，但确实没有任何证据表明这种武器在古代存在或是被使用过。在这种情况下，琉善同样利用他的想象力把希腊化时代的创造力转化成了科幻小说。

亚历山大的潜水装置

由于有着像琉善这样散布关于外太空的故事和希腊化时代技术幻想的作家，我们并不意外地发现同样的传统以《亚历山大罗曼史》的形式持续至公元3世纪。《罗曼史》，广为所知是托卡里斯塞奈斯（Callisthenes）之名而作，是完全不合史实并夸大其词的作品。它出现于希腊化时代并被错误地归于卡里斯塞奈斯名下。卡里斯塞奈斯是亚里士多德的亲戚，于公元前327年去世，此前他其实是亚历山大大帝远征的官方史学家。实际上该书收集了关于那个

天文学家阿里斯塔尔库斯

可能是只要有人类的地方，天空就比自然环境的其他任何方面更为吸引人的兴趣（还有误解）并提供更多的魅力。我们最早的记录表明了古人对行星和恒星的着迷，且大部分源自宗教原因。那种兴趣至今依然没有减退，尽管我们的主要动机，除好奇心之外是研究天空，这并不总是与古代相似。然而，早期天文学家对他们的专业异常老练，他们的一些成就非常引人注目。

在希腊化时代，一个来自萨摩斯名叫阿里斯塔尔库斯（公元前3世纪）的天文学家假设了一些基本观念，而现代对太阳系的认识正是以此为依据的。阿里斯塔尔库斯的研究使他摒弃了许多关于宇宙的传统错误学说。对天空的合理观察使他得出了惊人的结论：是他首次提出了日心说。他还认为地球每日公转，认识到太阳（还有其他星星）是难以置信的遥远并且体型巨大——比地球大约300倍。他的专著《论日月的大小和距离》流存至今。

但是，阿里斯塔尔库斯的观点远远超越了他的时代，他关于宇宙大小的观点是同时代的科学家难以接受的。就像是许多希腊化时代的其他发现一样，他的成就对当时世界仅仅产生了微小的影响，因为他们更愿意关注那些无需大费周章、长期存在的解释。距哥白尼（Copernicus）"发现"阿里斯塔尔库斯已经知道的事实尚有1800年。而阿里斯塔尔库斯日心说的主要资料来源是阿基米德，后者满心怀疑地评论了该学说：

你知道宇宙是大多数天文学家给这样一个球体的名称：它以地球的中心为中心，而它的半径等同于太阳中心到地球中心的距离。这是你从天文学家那里听到的通俗解释。但是，萨摩斯的阿里斯塔尔库斯推出的一本书中有一些假设，那些假设导致的结果是：似乎（真正的）宇宙比刚刚提到的那个要大很多倍。他假定恒星和太阳保持不动，而地球围绕太阳做圆周运动，太阳在轨道中心，恒星球体同样以太阳为中心，它们是如此庞大，以至于他设想地球公转所在的圆周对恒星距离所产生的比如同该球体球心对其表面所产生的比。现在不难看出，这是不可能的；因为，既然球体的中心没有大小，我们便不能设想它对该球体球面产生什么比值。不过，我们必须这样理解阿里斯塔尔库斯的意思：我们假定地球是宇宙的中心（事实确实如此），地球对我们所描述的"宇宙"之比率，等同于包含他假定地球绕行所在的圆周的球体对恒星球体之比率。这是由于他改写了他对这种假设结果的证据，尤其是他又表示出假定运动的地球所在的球体大小等同于我们所称的"宇宙"。

（《沙粒的计算》，引言）

伟大征服者来源不明的传奇且非凡的故事。这些故事在亚历山大去世前便开始形成，可想而知随着时间的消逝会不断增加并变得益发夸张。它们似乎在公元3世纪以连续的叙述——被认为是一个作家的著作——达成正统形式。

古往今来，很少有作品的流行度堪与《罗曼史》相匹敌，而除了《圣经》外，没有其他书被翻译成更多语言。最初的版本已不复存在，所以我们不能确切得知它的内容，但是传说在那些故事中包括亚历山大在一个引人注目的飞行器里的经历和首次海下冒险的详细描述。这两个想法必定会吸引希腊化时代的才智。

我们会发现亚历山大被描绘为天空和海洋的征服者，这不足为奇：对纯粹的凡人来说不可能达成的功绩，被留给了那些"伟于常人"——被提拔到超越常人甚或半神半人地位——的人。从欧洲到亚洲中心，存在着过多的关于亚历山大的小说、伪造史实、浪漫史以及民间故事，这些使他显得无所不能。因此，他可以借助一个以狮身鹰首的怪兽（griffin：神话中的生物，有着鹰的头和翅膀以及狮子的身躯）为动力的飞行器穿越天空，亦可以借助一个玻璃的潜水装置看见大海深处的奇观。

这两项冒险中，天空航行更加为人所知——可能是因为与潜入海下相比，飞上高空看起来更像是一个壮举——但是从希腊化时代的科学、技术方面来看，毫无疑问海底冒险更值得注意。亚历山大的飞行器完全是荒谬的，然而他的潜水装置，尽管不切实际，却设计和构想得尽可能接近当时的技术水平。和琉善的月球旅行一样，该故事有一定的合理性，尽管看起来它同样发生在一个完全荒谬的背景下。不幸的是，故事经历过变更、篡改以及无情的侵蚀。容器的设计，容纳的东西，涉及的人、国家、事物、环境和动机以及海面下的世界，这些和很多其他细节在现存的为数众多的版本中各不相同。然而，我们所拥有的最早最简单的关于海下冒险的译文——尽管时间较晚（公元6世纪）——可能接近于原版。它简洁地概述如下：

亚历山大和他的军队正在沿着大洋海岸进军，他们发现了一只巨蟹并艰难地杀死了它。在其体内发现了六颗华丽的珍珠，这使国王想到去勘探水下世界以得到更多。他有一个建造好的巨型玻璃容器，外面套有一个起保护作用的铁笼，底部有一个小门，可以通过它伸出手捡拾沙中的珍珠。在他把这个奇妙的装置连接在一条长链的尾部、安排人员在拉动链条时拖他上来后，亚历山大借此降入海中。前两次，当他下降至大约链条的一半长度时,一条鱼擦过那链子使亚历山大的手下把他拉了上来。尽管如此,他坚持不懈并在第三次尝试时降至了链条的全部长度、308肘尺。这时出现了一条巨大的鱼,咬住容器并带着它游动,在其身后拖着4艘船、350个人——他们是负责降下那玻璃容器的。它游出接近2公里,最终将亚历山大放在海岸上,而他则被吓得半死,并在为自己的幸运逃脱而不停地祈祷神的眷顾。

(罗斯[Ross],《亚历山大和不忠女士:海下冒险》,5)

我们愿意相信,通常会存在一些推动技术进步的普遍而崇高的意图,如改善人类现状。当然,这并不总是真实的,而在亚历山大的海下冒险事件上,这肯定不是真的,甚至好奇心似乎也未起作用(尽管在该故事的晚期版本中变成一个主要动机)。这篇记述的创始者的动机不过是对收益的展望。亚历山大相信他能够找到更多珍珠,就像是他和军队在他们杀死的蟹体内所发现的那些。因此,在这里,技术仅仅与收益相连——如果这样的潜水是可能的,除了从海水中收集财富外,作者想不出更好的用途。这样的机会当然会使希腊化时代的统治者,还有罗马皇帝感到兴奋。

作者在构想这种革新器械的可能性用途时过于目光短浅、自私自利,在这样指责之前,应该指出,对海下的知识使我们能作出一种合理判断,而这对古人来说是不可能的。在古代,仅仅有极少数的原因会迫使某人潜入海下。这其中即使不是全部也是大多数都与利益有关。例如,为了取得海绵和贝壳,收集珍奇鱼类,从沉船中挽回物品,以及收集珍珠等。如果不是有可观的利益动机,根本不值得去承担伴随着进入一个未知世界而来的风险和恐惧。提议使用载人潜水装置,这只不过是使已经持续了几个世纪的实践更为老练:潜水收集珍珠将会变得更为有效,借传统手段不能到达的深水处可能会易于接近。想出一种方法以收割深海处的宝地,这种欲望在想象的领域借亚历山大的潜水表现出来了。

尽管按《亚历山大罗曼史》中所描述的方式来使用这种水下容器可能仅仅是一个翻版的"如果我有阿拉丁神灯,我就……",它同样可以看作是对于技术的实际应用的态度发生变化的一种反映。诚然,在希腊化时代及之后,军事技术发展得相当成熟,其唯一的目的是消灭敌人——某种类型的收益。但目的是经济收益的非军事技术似乎并未普遍应用。那么,这个版本的故事可能便是态度发生变化的早期迹象,这种变化暗示着一个以技术上更加定向、

图8.10 14世纪《亚历山大罗曼史》的彩绘法文稿,描述的是亚历山大的海下冒险。现藏于牛津博德利图书馆(The Bodleian Library)。

更看重收益为特征的世界即将到来,这在中世纪时期将会得到充分表现。

在设计虚构的亚历山大水下装置方面,作者尝试使用的方式和他计划的用途一样,是相当合理并且在时代背景之内的。很明显他思虑良多。任何成功的潜水装置必须至少包括:一个防水的外壳;看到外面的方法,以便观察、避开障碍并且决定方向;一个空气供应装置;以及下沉和上升的方式。

引人注目的是,亚历山大的潜水装置至少在理论上满足了所有这些必要条件。他的容器是由玻璃制成。玻璃自身便满足了四个必要条件中的三个:防水;透明(也使得在浅水处不需要内部照明);可保有空气。只要有文明的地方,渔网上的玻璃浮子便已经使用,而亚历山大的潜水装置实际上不过是一个大型的玻璃浮子。因此,他能在海中得到保护,能够看到外面,而且有空气(即使是有限的)以供呼吸。

同样需要想出办法迫使玻璃罩子沉入水中，亚历山大潜水装置的"发明者"使用了简单的处理方式，即将其围在一个铁笼之内，铁笼的重量会使其下沉。拉回则采用了同样简单的方式——把笼子和罩子系在一条笨重的链条上，由浮在水面的船上的人操控。链子也用作通讯工具，因为当亚历山大拉扯它时，手下知道他是希望被拉上来。我们不清楚他如何拉扯链子，但可能仅仅是亚历山大站在容器内前后摇晃自身便可办到。整个设计仅仅是一个已被古代潜水者使用的精巧步骤，他们在腰间系有绳子使自己与水面相连。感到窒息时，他们便猛拉绳子，作为拉他们上去的信号。

亚历山大的装置的"设计者"也认识到：一旦看见珍珠，必须有办法来收集它们，所以他在潜水装置的底部开了一个舱口（使用者同样通过此舱口进出），无论何时亚历山大发现宝物，都可以打开它。将舱口置于容器的底部，这可能是偶然，但更可能是某种实验的结果，这在托亚里士多德之名而作的《问题集》(*Problems*) 一书中有所提及。《问题集》包含关于潜水的讨论，其中提到了一个事实，即一个倒置的水桶能够在水中保有空气——亚里士多德一定知道而且有可能谈及此事，因为任何一个拥有水桶的农民都能得出相同的看法。同样地，编造亚历山大潜水冒险的人一定知道，只要他预想的容器内尚有空气，底部的门便可安全打开，而不用担心水会涌进隔舱。

在理论上，亚历山大的潜水装置已尽可能的精密。但在实际情况中，结果并不乐观。制作一个大到足以容纳一个人、同时又防水的玻璃容器，会是相当大的挑战。其余的困难显而易见——显然作者并不清楚，在308肘尺（约140米），即传说中亚历山大下潜的深度，海水对他那易碎装置的压力会有多大。即使是与几个世纪之前最早成功的潜水装置相比，亚历山大的装置似乎也是相当笨拙的设备，但那想法不应该受到嘲弄。130多年前，儒勒·凡尔纳用嵌入地面的巨型大炮发射他笔下的宇航员，以送他们前往月球，对于现代大多数人来说，这念头似乎是荒唐的，但却是以他那个时代最好的技术思想为依据的（尽管现代空间理论家重新燃起了对此观念某些变体的兴趣）。

传说变为历史

亚历山大的海下冒险表明，古代科学、技术、幻想并不像其乍一看起来那样是个奇怪的组合，但和阿基米德的射线一样，亚历山大这虚构的功绩从未发生却被认为确有其事。杜撰成为现实，传说成为真相。例如，在13世纪，罗杰·培根（Roger Bacon）依据早期天文学家埃提库斯·伊斯特尔（Aethicus Ister）的记录，认为亚历山大潜水的传说是绝对的事实。而他的地位促使对故事的认可持续到现在。

难以置信的是，几乎每一本现代书刊，不管是学术的还是通俗的，在谈论潜水装置及其历史时都会以传说中亚历山大的"潜水钟"为开端。有些甚至给出了其使用的年份和地点——最常见的是公元前332年的推罗。例如，一部著作告诉我们，亚历山大可能是历史记载中首位潜水的帝王，他在公元前300年用一个玻璃桶潜入浅水中，目的是观察海中的生物。至少在此叙述中，为亚历山大供应空气不是个难题，因为在公元前300年他已经去世23年了！因不够精确、误解、不合时宜的轻信而造成的困境，导致亚历山大冒险的真实性更加令人费解；而对于任何个人来说，只要他熟悉有关亚历山大相当庞大且容易获得的那部分古代历史资料，其记述的荒谬性都是很明显的。对那些资料的简短回顾，将使亚历山大的冒险永远归属于传奇故事，而那正是它实际上应处的位置。

有五位作家保存了关于亚历山大的主要历史传说：阿里安（Arrian）、普鲁塔克、昆图斯·库尔提乌斯（Quintus Curtius）、狄奥多鲁斯以及查斯丁（Justin）。他们共同提供了关于马其顿帝王业绩相当充分的记录。如果亚历山大真的有过某件惊人之举（如通过任何种类的潜水装置沉入水下），是不可能被忽视的，一定会有些重要陈述。但是没有，没有丝毫相关的叙述。而且，那些传说自身便包含很多轶事、不可信的资料，其中一些接近于或者就是空想的性质。然而，即使这些章节中最不切实际的部分也并未包含任何关于海下冒险的蛛丝马迹。在数目众多却已不复存在的关于亚历山大历史记录的大量残篇中，亦不能发现任何记载。如果说古代作家会费神记录如下故事：亚历山大为了看一个骑在海豚上的男孩而游历小亚海岸的亚苏斯（Iasus），那么他们当然不会忽略首次深海探险。结论显然是：那件事从未发生过——直到其出现在伪卡里斯塞奈斯编造的著作内。

而关于围攻推罗（亚历山大所谓的潜水经常与之联系起来），阿里安、狄奥多鲁斯和昆图斯都有详细描述。推罗是一个适合水下勘探的场所，因为它是个岛城、四面环水，在亚历山大围困的七个月间，许多行动是在近海处发生的。然而，这些资料所提及的仅有的水下行动是由推罗人实施以反抗亚历山大。阿里安（2.21.6）谈及他们派遣潜水夫切断亚历山大船队系锚的缆绳，这促使马其顿人用链条代替绳索（可能启发了伪卡里斯塞奈斯，他使

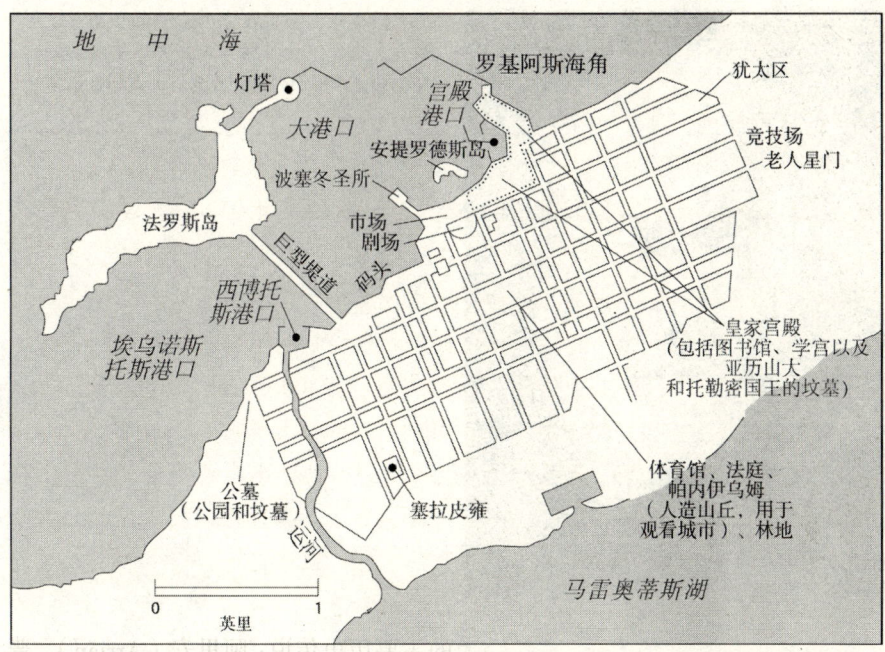

地图20　亚历山大城。亚历山大城是希腊化世界的文化和知识中心，由亚历山大在公元前332年征服埃及后不久建造。它是托勒密王朝的都城，拥有大型图书馆和学宫（被描述为"皇家宫殿的一部分"）；该地法罗斯岛的灯塔为古代世界七大奇迹之一。亚历山大城是当时很多伟大思想家和发明者的乐园。

亚历山大的潜水装置系在链条而非绳索上）。昆图斯（4.3.10）也提到了推罗的潜水夫，但起着不同的作用：他们暗中破坏了亚历山大在城外建造的堤道地基，导致其坍塌。有可能存在其他相似性质的水下活动——甚至有一些可能是亚历山大一方的——但一般我们可将其全部等同于"蛙人"的职责。在推罗并无潜水装置。

尽管亚历山大在推罗的海下经历没有历史依据，我们却可以理解这种想法是如何产生的。亚历山大借助潜水装置潜入海下的传说，自希腊化时代开始酝酿而在古代晚期成熟。它是关于亚历山大数不胜数的故事的一部分，那些基于史实亦或其他的故事，都已经以口头或是书面形式流传了几个世纪。海下冒险的确切环境模糊不清（在伪卡里斯塞奈斯的著作中以一封信的形式插叙，据说是亚历山大写给他母亲奥林匹娅斯的，事关他的漫游），具体的地点也未被提及。然后，开启了混淆历史和非历史的过程。

众所周知，亚里士多德（公元前384—前322年）曾居于亚历山大父亲

图8.11 亚里士多德像。亚里士多德出现在腓力宫廷以及这位伟大学者教导亚历山大的传说，使后世相信他曾为亚历山大制造水下装置。

腓力的宫廷中，而且据很多古代资料记载，亚里士多德的职责之一便是教导亚历山大。亚里士多德在实际上影响亚历山大到什么程度，这是一个有争议的问题，但无人可断言二人在某些方面毫无关联。之前已经指出：尽管一般认为亚里士多德是《问题集》的作者，但他可能并不是。然而，他确实撰写了那部著作，这错误的印象显然流行于古代晚期——无疑更早些也是（那么到现在为止，我们知道亚里士多德和亚历山大在一起，又相信亚里士多德记录了《问题集》中包含的观点）。

一如我们所知，《问题集》中有关潜水的讨论说道，当倒置的水桶被用力推入水中时，它们能够保留空气。因此，利用此方法收集的空气，潜水者可在水中停留较长一段时间。这种观念的合理化扩展便是某种原始的潜水钟。后世普遍认为，亚里士多德是个创造奇迹的人——很少有人会置疑他设计这种潜水装置的能力。人们通过事后的认识推测，亚里士多德曾为他喜爱的门徒亚历山大制造过，目的是用于战争。

一旦这种想法确立，便需要一个恰当的地点来安排，而推罗是合情合理的选择。为什么是推罗？因为如前所述，这里有水上的军事行动；而且最重要的是有水下活动的证据，那将会假定潜水装置的使用是真的。但推罗能成为水下冒险之地，也不仅仅是因为此。例如，狄奥多鲁斯提到了一些在那场

从现实和影片中看希腊人 IV:《亚历山大大帝》——不够"伟大"的表演

亚历山大大帝从马其顿到印度、又回到巴比伦，距离超过17700公里的十年远征被描述为最伟大、史无前例的军事战役，而亚历山大本人则被描述为史上最优秀的阵地战将领，就此而论，好莱坞对其关注并不多。不充分熟悉他事迹的评论家通常会把拿破仑（Napoleon）凌驾其上，而且直到今日，电影也是如此（尽管一部新的大片即将上映）。在过去的半个世纪间，涉及亚历山大惊人传奇的尝试仅有：1955年史诗般的描述——《亚历山大大帝》，它使理查德·伯顿（Richard Burton）成为明星；20世纪60年代的一部电视连续剧，这是一次失败的尝试，由因《星际迷航》（Star Trek）出名的威廉·夏特纳（William Shatner）主演；以及20世纪80年代早期的PBS短剧，几乎已经被遗忘了。

可以理解的是，亚历山大的故事难以复述——太过遥远因而不能自发吸引对马其顿不熟悉的现代电影观众的注意，又包含一个复杂难懂、学者们笔耕不辍地试图正确理解的人物。现今很多人都听说过亚历山大的名字并且知道他做了某些"伟大"的事，但是很容易联想到拿破仑。至少拿破仑距今不远，来自法国而且看上去是一个更为传奇的人物，他成功地击败了大部分观众都曾听说过的国家，直到在莫斯科（Moscow）被俄国的严冬所阻。而事实上，亚历山大无人可挡，不管是天气、地形、气候，还是敌人，他从未失败过。而且，拿破仑统率的是一支法国—欧洲人的军队，与之作战的对手是按欧洲战事所公认的方式组编的；与他不同的是，亚历山大成功地将以马其顿人和希腊人为核心的军队扩展为多国家、多民族的，最终人数达到100000人。那支军队仅仅是被他的人格力量团结在一起，并且在超过十年的时间内、在各种可以想象的环境中与各种各样的敌人交战。公元前323年亚历山大32岁突然死亡时，他已经征服了世界的四分之一。不管别人最终怎么看他，在历史上很少有人有这样的影响。电影版本的《亚历山大大帝》确实设法重温了某些关于亚历山大著名且公认的传说，但是大体上，它在使观众铭记他的故事的全景方面并不成功，而且也充满了历史错误。

尽管《亚历山大大帝》缺失颇多，但很多遗漏并不是其自身的过错。自1955年影片制作以来，关于亚历山大的研究已有显著发展：对马其顿都城佩拉进行了大型挖掘，最重要的是1977年在阿埃伽埃（现代费尔吉纳）发现的马其顿王族陵墓群，其中包括亚历山大父亲腓力的坟墓。这些坟墓尤其显著地推进了我们对亚历山大时期马其顿王族生活和死后情形的了解，甚至腓力火葬的遗体都已得到复原（见图8.5）。手工艺品则包括引人注目的王族随身用品、武器和盔甲,以及可能是在宫廷中使用的银制和青铜酒器。在《亚历山大大帝》中,少数几个比较值得关注的情况之一便是古典陶器的再现。然而,从王陵内的器物来判断,电影里宫廷宴饮场景中使用的,更应该是精细的银器或青铜器。同样,在王陵墙壁上发现的绘画式样本应很好地替代影片中所呈现的新式混凝土壁画和其他墙面装饰。而同一陵墓及佩拉的挖掘物可能也会帮助电影制作者明白:简单地复制早期希腊社会的细节以重建影片中的马其顿环境终将不得要领。例如,雕刻的样品从希腊古风式到古典式不等,而米隆(Myron)著名的掷铁饼者("Discobolus")不知怎么意外出现在腓力的宫廷,还有同样看起来很奇怪的"纳克索斯的狮子(Lions of Naxos)"的复制品。在建筑上,电影以早期希腊庙宇为样本,简单地将里面翻到外面以使内部为马其顿建筑。一个西班牙村庄不合时宜地取代了佩拉(尽管其郊外可以当作阿埃伽埃周围的情况)。波斯人的遭遇更为糟糕,他们的周边环境充斥着早期亚述人装饰住所的艺术和宗教元素。

即使没有新的发现,《亚历山大大帝》的历史问题亦足以让见多识广的观众望而却步。而那其中很多是亚历山大为后人纪念的关键。影片中没有表现洗劫底比斯,腓力死后,此事加强了亚历山大对任何仍在质疑他统治的希腊人的王权和力量。根本没有描述发生于公元前333年的重要的伊苏斯之战,它仅仅出现在一张背景"地图"上,它经常在一

图8.12 在腓力和亚历山大的都城佩拉已挖掘出的部分遗址。

个叙述者以新闻广播的方式告诉我们亚历山大所做的事情时覆盖屏幕。在真正的伊苏斯之战中,波斯国王大流士三世逃跑了,把他的家人弃之不顾,使他们落入了亚历山大手中。在《亚历山大大帝》中,直到两年之后,即亚历山大与大流士在"巴比伦平原"(事实上,是公元前331年在高伽迈拉)的决战后,大流士的母亲、妻子和孩子才落入敌手。粟特公主罗克萨内(Roxane)也出现在其家人中,并被错误地描述为大流士的女儿。事实上亚历山大在几年后才会遇到她并与之结婚。亚历山大最亲密的朋友赫法埃斯提昂(Hephaestion),本应在影片中有突出地位,却几乎没有提及。埃及仅仅是顺便提及,那是亚历山大首次被称为"神"(这是影片准确遵循的主题)的地方,也是将来的亚历山大城所在地。同样,讲述者没太注意印度,亚历山大与印度王子波鲁斯(Porus)在希达斯佩斯河(Hydaspes River)的重要战役(公元前326年),以及随后的印度河战役——亚历山大在此受到了几乎致命的创伤——这些都被完全忽略了。罗德斯的门农,一个帮助波斯反抗亚历山大的希腊人,莫名其妙地成了雅典人,并在其被杀于格拉尼库斯河(公元前334年)之前,不时以希腊自由捍卫者的身份露面。真正的门农从未如此大公无私,而且他在另一年越过格拉尼库斯河,对亚历山大的进程造成了最大威胁。门农的妻子巴尔西内(Barsine),由克莱尔·布鲁姆(Claire Bloom)饰演,不知何故在影片中被提升为主角。她与丈夫居于雅典,在那里首次见到亚历山大并为之"倾倒"。门农死后,真正的亚历山大与巴尔西内生有一子,而在影片中,很明显以20世纪50年代那种避而不谈云雨的方式暗示,当她在米利都(错误地)被俘时这段罗曼史得以"功德圆满"。那孩子从未出现,巴尔西内却在影片剩余的部分中,以某种意义上的"道德心"的身份陪伴着亚历山大。是她召集妇女焚毁了大流士的宫廷,并在亚历山大在苏萨迎娶托罗萨内,以及此后不久去世时陪伴在他身边。所有这些都是虚构的,这些重大错误使得该影片在表现真实的亚历山大的生活方面几乎一文不值。

理查德·伯顿可能是一个适合饰演亚历山大的演员。在他所处的时代,他的身高属于中等,这点恰如亚历山大;而且他接近亚历山大逝世时的年龄,喜爱饮酒(尽管亚历山大嗜酒如命,该影片在片尾之前都很少展现出来),并且乐意扮演复杂难懂、喜怒无常的角色。亚历山大真正的性格类型从未达成共识,但那个真实人物的内心有很多面,而大多数演员无法在屏幕上复制。伯顿本应散发出亚历山大的自信,却看起来总是烦恼、不安或是急躁(可能在一定程度上是因为他戴着那顶可笑的金色假发),并支配他周围的所有事所有人。作为一个不安分的年轻人(伯顿并不像一个青少年),他在做作的运动竞技——场景直接取自

266　希腊人

图8.13　据推测为马其顿的腓力的装备，发现于费尔吉纳（古代阿埃伽埃）的王族陵墓群中较大的坟墓中。现藏于色萨罗尼克博物馆。

莱尼·里芬斯塔尔（Leni Riefenstahl）的《奥林匹亚》（1938）——中与朋友们竞争，并与他们一起热切聆听影片中那个平庸的亚里士多德的话语，他在滔滔不绝地讲述希腊人优于其他任何人。当亚历山大的父亲被杀时，他接手了远征事宜并立即出发前往波斯。事实上，直到腓力被杀两年之后，即公元前334年远征方才开始。

弗雷德里克·马奇（Fredric March）饰演的腓力嗜酒如命，因伤而跛（尽管在卡埃罗内亚［Chaeronea］他依然能在岩石上大跳嘲弄性的"希特勒式[Hitlerian]"快步舞，那岩石高耸于希腊人的尸身之上），眼下有伤疤，其实他的眼睛已被长矛或箭刺瞎。电影制作者明显认为，某人只有一只眼睛并非一个动人的想法。马奇确实有胡子，从1983年的腓力真正面容的复原图（可能尚有争议）来看，他与之稍微有点相像。但是他不够成熟而且从来不是真正的腓力，从真正的腓力的遗体和盔甲（图中的道具室）来判断，他的身材矮小。然而，那可能无需在意。因为据说亚历山大比他的好友赫法埃斯提昂矮，可能一般而言马其顿人身材均不高大。马奇的腓力似乎对自己儿子的出生有点儿冷淡（可能是故意为之，以加深电影中的那种观点，即亚历山大的父亲是一位神祇），他似乎不知道他儿子名字的希腊语含义（"幼狮"？），并从亚历山大出生那日起便害怕他。这种紧张关系支撑着该影片前面的大部分剧情。

与之相反，真正的腓力是一个负责的人。

亚历山大的母亲奥林匹娅斯的角色，似乎主要是为了证实其子是"神"，并报复腓力的不忠和虐待。最终，奥林匹娅斯驱使保桑尼阿斯——亚历山大的"朋友"之一，曾在腓力的宫廷受辱——杀死了她的丈夫，因为她把保桑尼阿斯灌醉并在他耳中填满了憎恨腓力的毒药。当然，这与刺杀的真实情况大相径庭（参看第244页）。电影中，腓力是在佩拉宫殿的台阶上（而非阿埃伽埃的剧场）遇刺，保桑尼阿斯即刻被逮捕然后被亚历山大亲自杀死——为了让观众怀疑，亚历山大是否由于某种原因而没有和他母亲一起参与那起阴谋。尽管这种可能性使很多人感到兴奋，但却无法证实。

这种父亲、母亲、儿子间的紧张关系也许能在古代资料中找到一些证据，但电影似乎故意将其发展为那种近似于在舞台戏剧而非电影中演出的不正常的莎士比亚式家庭。伯顿似乎不时忘记他是在饰演亚历山大，而悄然转向了哈姆雷特（Hamlet）或是英国诗人笔下其他烦恼的青少年角色。可能伯顿仍然沉浸在他在《圣袍千秋》(*The Robe*) 中的角色特征，其中他在被耶稣袍子的神秘力量控制后，经常漫无目的地注视着远方，并胡言乱语使他身边的人困惑不已："是你在那里吗？"

影片使用了无数来自西班牙军队的

图8.14 金盒（Larnaca），出自腓力的坟墓，里面装有国王的火化遗骨（见图8.5）。盖子上有王族的爆星状标志。现藏于色萨罗尼克博物馆。

临时演员，以重现"威严的"战争场面，这在当时可能会被大肆宣传，但我们几乎没有看到著名的马其顿方阵，亦或是交战的任何一方采用任何类型的战术。有时人们确实会注意到与著名的马其顿长枪相类似的长矛，但在进军途中或战争期间它们好像明显变短了（可能是太难操纵了）。在所有战斗场景中，打斗都不可避免地以不合时宜的剑术结束；而那些持矛的人似乎只是在漫无目的地挥动长矛，实际上并不知道该如何使用。电影中种种盔甲和军服与实例毫无相似之处，而且我们不知道该如何看待演员有时所穿的作为"战利品"的皮衣。极少数确实有些关联的事物之一便是马其顿王室著名的"爆星状"标志，被粗糙地绘于骑兵的盾牌之上。不幸的是，马其顿骑兵不配盾牌。亚历山大自己通常是直接穿着不合身的盔甲，内里没有束腰外衣或任何形式的衬衣，它一定会不断擦伤伯顿；它的装饰奇怪地剽窃自生活在三个世纪之后的罗马皇帝奥古斯都在第一城门（Prima Porta）雕像的胸甲。有人认为艺术指导至少应该复制庞贝（Pompeii）著名马赛克上所展示的亚历山大的盔甲，其描绘的是亚历山大与大流士交战。然而，伯顿装备的最大缺点是亚历山大所戴的种种道具头盔。有一个带有面罩，每当他觉得需要时，都可以把它像碗橱的门那样打开合上，看起来再可笑不过了。

亚历山大最后似乎累得喘不上气来。

而这时，我们也是如此。影片瓦解为混杂的谬误、错置脚本、对亚历山大的混乱印象，我们不确定该如何理解电影的结局。从所有发生过的消极事情以及他父亲和昔日好友的死亡中，亚历山大明显得到了启示。"万王之王"抛弃了他自私的野心，达成了新的认识：必须要征服的是人心，而非国土。随后他信奉了一种全新的理论，即"和睦"或者说"人类兄弟情谊"，那种观念在电影制作时依然流行于学术圈子——但从来不是以影片中暗示的那种方式。亚历山大确实在苏萨迎娶了大流士的女儿（实际上是斯塔忒拉[Stateira]，演员名单中有提到她，但在电影中却被罗克萨内代替），而他的官员也迎娶了波斯贵族女子。多样性已经达成，新的秩序亦被创造。所有人的"心灵与精神"仿若一体；所有人"都在神的注视之下"；"他便是天父"。然而，当亚历山大变得无常，握不住手中那个外表可笑的大酒杯并突然倒下时，那种融洽并未达成。他终究不是神，不过他命中注定会实现那个预言，即阿喀琉斯般短命。（人们所熟悉的那位木匠的儿子不是同样早夭么？）很明显，他自己预计的神化被终止了，因为他意识到真的只存在"一个神"。

如果任何人观看该影片2小时15分钟，仍然不明白剧情的发展，那么所有事情突然变得清楚明确了。就像好莱坞在几乎所有古代主题的影片中所做的那样，它设法将亚历山大与基督教联系起来。甚至亚历

> 山大的潜水冒险，在影片中也该比这个观念更应占有一席之地！尽管如此，亚历山大的军队仍然由他检阅以展示最后的崇敬；而且在亚历山大离世时，当被问到把自己的王国（影片中是"帝国"）留给谁时，他仍然说出了那被认为是属于他的著名遗言："给予最强者。"有人会认为，发现宗教真谛的人将更是一个和平主义者。然而，由伯顿饰演的迷乱的亚历山大最终明显感知到真神的存在，且不比他死在正确的地点和时间费力，因为历史上亚历山大完全信奉宙斯，并在次年才死——而且是在巴比伦，不是苏萨。但是那真的无关紧要，这部电影在很久以前便销声匿迹了。

保卫城市战争中使用的相当奇异的技术设备：

> 他们有大量的投石机以及其他围城器械，而且制造更多对他们来说并非难事，因为城中有各种工兵和技工，他们制造了所有的新式设备，所以整个一圈城墙都被机器覆盖……推罗人有青铜工和机匠，并设计了精巧的对策。为了对付投石机的抛射物，他们制作了有很多轮辐的轮子，安置好并借某种装备使其旋转，它们破坏了一些抛射物，使另一些偏斜，并削弱了所有力量。它们靠柔软灵活的材料抓住投石车扔来的石球，所以削弱了石球的力量……他们锻造了巨大的带有倒钩的三叉戟，并用它们近距离地袭击那些站在塔楼上正在进攻的敌人……他们还想出了另一种精巧的装置，降低了马其顿人的战斗水准……他们制造了青铜和铁制盾牌，在里面装满沙子，并持续不断地用火烘烤使沙子变得又红又热。然后依靠某种装置把它们撒向正在战斗的马其顿人……通过这些投火车，他们向群集的敌人投击大量巨大的又红又热的金属……推罗人在城墙前面配备了大理石轮子并借助一些机械装置使它们转动，它们粉碎了投石机的飞弹，使其偏离、火力失效……总之，推罗人全心全意且强有力地保卫自己，并很好地展示了他们的防卫手段。

（《历史》，17.41.3—45.5）

既然在围攻推罗期间有着这种"高科技"氛围，那么对于那些甚至不如狄奥多鲁斯严谨的作者来说，在他们对此事更为传奇性的记录中加入亚历山大的潜水装置并非难事。

此外，关于亚历山大的水下经历，所有现存的版本中都包括某种可怕的海底生物，从一条巨大的鱼到其他怪物等等。有趣的是，在狄奥多鲁斯和昆

非常庞大、先进的武器：德摩特里乌斯围困罗德斯——一项巨大的事业

在希腊化时代，很少有统治者像"攻城者"（Poliorcetes）德摩特里乌斯那样着迷于发展尖端武器。德摩特里乌斯是亚历山大的将军、"独目"安提戈努斯之子，他在继承者战争中并未死去，因此得以在公元前294年登上马其顿王位。然而，他态度傲慢、性格轻率且缺乏判断力，这使得他失去王位并最终在战争中被对手塞琉古俘虏，于公元前283年死于监禁。公元前3世纪70年代，其子重建家族政权，而且安条克家族将会一直统治马其顿直到公元前168年被罗马推翻。

早年的德摩特里乌斯经常因他更为杰出的父亲而相形见绌。当后者在公元前301年死于伊普苏斯之战（继承者间最重要的战争）时，德摩特里乌斯，作为一个对亚历山大帝国遗留部分的独立争夺者，开始为人所知。在著名的罗德斯围攻战期间（公元前305—前304年），他已经确立了自己作为一股重要的军事力量的地位；而尽管以失败告终，他在那里获得了"攻城者"的绰号，因为他的战争机器是那个时代制造的最为难以置信的事物之一。其中最令人印象深刻的叫做"破城机（Helepolis）"，历史学家狄奥多鲁斯提供了关于"破城机"及围攻罗德斯的最为详尽的记录：

德摩特里乌斯在围攻罗德斯时海

图8.15 四德拉克马上攻城者德摩特里乌斯的肖像。

上进攻受挫，然后他决定由陆地进攻。因此，在准备了大批各种各样的材料后，他建造了一个叫做"破城机"的机器，在规模上远远超出了之前建造的那些。他制造的正方形平台每一边约有23米长，由方形的木料构成并由铁固定；内部空间放置横木分割，每两个相距有0.5米，以便那些推动机器前进的人有站立的空间。整个结构被固定在八个巨大结实的轮子上，故可移动；它们的直径有1米，被沉重的铁板覆盖。为使其能向旁边移动，他建造了枢轴，借此整个设备可轻易向任何方向移动。从每个角落延伸出向上、长度相等、接近46米长的杆子，以某种方式相互倾斜；整个结构有9层高，第一层面积有4000平方米，而最上层有800平方米。机器暴露在外的那三边覆盖着铁板，使其免受持火者损害。每层前面均有炮眼，其规模和形状都适宜于那些擅长向前扔出投掷物的人。这些炮眼有闸门，由机器

设备升起，它们保证了在平台上的炮手的安全；闸门由兽皮缝在一起，装满羊毛，因此能抗击来自弩炮的石头的打击。每层有两个宽阔的楼梯，一个用来运输所需之物，另一个用来下降，以便上下井然有序而不会陷入混乱。那些移动机器的人选自整个军队，是3400个力大无穷的人；他们中的一些被围在机器内部，其他人则安置在机器后面，他们推动它前进，巧妙的设计非常有助于它的移动。他还建造了耳房——其中一些用来保护那些填注壕沟的人，另一些则支撑撞槌——并且掩护通道，使那些通过其去工作的人可以安全来回。他利用船队的船员清理了730米宽的空地，计划使他准备好的攻城机器穿过那里前进，由于太过宽阔以至于要用6条帘子和7座攻城塔作掩护。而聚集的技工和劳工的数量接近30000人。

人多力量大，因此所有事情完成得比预期要快，而罗德斯人惊恐地警惕着德摩特里乌斯；令他们震惊的不仅仅是攻城机器的规模和聚集的军队数量，还有国王在指挥围城时的精力和足智多谋。因为他被称为"攻城者"，非常乐意发明并设计了很多超越那些创造大师技艺的事物；而且他在进攻中显示了那样的优越性和力量，以至于似乎没有任何城墙足够坚固、能够阻止他并保障被围困者的安全。他的身材和俊美都展示出英雄般尊贵，所以即使是那些来自远方的陌生人，当他们看到他身着王室服饰时的清秀美丽，都会感到惊讶并在他往外走时跟上去以凝视他。此外，他自大傲慢，不仅看不起普通人，同样也轻视贵族；最为奇特的是：和平时期他把时间花在饮酒上，伴随着舞蹈和狂欢而纵酒，而且通常他会效仿人群中的狄奥尼索斯的行为……但在战争期间，他积极持重，将身心全部倾注于工作，因此超越了所有其他以此为业的人。因为是在他的时代，最伟大的武器得以完善，而且各种各样的机器远远超越了那些其他人手中已经拥有的……

（20.91–92）

罗德斯的太阳神巨像

罗德斯人阻止了德摩特里乌斯的巨大机器，通过水淹它们前面的土地使其无法移动。最后德摩特里乌斯厌倦了这漫长无益的围攻，起帆返航并把他那非凡的战争机器抛下留给了罗德斯人。他们将其出卖，并用收益建造了罗德斯的太阳神巨像。青铜巨像是一座巨大的太阳神赫利俄斯——罗德斯岛庇护神的造像，是古代世界七大奇迹之一。

巨像由雕塑家、林多斯的卡莱斯（Chares of Lindus）制作，他是罗德斯本地人，是伟大的吕西普斯（Lysippus）的学生；巨大的雕像是希腊化技术的另一个例证，而且重点在其"巨大"。雕像约有36.6米高（加上底座有45.7米），其完工用了12年（公元前292—前280年）、花

图8.16 公元前4世纪罗德斯的二德拉克马钱币。罗德斯太阳神巨像的头部可能与这个几乎同时代的赫利俄斯像非常相似。

费300（大概是黄金）塔兰特，这一金额今天已经不能准确核算，但肯定有好几百万美元。下面是拜占庭的费隆（Philon of Byzantium，公元前2世纪）关于巨像的记录：

>……在罗德斯树立了一座高达36.6米、表现太阳神的巨像……那位雕塑家为它使用了大量青铜，以至于好像引起底座材料匮乏。因为该雕像的铸造是世界金属加工的一个（典范）……雕塑家用内部的铁架和大块的方石来加固青铜，内部连接杆犹如借巨人库克洛普斯锤击之力锻造而成，而且确实，背后的那部分工作要大于能看到的那些……他在下方建造了一个白色大理石基座，在这之上按比例计算，首先固定了巨像的脚至踝骨，在其上再树立那36.6米高的神像。因为基座的顶部已经如此之高并且超过了其他雕像，所以不可能抬起神像的剩余部分并安置其上。因此脚踝必须被填满并将整体像一座建筑物那样建至顶部（依靠台阶）；而由于同样的原因，对于其他雕塑，工匠们会首先铸模，然后将其分开并分部按模打造，最后再把它们接合一起竖立。而这尊雕像，当第一小部分被浇铸好时，直接在其顶部塑造第二部分；铸好时则在其上建造第三部分；如此反复，总是使用同样的设备来构筑。然后，那位雕塑家持续地在巨像尚未完成的部分堆积大量土丘，遮盖掉已完成的部分，并使得下一部分的制造如履平地。这样，一点一点继续直到达成他的目标，花费了500塔兰特青铜和300塔兰特铁后，雕塑家使得他的神像堪与太阳神匹敌，他建立了一个因显著而雄伟的工程，他为世界提供了一座堪与太阳媲美的太阳神雕像。

（《世界七大奇迹》[The Seven Wonders of the World]，第四章）

巨像横跨罗德斯的港口，这种流行的说法是一个15世纪作家的想象，我们所拥有的少量证据显示：真实的应该是一座如图8.17所描绘的雕像，他右手搭在额前，很可能是面向东方并注视着升起的太阳，而且应该是坐落于港口后面的某个地点，在那里每个人都能看到它。

费隆提到，500塔兰特（重量）的青铜被用于巨像的建造。如果他的数字准确，这等同于12.5吨的青铜，对于那么庞大的雕像来说，如此少量的青铜将会使巨像的表面几乎像硬币一般薄——可能不是像费隆所说的浇铸，而是敲打成薄板。因此，其主要的支撑来自内部的"铁

第 8 章　希腊化时代的科学、技术和幻想　273

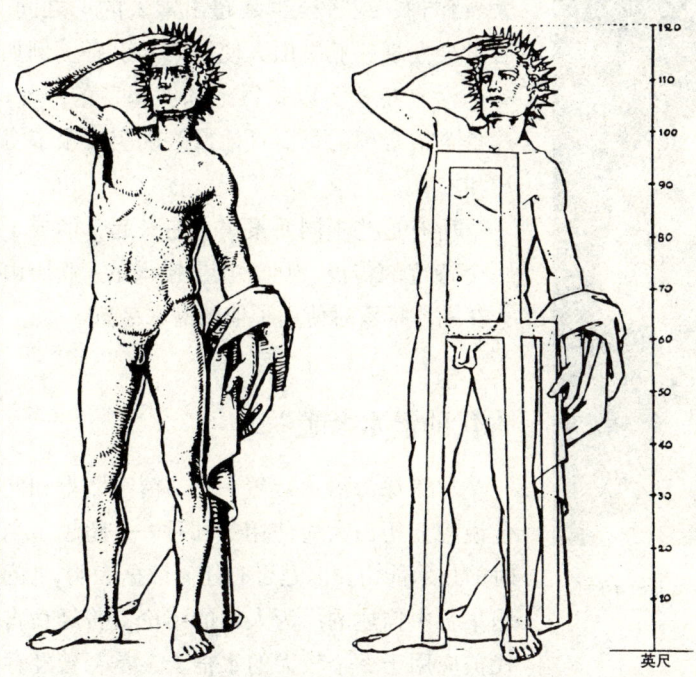

图8.17　罗德斯太阳神巨像可能的姿势以及内部支撑物的位置。

架和大块的方石"。卡莱斯设计他的工程时，似乎使其能承受住几乎所有的环境状况，但他明显未能考虑到终结巨像短暂存在的那一种。在矗立54年之后，巨像成为一场地震的牺牲品。地震导致雕像从膝盖处断裂并轰然倒地，在原地破败不堪地存在了近900年。

巨像的传奇结束于公元7世纪，当时萨拉森人（Saracens）劫掠了罗德斯。据说他们打碎了雕像的残余并将其卖给了一个犹太商人。这种说法有说服力（虽然包含一些荒谬的成分），但是一定会有人感到疑惑，考虑到青铜的价值，它是如何存留这么多世纪的。据说一个神谕禁止任何竖起巨像的尝试，可能也有相似的宗教禁忌保护着那巨大的残骸。然而，合乎逻辑的假设似乎是，那个地点的"矿业"早已开始了。

图斯（我们也可以质疑他的严谨敏锐）关于围攻推罗的记述中都出现了一个巨大海怪，它威胁了亚历山大征服城市的进程。

最后，狄奥多鲁斯和昆图斯暗示亚历山大对推罗的围攻实际上逐步演变为国王和海神波塞冬之间的冲突——因为亚历山大最后的成功依靠的是他对环绕推罗的海洋的"征服"。因此，人们会有这样的印象，即争夺不是在军队

图8.18 公元前1世纪的亚历山大的小雕像，发现于他建造的亚历山大城。

之间而是在神人（事实上一些人也将亚历山大看作神，或者至少是超出常人的）之间。后世会发现，亚历山大使用奇异设备（例如一个潜水装置）以赢得他和波塞冬的战斗，这是合情合理的，而且他最终确实征服了海洋和推罗。

所有这些不同元素集合在一起，形成了一个特定的传说，尽管它是错误的：亚历山大在围攻推罗时使用了他的潜水装置。

古代的潜水装置？

尽管深海潜水装置——"精密"得如同传说中亚历山大所使用的那种——超越了当时的技术能力，但是否有任何证据表明，《问题集》中描述的广为人知的结论，曾经在古代被应用于一个较大的水桶上？是否曾经存在能容纳一人的简单潜水钟？答案是没有。直到很久之后，都没有任何迹象表明那种观念曾被大规模的实际应用。结构、材料、空气供应、照明和操作等等，这些问题的全部解决显然需耗时长久。操作方面的困难可能反映在伪卡里斯塞奈斯的著作中，他安排了4艘船、350个人来操纵亚历山大的假想容器。或者，也许古人只是对发展潜水钟不感兴趣。在古代，某些理论上可行的事物却没有继续进行下去，这并不是第一次。现今我们很难理解那种有意的决定，即不再继续某种想法并达成合理的结论，而那想法可能对社会有变革性影响，亦或有利可图。例如，希罗在草草考虑了他的蒸汽机模型之后，显然没有尝试去研制一个更大规模的，也没有任何人这么做，大概是无法完成。但是原始的热射线，就像是错误地归之于阿基米德的那种，也是在当时的技术范围之内的——却同样从未得到发展。

至于潜水钟，可能没人能看到实际上它将会有什么优点能超出水下活动的常规方法。自由的潜水夫能够潜到同等深度——因为原始潜水钟仅能在浅水处使用——而且他们的行动不像潜水钟那样受到限制，他们可以在更短时间内完成更多的事。而最大的优点可能是，潜水夫成本极低。但是其他原因

希罗的"蒸汽机"

尽管希罗生活在公元1世纪,但他是曾被集中于埃及亚历山大城的希腊化时代技术和发明传统的一种延续。他的发明之一是一个靠蒸汽转动的球——蒸汽机——见于他的《气体论》(*Pneumatica*),并已被兰德尔斯(Landels)复制(*Engineering in the Ancient World*, 28)。

这种机器可能会使古代社会发生革命性剧变,而至于为什么希罗从未将他的"蒸汽机"发展为更大规模的,这是一个争论不断的问题。一些人从社会学和经济学的解释中寻求答案,但有可能是,如一位近代学者所说:"因为在能够制作铁管并将它们用螺丝连接起来之前,蒸汽机的制作不得不推迟。"(Drachman, *The Mechanical Technology*, 206)

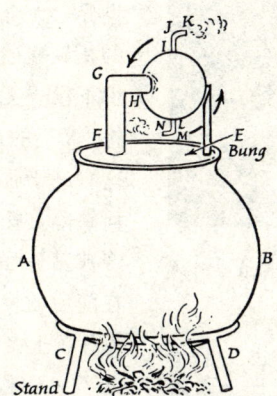

图8.19 希罗的"蒸汽机"的复原图。压力聚集在大锅内,蒸汽流过管子(FGH)进入球体,在其中从各个点逸出,但主要是通过弯曲的管子(IJK和LMN)。因为蒸汽被迫通过排气口从一个方向逸出,其所产生的反向推动的作用力使球体旋转起来。

可能同样占有一席之地,无论如何应该提到。

对许多古代信徒来说,大海是神圣的,把一个大型物体如潜水钟投入其中是亵渎神明的,并且可能会遭到神的报应。同样,淹死的风险可能会吓退某些人。古代的文学作品在描述海中的死亡时态度非常消极。因为,如果身体没有收回,他就不能有合适的葬礼,灵魂则注定永远漫游,没有希望寻得安宁。被困在一个潜水钟内死在海下,这种前景没有丝毫吸引力。此外,还存在着对大海深处可能出现的事物的恐惧。在各种各样关于亚历山大海下冒险的描述中,他所遇见的各类恐怖生物可能是这种恐惧的一种表现。在我们

由平庸而非凡：托勒密五世、罗塞塔石碑与埃及象形文字的破译

图8.20 托勒密一世，亚历山大大帝在世时的将军，埃及托勒密王朝的建立者。

我们可以用一个"起点"——破译埃及文字的方法，一种自公元5世纪便已经失传的技能——结束本章，此方法是希腊化埃及公元前205年到前180年课税过重的君主托勒密五世（Ptolemy V）无意中提供给我们的。

作为最终分割亚历山大旧帝国的三个主要王国之一，埃及是由托勒密一世的家族统治的。托勒密一世曾是马其顿将军，夺取了亚历山大的遗体并将其带到埃及。他成功地挡开了其他试图将他驱逐的继承者的所有挑战，最终宣称自己为国王（公元前305年）——或者，更为传统的叫法，法老——并继续建造亚历山大城（亚历山大的遗体最终埋葬于此）。他的儿子和继承者，托勒密二世（托勒密成为埃及统治者的王朝头衔）扩张了托勒密王朝在海外的帝国，并且把亚历山大城（见地图20）发展成文化、艺术、知识中心，完成了重大的扩建，如图书馆、学宫、动物园，还有最终成为世界七大奇迹之一的法罗斯灯塔。随后的托勒密诸王一般被认为能力不足，不得不承受无休止的外部与内部问题的困扰。幸运的是，他们拥有埃及的巨大财富，这有助于弥补他们在才能和时运上的任何缺陷。托勒密五世尤其烦恼不堪。父亲被谋杀后，年纪尚幼的他继承了王位。在随后的岁月里，他面临着内部叛乱和海外领土丧失。公元前197年在孟菲斯举办了一个典礼，纪念"神选者"托勒密五世（后世如此称呼他）的继位。次年3月27日，在孟菲斯召集了来自整个埃及的祭司全体会议，他们以"罗塞塔石碑"上描述的方式庆祝此事，而那石碑注定成为出自古代世界的最著名的碑文之一。然而，我们关注的并不是碑文的内容。原文是有趣的，但并非不寻常：托勒密（尤其）被尊崇为埃及神庙和祭司以及他所有臣民的捐助人。更重要的是，石碑上诏令的书写用了两种语言：希腊语（托勒密统治者的语言）和埃及语；以及三种字体：希腊语（全部是大写字母）、圣书体（埃

图8.21 罗塞塔石碑(已修复)。高1.14米,宽0.73米,厚0.28米,重量约有0.75吨。纪念碑原来可能有1.52至2米高。现藏于伦敦大英博物馆。

及正规的象形文字)以及世俗体(是更为通俗的源自圣书体的埃及草书体)。这三种字体首次被全部写在一起讲述同一件事情,而且古代希腊语的知识从未被人遗忘,这成为关键的要素,最终促成了古代埃及人"神秘"文字的破译。

在被忽视了很多个世纪之后,1799年在尼罗河三角洲西部的一个小村庄罗塞塔(拉希德[Rashid])——石碑因此得名,罗塞塔石碑(部分已佚失)被拿破仑的士兵发现,当时他们正在拆毁一段旧城墙。1801年随着法国败降英国,几乎重达0.75吨的石碑落入英国人手中,被运往英格兰并在次年到达。随后,碑文的复本被制作并分发给学者,而石碑则被放置在伦敦的大英博物馆永久展示,直到今日它依然在那里展出。然而,最终却是一个名叫让·弗朗索瓦·商博良(Jean-François Champollion,1790-1832)的年轻法国学者,发现了破译问题的关

图8.22 罗塞塔石碑正面的特写照片，展示了三种不同的字体。顶端是圣书体；中部是世俗体，或者埃及草书体；底部是希腊语。注意象形文字中的拉长的椭圆形王名圈，其中括有国王的名字，如托勒密五世。

键并被公认为"象形文字破译之父"。商博良破解其神秘性的重大突破在于，假定在罗塞塔石碑上的象形文字中，那六个拉长的椭圆形（即王名圈）始终括着一个国王的名字——既然这样那便是托勒密的（即托勒密五世），而它在石碑的希腊文本中有所提及。一旦确定圣书体与希腊语中托勒密的名字等同，我们便迈出了建立一套普遍破译方法的第一步。今日，我们已经完全知晓那些曾经神秘的埃及历史档案。下文是罗塞塔石碑上较为完整的希腊文本的节录（圣书体文本缺失的大部分字行都可以根据1898年发现的该诏令的一个晚期副本恢复，剩余的部分则只能根据石碑上的世俗体重建）。

碑文有代表性地以通常的称呼语（自始至终用托勒密的名字和头衔向其致敬）为开端：

> 年轻的统治者，埃及王位的正统继承人，王冠的主人，最为光荣者，埃及王国的重建者，虔信神者，

第 8 章 希腊化时代的科学、技术和幻想

图 8.23 法国学者商博良像,他借罗塞塔石碑的帮助破译了埃及象形文字。

不可战胜者,人类的文明生活的恢复者……宙斯在人间的代表,太阳神的儿子,托勒密,永生不死者,普塔神(PTAH)所钟爱者,在其统治的第 9 年……

然后是诏令本身,在其之前是附加的初步说明:

诏令。在此召集大祭司、先知、那些进入内部圣殿为神穿袍者、持扇者、神圣书吏以及本国各处神庙的其他所有祭司,他们来孟菲斯会见王,为了托勒密、永生不死者、普塔神所钟爱者、显现之神的继位庆典,他继承了父亲的王权;而他们在公告这日被召集于孟菲斯神庙……

然后,我们得知了托勒密被尊崇的原因:

鉴于国王托勒密、永生不死者、普塔神所钟爱者、显现之神、爱父之神国王托勒密和王后阿尔西诺埃(Arsinoe)的儿子,是神庙和居于神庙之人以及他所有臣民的捐助人,他是神和女神所生的神(像是荷鲁斯[Horus],他是伊西斯[Isis]和奥西里斯[Osiris]的儿子并为其父奥西里斯复仇),(而且)对神仁爱虔信,以钱财和谷物向神庙贡献税收,承担了许多把埃及带往繁荣的费用,建造了神庙,并且慷慨地投入他自己的财产;关于埃及岁入和税收,他全部免除了一些又减轻了另一些,为了使他统治下的人民和其他所有人幸福安康……

下文是以同样风格详细记录的诏令,祭司们终于表明他们将做些什么以礼待那捐助人:

……根据慈悲的命运:这个国家各处神庙的祭司决定,为国王托勒密、永生不死者、普塔神所钟爱者、显现之神,显著增加现行的荣耀,就像对他的双亲爱父之神以及他的祖先那样……将在每一座神庙最显著的地方,为永生不死的国王托勒密、普塔神所钟爱者、显现之神树立一座雕像,雕像应该被叫做"托勒密,埃及的守护者",神庙的主神应坐落在其旁边……祭司将每日着最神圣的衣服面

> 对雕像礼拜三次，并且将履行其他惯常的礼拜仪式，就像在埃及庆典上对其他诸神那样；为国王托勒密、显现之神、爱父之神国王托勒密和王后阿尔西诺埃的儿子，在每座神庙内建造塑像和黄金圣坛，并将其和其他圣坛一起立于内室……将为国王托勒密保留一个节庆……在全国各地神庙中一年一次地……
>
> 最后，我们被告知，而那是任何有耐心读完全部诏令的人都已知晓的：
>
> ……这份诏令应该被雕刻于一块坚硬的石碑上，用神圣的（即圣书体），本地的（即世俗体）和希腊的字符书写，并树立在每一（等级）的神庙内，在永生不死的国王的雕像旁边。

已经论及的文本中，一条巨大的鱼咬住亚历山大的潜水装置，把它以及那些控制容器的人和船拖行了将近2公里，然后把亚历山大大帝放在海岸上，他已经半死不活并在为自己仍然在世而"感谢他的幸运之星"。这当然不可能是鼓舞人心的前景。这个一成不变有关鱼的故事可能是《圣经》中约拿与鲸的主题的变体——在这里表达的观点是，大海不会容忍任何有罪的事物。琉善在他的写作中诙谐地模仿了鲸的主题，它的影响可能同样见于亚历山大的奇遇——可能反映的是罗马帝国时期某些犹太—基督教徒的观点，即海洋深处的洁净不应被人类的罪恶所玷污。因此，亚历山大被"吐了出来"。

为什么即使是最初级的浅水潜水钟都从未被研制，这仍然是个谜。然而，我们可以理解那种把难以达成的功绩归于名人的神化过程，因为它一直延续到今天。半历史或者完全虚构的事情被认为是确信无疑的事实，这并不罕见。我们一直喜爱阅读或者聆听超人的业绩，它们使得让人印象深刻的人物更加深入人心——其中也包括亚历山大。可是同时，我们不能让传说掩盖（或者成为）事实。关于亚历山大的潜水冒险，我们必须将其恢复到幻想的范围之内，那是它实际上应处的位置。

结 语

希腊化世界自其建立后，仅仅存在了约一个半世纪，便屈服于罗马人——地中海新的统治者。然而，我们在此处和其他无数地方研究的希腊民族的影响，却对征服者的社会有着持续的、不可估量的作用。罗马的许多文化是建立在希腊基础之上的，尽管罗马人普遍不愿承认被他们征服的民族所做出的任何贡献。

即使是在公元前146年希腊自治终结、那些伟大的希腊化王国卑躬屈膝之前，罗马人便已经吸收了他们东邻的很多传统。例如，他们的字母表是以希腊语的一个变体为基础的。而在公元前240年开创罗马文学的是一个希腊人，名叫李维·安德罗尼库斯（Livius Andronicus），他曾是罗马人的奴隶。最早的罗马历史是由一个罗马人用希腊语写成的。在公元前3世纪已经广受欢迎的罗马戏剧，则直接模仿了希腊样本。罗马主要的男神和女神本质上都借自希腊，只是取了不同的名字。罗马建筑和艺术的许多方面都源自希腊的启发。即使是角斗竞赛——很多人都自动将其与罗马联系起来——亦受到了希腊的启示。

在被征服之后，希腊人在罗马社会中担任了许多需要特殊技能的职位。很大一部分的教师、艺术家、雕塑家、工匠、科学家、学者、数学家、发明者、哲学家、音乐家以及医生都是希腊人。许多人是以奴隶的身份开始他们与罗马人在一起的经历的。后来其中有些成为了自由民和公民。而那些继续为奴且无技艺的人则是罗马农业的支柱——并以叛乱和起义的形式成为扰乱社会的因素。毋庸置疑，罗马社会坚实的上层建筑依赖于许多希腊支持者。在罗马共和国发展为罗马帝国的那几个世纪内尤为明显。

具有讽刺意味的是，公元5世纪时罗马帝国的西部大部分都落入蛮族人手中，而东部或者说希腊那部分则比西部持续时间更长。相较西部，东部文明更为古老并且扎根更深，当帝国受到压力时，这是一个安定性因素。而且东部曾是人口和经济中心。东部以拜占庭帝国的形式继续存在，其语言、文化、哲学灵感（已被东方的影响和基督教信仰所调和）大部分取自希腊。晚期罗马帝国的首都君士坦丁堡，现在则变成为拜占庭的都城。

拜占庭显著的高水平文化继续维持了几个世纪,而西部则挣扎在半野蛮的国王和贵族的控制之下。当公元1453年君士坦丁堡最终陷落于土耳其人之手时,许多学者、教师、艺术家——曾经有助于保存古代希腊人的语言和文化并使其永存——将他们的知识带往了西方。在那里,他们为意大利文艺复兴（Italian Renaissance）和中世纪欧洲的最终复苏埋下了火种。

古代希腊民族的大部分影响在今日的社会仍然隐约可见。我们依然以诸如"伊阿宋"、"海伦"以及"腓力"等名字为自己取名。我们词汇表中的很多单词（包括"历史"、"哲学"、"几何学"、"数学"、"物理学"、"经济学"、

图E.1　君士坦丁堡的城墙

图E.2 从君士坦丁堡故址所看到的博斯普鲁斯海峡的景色。这个弯曲的海峡隔开了欧洲（左边）和亚洲（右边）并通向黑海。背景是博斯普鲁斯桥和现在的伊斯坦布尔（Istanbul）杂乱的建筑群。

"地理学"等）都源自希腊，尤其是在技术和科学领域。如果没有希腊语，许多树木、花草、动物、昆虫，甚至"恐龙"的名字都将会是另一种叫法。我们把自己驾驶的汽车叫做"阿波罗"、"菲尼克斯（Phoenix）"以及"欧美佳（Omega）"。我们也把取自希腊神话的名字用于太空计划和火箭。很多企业以及街道，都拥有诸如"阿特拉斯（Atlas）"的名字，那是支撑世界的希腊提坦神。通常人们也可以在很多国家的地图上发现"雅典"、"斯巴达"、"叙拉古"、"特洛伊"、"荷马"以及"亚历山大城"等等。

至少，我们民主制度的精神源头在古代雅典。在我们的城市中，经常能看到一些仿制希腊风格的建筑和房屋。而如果有人问你是否"情绪良好"时，你也有可能是处于公元前5世纪的希腊，因为那是这种措辞出现的时间。奥林匹克运动会是我们唯一的全球节庆，如果没有希腊的典范，它们（或者说是有组织的竞技运动会）是否还会存在，这是很难说的。基督教曾受到希腊早期宗教和哲学信条的影响。而希腊戏剧仍然是我们戏剧传统中得以存续的一部分。

我们身边有如此多的事物受到古代希腊人的启示——影响着我们的生活、日常事务以及传统。有时很难不去想象，我们所谈论的那些人仍然存在于某处，并且正越过我们的肩膀默默微笑着。

附 录

亚特兰蒂斯的居民：柏拉图的想象，
或者是对米诺斯人的模糊记忆？

很少有故事像消失的大陆亚特兰蒂斯及其居民那样经久不衰且引人入胜。仅仅是在过去的几十年间,亚特兰蒂斯的魅力便激发了许多著作(预计出版的著作已至千余本)、探险队、电视特别节目的出现。而且看起来,从希腊哲学家柏拉图在大约2400年前首次介绍这一传说至今,对它的兴趣从未衰退。对于大批历史初学者来说,相较更为传统的话题,亚特兰蒂斯的故事更加广为人知,但是故事的整个基础是靠不住的。它所依赖的资料仅仅是柏拉图的两篇对话集:《蒂迈欧篇》(*Timaeus*) 和《克里提亚斯篇》(*Critias*)。如果它们已经佚失,我们就会从未听说过亚特兰蒂斯。显然,某些出自柏拉图著作的细节已经变得众所周知并被断章取义——早在现代纪元之前,那个故事便已很好地呈现出自己的活力。一口气读完的话,便会发现亚特兰蒂斯的故事是神话、哲学、沉思、时代错误、情节剧和小说的混杂物。尝试穿过故事的所有层面去找寻一些历史真相几乎是不可能的。然而,如果亚特兰蒂斯的故事确实有某个历史根源的话,那么最有可能的地方便是米诺斯人的塞拉,它位于克里特以北约110公里处。

正如在第1章(参看第5—6页)所见,米诺斯文明是以地中海东部的克里特岛为中心,非常成熟先进的前希腊文明。此外,米诺斯人拥有一个广阔的商业帝国,控制着整个地中海(可能还有大西洋沿岸,尽管这种行程有限)的贸易,而且他们还在某些地方如塞拉建立了共同体,现在在那里正挖掘一个重要的米诺斯人遗址阿克罗提里。约从公元前1650年开始,一系列的火山爆发困扰着塞拉,后来达到高潮;约公元前1628年,一场巨大的火山爆发使其裂开。该岛的原始构造仍然是争论不休的话题,但遗留至今的高耸的半圆形部分明显曾经是岛的外部边缘,而在中部水下依然活跃的火山是该岛之前的中心吗?柏拉图关于消失的亚特兰蒂斯的故事与塞拉岛发生的事实之间有大量的相似之处,这激起了各种各样认为二者完全是一回事的联想。然而,在继续进行这种讨论之前,介绍一些由柏拉图讲述的关于亚特兰蒂斯的资料是有益的。

柏拉图首先在《蒂迈欧篇》(24e ff.) 中提及了亚特兰蒂斯,他介绍了

图A.1 柏拉图像。现藏于罗马卡皮托里尼博物馆（蒙泰马丁尼）。

一个发生在苏格拉底（即柏拉图自己的导师）和三位客人间的比较广博的哲学辩论，亚特兰蒂斯的故事便是其中一部分。提出这一话题的是克里提亚斯（事实上是柏拉图母亲的堂兄弟），他说童年时，祖父（当时已年近90）曾经告诉过他亚特兰蒂斯的故事。他的祖父最初是从公元前6世纪的雅典立法者和诗人梭伦——希腊传统上的"七贤"之一那里听到的。据说梭伦是在其虚构（而且年代有误）的埃及之旅中，被一个神秘的"非常老的祭司"告知那个故事的，而祭司属于一个宣称自己与雅典有古老联系的民族。祭司告诉梭伦，与埃及人相比，在理解真正的古代方面，梭伦和他的希腊同胞就像是孩童，同时（难以置信地）展示了，曾经有过多次人类的毁灭与复兴——与此相关的书面记录"自最早的时候起"便保存在他们的神庙中。上述那类记录显示，在9000年前，在那场湮灭一切的大洪水之前（显然，甚至在传说的《吉尔伽美什》[Gilgamesh] 和《圣经》的洪水故事之前），梭伦的雅典已经存在，并且在全世界所有的城邦中，其在治理、成就、战争方面均卓越显著。惊讶的梭伦（可能在这时他还只是个明智的学徒）恳请那个老祭司继续。在讲述过程中，祭司说明了雅典人曾经如何反抗亚特兰蒂斯居民的侵略并保护了整个自由世界：

> ……我们的记录讲述了你的城邦怎样制止一个庞大的力量（亚特兰蒂斯），它傲慢地从其在大西洋上的基地前进，来进攻欧洲和亚洲的城邦。因为那时大西洋可通航。在你们叫做（如你所说）赫拉克勒斯之柱的海峡对面，有一个岛屿，它比利比亚和亚洲加在一起还要大。当时，旅行者可以从它到达其他岛屿，而从这些岛屿到对面整个大陆所环绕的那部分，可以被称为真正的海洋。因为我们所谈论的海峡内的那个海洋更像是一个有狭窄入口的湖；外部的海则是真正的海洋，而整个环绕它的土地实际上应称作大陆。在这个亚特兰蒂斯岛上出现了一个强大而显著的王朝，它的国王们统治着整个岛屿，还有很多其他岛屿以及大陆的一部分。另外，在海峡之内，它控制着上至埃及边界的利比亚和远至提伦尼亚（Tyrrhenia）（托斯卡纳 [Tuscany]）的欧洲。这个王朝倾尽全力试图一举奴役你的城邦、我们的国家还有所有其他位于海峡内侧的领土。在那时，梭伦……你的城邦（雅典）……战胜了入侵者并庆祝胜利；她保护了那些尚未被奴役的人，使他们免于奴役，并慷慨地解放了所有其他居住于赫拉克勒斯之柱以内的人们。后来发生了非常强烈的地震和洪水，在可怕的一昼夜间，所有你们与之战斗的人都被地面吞噬了，亚特兰蒂斯岛同样被海水淹没不复存在。这就是那片海域现在不能通航的原因，因为它刚好被水下的泥潭——那个沉没的岛的遗迹——所阻。

看到这里，这个故事很像是印地安那·琼斯（Indiana Jones）某部影片的剧本：一个消失的岛洲，除了少数人（大部分来自同一家族）之外，没有人曾听说过它，还有迄今不为人知的远古雅典，它们存在于9000年前的史前世界。它的"历史"仅仅记述在一个神秘的"书面记录"中，保存在埃及神庙内，并由"一个非常老的祭司"传授给梭伦。柏拉图在《克里提亚斯篇》中进一步发展了亚特兰蒂斯的故事，在叙述突然中断之前，他详细说明了那个岛的文明的起源、资源、地理、堕落以及其他方面。至于为什么他从未完成那篇对话，这个问题有着激烈的争论，但是最简单的解释可能由柏拉图自己提供（《蒂迈欧篇》, 21c）：梭伦也从未写完他关于亚特兰蒂斯的诗篇。有趣的是，柏拉图在《克里提亚斯篇》中"未完成的"叙述终结于亚特兰蒂斯的堕落，而之前他在《蒂迈欧篇》中关于亚特兰蒂斯

图A.2 火山岛塞拉陡峭崎岖的遗迹以及俯瞰下的火山口。它是亚特兰蒂斯传说的起源吗?

毁灭的故事正是以此开篇。因此，故事的两部分恰好吻合，这似乎暗示出，柏拉图是为了戏剧效果而故意突然停止叙述——一个"戛然而止"的例子。无论什么原因，在其叙述中止之前，柏拉图确实具体描述了亚特兰蒂斯的都城：

> ……居民着手修建神庙、宫殿、港口和码头，并用下面的方式把整个国家连为一体。他们首先在环绕其祖先故居的环形水域上建桥（按故事所讲，他们的祖先是克蕾忒［Cleito］，她与海神波塞冬生育了亚特兰蒂斯后来的居住者，而那王国正是以他们的长子、亚特兰蒂斯的首任国王阿特拉斯［Atlas］命名的。最初，在众神为他们自己分配土地时，波塞冬接受了亚特兰蒂斯。而克蕾忒是该岛一位原始"土生"居民的女儿，每当波塞冬与她云雨时，便会加固她居住的小山并用同中心的两块土地和三片海域将其圈起来），因此形成了一条往来王宫的路。然后他们立刻着手在神和他们祖先居住的地方建造王宫，每一任国王都极尽所能地超越自己的前任来增加王宫的美丽，直到所有人看到他们建成的住宅时都会惊叹其宏大和美丽。他们开始挖掘一条从海边到最外层环形圈的，宽90米，深30米，长50斯塔德（stade，1斯塔德=185米）的运河，这样便使得大海像港口那样可以进入；而且那出口很宽，足以使最大的船只通过。在桥边，他们开凿渠道，穿过分开各片水域的环形土地，并使其宽阔到足以通行一只三层桨船，再加上顶盖以形成地下隧道，因为环形土地边缘略高于海平面。最大的环形水域，在那里有出海的通道，宽度有3斯塔德，与其内的环形土地同宽。第二层环形水域宽2斯塔德，环形土地也与之同宽，直接环绕中心岛的环形水域宽1斯塔德。宫殿所坐落的岛直径有5斯塔德。它和各层环形圈以及桥（宽30米）周围都被一堵石墙围住，在桥连接水域的每一边都有塔楼和大门保卫。他们所用的石头有白色、黑色和黄色，并且是在岛中心以及环形土地内外切割的，在那过程中他们也挖掘了成对的顶部为石头的中空码头。他们的建筑物有些颜色单一，有些则混合了不同颜色的石材以使人赏心悦目适当怡情。而且，他们在最外面的一圈城墙上全部包上镶饰的青铜，在内部则覆上熔锡和orichaic，这使得卫城自身的城墙上闪闪发光一如火焰。（似乎没有人，包括柏拉图，确定"orichaic"是什么。柏拉图说在他的时代仅知其名，但在亚特兰蒂斯丰富充足，而且在金属中只有黄金比它更贵重。该

图 A.3 米诺斯人在塞拉阿克罗提里的居住地遗址——这是柏拉图的亚特兰蒂斯城的一部分吗?

称谓源自希腊语,字面的意思是"山铜",但不管是一种黄色矿石还是铜的合金抑或是黄铜——像有人提出的——它都被古人视为传说中的金属。在中世纪,这种金属被视为贵重之极,但又仅在传闻中为人所知。显然,无人知道到底是什么,但它变成了一种神秘莫测的金属,每个人都渴望拥有,但只有在未明的地方或消失的世界〔如亚特兰蒂斯〕才能找到。)

卫城内的宫殿结构如下:在中心是一座供奉波塞冬和克蕾忒的圣坛,由金墙围绕禁止进入;因为那是十个国王的家庭孕育生长的地方,在那里每个人都年复一年地送来自己辖区的周期性贡品(据说波塞冬最初将岛平均划分给克蕾忒和他所生的十个儿子〔五对双胞胎〕;因此,此处是十个辖区)。还有一座波塞冬自己的神庙,长 1 斯塔德,宽 90 米而高与之相称,不过外表有些古怪。神庙的外部,除了楣顶的轮廓镀金外,全部由白银覆盖。内部屋顶由象牙镶嵌黄金、白银和 orichaic 装饰,所有的墙壁、立柱和地板都覆盖着 orichaic。它包含有一座黄金雕像,描绘的是波塞冬神站在一辆由六匹带翼飞马拉动的战车上,雕像非常高以至于他的头贴着屋顶;在他周围是一百个骑着海豚的涅瑞达斯(Nereids,这是在当时人们所认可的她们的人数),还有很多其他的由私人奉献的雕像。神庙外围是最早的十位国王和他们妻子的雕像,还有很多其他由国王和国民以及属民私人奉献的雕像。还有一个祭坛,其规模和工艺与建筑物和宫殿相得益彰,共同体现出帝国的恢宏气势和神庙的壮丽豪华。两眼泉水,一冷一热,物尽其用地提供源源不断的水,而且水质异常甜美。他们充分利用泉水,在其周边围绕有适宜的建筑物和植物,并将其中一些泉水引入户外的贮水池,另一些则注入封闭的高温浴池以供冬天使用。浴池内配有分开的浴间供皇室和普通人,还有妇女,甚至马和其他驮兽使用,并且都装备得各合身份恰到好处。他们将用过的泉水引入波塞冬的树林,那里(由于土壤肥沃)高树成荫美丽动人,另一些则通过桥上的高架渠流向外层的环形岛。在每层环形岛上他们都建造了很多供奉不同神的神庙,以及很多花园、运动场所,一些是为人建造另一些则是供马使用。尤其是在较大的岛中心有一条专门赛马的路线,宽 1 斯塔德而长至整个岛的一圈,那是专门的保留地。在它周围,每一边都有国王侍卫的营房。更值得信任并精挑细选的那一批驻扎在接近城堡的小型环形岛上,最受信任的那些则被安排全体驻扎在城堡内,并依附于国王本人。

最后,码头内布满三层桨船以及它们的装备,且所有都状况良好。

皇族住所的安排和其周围环境大概如此。而在三个远离中心的港口之外有一道城墙,始于海边,向右以圆形环绕,从最大的环形圈即港口处起宽度一律是 50 斯塔德,然后在运河的出海口处与城墙连上。城墙内布满民宅,在运河和大的港口内挤满着来自所有地区的大量商船,在那里喧嚣不断,日夜充斥着呼喊和嘈杂。

(《克里提亚斯篇》,115c ff.)

对于柏拉图关于亚特兰蒂斯的整个叙述,最简单的解释便是,那是哲学家头脑中的另一个想象的产物,且最终与其在《理想国》(Republic)和《法律篇》中呈现的"有条理的"社会恰好一致。柏拉图提供了一个想象中的"完美"社会,它存在于大西洋某处,时间则是极为久远的过去。亚特兰蒂斯人从天性美好堕落为卑劣无耻,并被神以毁灭所多玛(Sodom)和蛾摩拉(Gomorrah)的方式予以惩罚。有趣的是,英勇的雅典抑制了横行无忌的亚特兰蒂斯的势力,但是,它同样无能为力地被洪水清除,而那相同的洪水湮灭了亚特兰蒂斯卑劣的国民。这不是因为雅典有任何道义上的错误,恰恰相反,雅典似乎继承了亚特兰蒂斯在毁灭之前遗失的所有的完美方面。是高尚的雅典,而不是亚特兰蒂斯,在将来会以柏拉图的轮回方式重生。柏拉图似乎明确把两个城邦对举以表明一种道德看法。同样，柏拉图未能很好地解释，洪水是如何从地球表面消除了亚特兰蒂斯那整个大陆，而其最凶猛的敌人雅典却幸免于难？而如果它起初从未被毁灭，当梭伦（更不用说其他任何人）得知存在一个之前的雅典时，缘何会是那样的惊奇？

在关于亚特兰蒂斯的话题中，同样存在一个命名法的问题。在柏拉图记载中，克里提亚斯说道（《克里提亚斯篇》，113ab），当听众听到在亚特兰蒂斯故事中谈到外邦人，使用的却是希腊名字时，他们可能会感到惊讶。他解释道，那是因为当梭伦得知埃及人已将原来的名字译成他们自己的语言时，他仅仅是颠倒了那个过程，把它们再译回希腊语。（据说克里提亚斯甚至表明，他仍然拥有梭伦翻译这些名字的原始手稿！）如果任何人真的尝试去做克里提亚斯所提议的事——翻译人名，尤其是不熟悉的那些——他都不得不断定，梭伦彻底成功地完成了此事，这本身就是个巧妙的玩笑。梭伦也不得不利用同样的步骤以识别地名。例如，亚特兰蒂斯是以波塞冬的儿子阿特拉斯命名的，而波塞冬和阿特拉斯都是希腊人使用的名称。那么，在梭伦将其名字译回亚特兰蒂斯之前，那块消失的大陆被叫做什么？雅典必定也是以一个埃及名字存在，直到梭伦将其恢复为止。当然，梭伦确实提到（《蒂迈欧篇》，21e），在埃及人中雅典娜被叫做尼特（Neïth）。那么，在9000年之前的大部分时间里，雅典可能曾经被称为"尼特兰（Neïtherland）"（或者某个这样的名字）。所有这些对柏拉图来说可能是一个很好的修辞练习，但它的难以置信必定会为整个亚特兰蒂斯故事的可信度增加问题。

对柏拉图时代的读者来说，一个完全毁灭的亚特兰蒂斯的例子可能恰到好处。柏拉图将希腊城邦制视为一种理想的制度。然而，生活在该制度下的人民会使其误入歧途。柏拉图认为，理想中古典时代的雅典曾经像是亚特兰蒂斯——良好的政府和文化成就的楷模，并且就它的情况来说，是"全希腊的学校"。同样和亚特兰蒂斯相像的是，雅典统治着一个庞大的地中海帝国，拥有众多三层桨船（遗憾的是，亚特兰蒂斯的"三层桨船"是时代误植）；最后，帝国的扩张以及与斯巴达的冲突导致了毁灭性的伯罗奔尼撒战争。柏拉图的大半生是在战后度过的，而紧随雅典人进入公元前4世纪的那些难题，同样也是柏拉图要面对的问题。亚特兰蒂斯的故事可能完全是个讽喻，在其中柏拉图告诫高尚的雅典，它曾经起身反抗亚特兰蒂斯，现在却变成了亚特兰蒂斯——一个从神的恩宠中跌落的理想社会。可能是时候恢复那曾使"两个"

雅典城邦变得伟大的完美典范了。

　　如果说柏拉图无意把他关于亚特兰蒂斯的论述与其所处时代的雅典的"堕落"联系起来，那么有一个问题必须回答：究竟为什么是雅典出现在亚特兰蒂斯的故事里？如果那仅仅是关于消失的大陆的记述，便不需要提及柏拉图的家乡，没有雅典并不妨碍阅读那个故事。显然柏拉图的主要意图是颂扬雅典——亚特兰蒂斯是次要的。克里提亚斯在《蒂迈欧篇》(25e ff.)中说道，他会想起亚特兰蒂斯的故事，仅仅是因为苏格拉底前一天关于理想社会的谈论；并继续说道，他提议把亚特兰蒂斯传说中的那个雅典作为苏格拉底所找寻的理想社会。而建立那整个传说所围绕的真正核心，正是雅典这个早期的理想主义阶段。起初，克里提亚斯在努力回忆一个他年幼时听过的故事，并承认在复述给朋友的前夜，他曾"排演"过细节，这些行为很难鼓舞我们的信心。但是任何关于他记忆力的疑虑很快便烟消云散了。不仅仅是因为在描述那个故事时他发挥了一个熟练得像是柏拉图那样的修辞学家的专长，还因为他也"不假思索"地提供了建筑物、运河、环形圈、赛马轨道，以及几乎所有其他可以被测量事物的精确长度和规模（体现了柏拉图自己对精确尺寸和圆周的着迷）。在他的谈论中，克里提亚斯一度若有所思地说，发现一个适宜的故事并能以此为基础而畅所欲言，这是多么的不容易。显然，柏拉图在亚特兰蒂斯的故事中得偿所愿。

　　不管柏拉图在晚年创作亚特兰蒂斯的故事时头脑中是否有这些想法，该故事，像我们之前所提到的，可能依然存在一个历史起源——因火山爆发而毁灭的米诺斯人岛屿塞拉。在涉及时间计算、地理以及他们的早期历史（参看第127页，修昔底德的评论）时，希腊人是出了名的乏善可陈。因此，位置、环境和年代表经常变得混乱，细节被变更或加以润色（甚至伪造）。经过几个世纪，那些故事会变得如此模糊混乱以至于根本不可能查明某件事情的真正状况。

　　关于某些类似于亚特兰蒂斯传说的故事是如何开始的，让我们以北非伟大城市迦太基（Carthage）为例并举出一些细节。与亚特兰蒂斯相似，传说于公元前814年建城的迦太基，统治着一个延伸至大西洋的西部地中海帝国，拥有大量的战舰和商船——并且使用大象，而柏拉图说到在亚特兰蒂斯有很多大象。至少在罗马时期，迦太基拥有一套相连的港口系统（连着通向海的渠道，像在亚特兰蒂斯那样）、城墙以及包含一个小岛的圆形军事港口，在岛中心有战船指挥官的帐篷（就像是上文提到过的在亚特兰蒂斯最内层环形土地上的堡垒)。当然,这种由渠道、相连的城墙以及港口——其中一个为圆形——构成的"迷阵",与上述围绕亚特兰蒂斯都城的环形水域和土地很类似。在希腊大殖民时期,主要是迦太基阻止了众多希腊人移居西部地中海,而毋庸置疑,后来的希腊传说不会遗忘(或者称赞)曾经构成威胁的势力。这并不是说,柏拉图的亚特兰蒂斯故事的缘由仅仅是以前与迦太基交往的记忆。例如,没有证据证明,刚刚描述的迦太基港口系统在柏拉图时代确实存在过,而且直到哲学家死后很久,即公元前2世纪迦太基方遭毁灭。这只不过是一个简单的例证,用以说明如果迦太基曾经存在于某段没有历史记录的时期,那么出自它真实历史的各种各样的片段,如何在经过几个世纪后变得失真,并且如何在以后的时期作为一个与亚特兰蒂斯——一个拥有很多船只的伟大帝国,有环形运河围绕其主要城市,统治着地球的大部分,使用大象,最终却遭到毁灭——相类似的故事而出现。而那些类似的关于塞拉的歪曲传说,可能孕育了亚特兰蒂斯故事的主要组成部分。

我们已经知道塞拉(现今为希腊的桑托林岛[Santorini],也是一个受欢迎的旅游目的地)是如何在一场火山爆发的灾难中被毁灭大半的。毫无疑问,在我们已知的关于塞拉的事实和亚特兰蒂斯的传说之间,存在着一些有趣的相似之处。后者强调了雅典与亚特兰蒂斯的冲突。而众所周知的关于提修斯与米诺斯公牛的希腊神话,其主题的一部分便是先前雅典与克里特之间的战争。塞拉不是克里特——但那故事被放置在一个同样笼统的场所内,而且不管克里特还是塞拉都曾经是米诺斯人的所有物。可能同样无甚价值的是,提修斯与米诺斯公牛在克里特的对抗发生在一个迷宫内,而亚特兰蒂斯的环形水域和土地勉强形成一个迷阵。(或者说迷宫?)此外,亚特兰蒂斯被描述为多山,而远古塞拉(像是今天)的大部分似乎是笔直地从海中升起的陡峭悬崖。

故事继续说道,亚特兰蒂斯湮没于一场大洪水之下。显而易见,当塞拉岛火山爆发时,海水泛滥,大量涌入并灌满了被摧毁的地方。据说亚特兰蒂斯是在仅仅一昼夜间消失的。而塞拉的重大毁灭一定也发生在类似的时间框架内(像是公元79年被维苏威火山[Mt.Vesuvius]——尽管是个程度非常小的爆发——毁灭的庞贝[Pompeii]和赫库兰尼姆[Herculaneum])。火山喷发引起的强烈地震无疑会酿成激增的海潮(例如,夏威夷[Hawaii]的居民现今喜欢向游客指出,水下地震生成的波浪在不断击打岛屿,幸运

图A.4 米诺斯人的城市、乡村以及航海活动的场景，出自塞拉阿克罗提里的一幅壁画。这样的记忆是否有助于生成亚特兰蒂斯的传说？

的是，其中大多数无须在意，因为在行进了数百英里之后，波浪已经失去了冲击力。然而，某些海啸并非如此轻柔，有一场在1960年彻底摧毁了希洛［Hilo］商业区的主要部分）。考虑到塞拉周围地区有很多小岛，又接近希腊的海岸线，并且（更为）接近克里特还有小亚，可能某些地区被突然淹没，并丧失了大量人口——民间记忆当然不会遗忘该事件。同样，残骸（以及可能由于火山爆发而发生的土地转移）也许已经塞满了旧时可用的港口，在之前可通航的海中形成"沙洲"，并因此而生成那些关于之前的整个大陆被淹没于海下的故事。毋庸置疑，随着时间的流逝，埋没在泥土中的建筑材料和其他日常生活杂物会被发现，这进一步形成了关于消失于水下的世界的猜想。而见证这些的迷信水手，随后当他们航行在地中海别处时（即便隔得很远）可能会撞上沙洲，并断定这是同一个巨大的被淹没而消失的大陆——"亚特兰蒂斯"的所有部分。现今，塞拉的遗迹差不多形成了一个圆圈，对于现代的巡航船来说依然很难通行，航道被仔细标明以免船只搁浅。图A.5中的略图是以一幅地图为基础的，那地图从细节来看出现于16世纪晚期，展现了与今日不同的塞拉的构造，而船只通航更为危险。3600年前的火山爆发之后，对于那些试图在塞拉残迹中航行的水手来说，其遗留物可能呈现出一系列圈子，而那可能成为亚特兰蒂斯环形圈故事的开始。

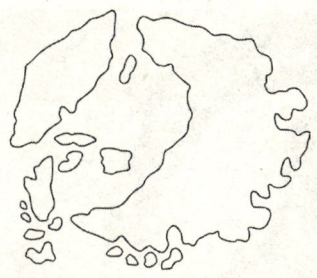

图A.5 塞拉（现代桑托林）略图，出自一张地图，在桑托林杜马（C. G. Doumas）重印，雅典（没有日期）"汉尼拔（Hannibal）"版。如果它是准确的，那么经过几个世纪，塞拉的构造已发生了显著变化。

亚特兰蒂斯被描述为地处赫拉克勒斯之柱以外的大西洋某处，并控制着一个庞大的帝国。如前所述，米诺斯人拥有一个广阔的地中海商业帝国（塞拉为帝国的一部分），甚至可能延伸至大西洋海岸。而对于那些希望把塞拉等同于亚特兰蒂斯的人来说，最主要的障碍便是位置：二者在地中海两端。甚至今日塞拉岛上的导游也不情愿地承认，塞拉在大西洋上的地点使得它不太可能是真正的亚特兰蒂斯。然而，实际上不像是起初看起来那样。任何研究过民间故事、神话、传说的人都会知道，诸如亚特兰蒂斯的故事，其中的地点会轻易地随着时间的流逝而变得混乱。甚至古代的水手，有时当他们在熟悉的地方被水中的风暴颠簸时，都无法准确说出他们身处何地，直到看到某些熟悉的事物，而那可能需要几天甚或几星期。他们甚至有可能被冲上一无所知的海岸。这种情况在文学作品，至少在《奥德赛》和《埃涅阿斯记》中得到证实。当他们回到家乡时，必定会带回一些故事，那是关于他越出"已知世界边界"的经历——甚至有可能是关于大洋本身西部的故事。我们可以推测，亚特兰蒂斯的故事大概如何出现、发展并变成公认的文本。

让我们设想，在史前地中海世界流传着一个关于塞拉岛毁灭的故事，接着在随后的世纪里，其被扩展至包括了整个米诺斯社会的崩溃——那曾是一个高度发达的社会。随着代代相替，火山爆发的真实地点（埃及的传说可能早已为该故事确立一个"西方的"背景，因为塞拉确实在尼罗河的西边）和环境，以及被吸收进青铜时代希腊社会的米诺斯人，这些都被遗忘了。"因为"，正如我们在《蒂迈欧篇》（21d）中被提醒的，"随着时间的流逝以及参与人员的死亡，那故事没有持续到我们的时代。"然而，有一片

图 A.6 阿克罗提里壁画中的米诺斯妇女。她是塞拉的岛民——亦或是亚特兰蒂斯"消失的"居民?

神秘的大陆,其上居住着一个非凡的民族,并最终沉没于海下,这样的故事却继续流传并独自继续发展。而那些因希腊在西部地中海锡贸易而形成的故事(例如关于西班牙以及不列颠的),则通过间接甚或可能直接的交流,被增加进这个混乱的传说中。特别是关于不列颠的故事:大西洋上遥远的、知之甚少的岛国,富含锡(有趣的是,亚特兰蒂斯的城墙内部由锡覆盖),这很有可能是将亚特兰蒂斯安置于大西洋的开端,那当然是"在西边"。然后是约公元前1100年希腊青铜时代崩溃,随后又经过了粗俗、混乱的黑暗时代,而亚特兰蒂斯的故事,综合了上述所有成分——有个消失的文明(就像米诺斯文明),地处大西洋的一个岛洲(就像不列颠),统治着庞大的帝国,生产一种特殊而奇妙的金属(orichaic,对锡混淆的记忆),并且被毁灭(就像塞拉)沉入海下——出现在恢复了活力的希腊社会(约公元前750年)。

而关于迈锡尼世界终结的记忆,可能会使得其强调破坏和更为强烈的全然崩溃。

在随后的大殖民时期,许多希腊人向西迁移并与强大的迦太基人混住,他们的记忆可能同样促成了亚特兰蒂斯的故事。因此,该故事的地点再次向西推移,这使得大西洋更有可能——其大部分仍然是壮观而未知的。柏拉图说道,亚特兰蒂斯区域的海面再也不能通航,但曾经是可以的,这可能表明起码他知道没有希腊人成功地进入大西洋。然而,他的言论可能没有意义。关于那片区域的地理知识,柏拉图知之甚少或者根本一无所知,而且他容易受到那些偶然听到未经证实的传闻的影响。如果希腊人受限不能航行至大西洋,更可能是因为迦太基的阻挠而非通航水路的问题。即使那样,仅仅是在柏拉图死后的几十年里,马西里亚(现代的法国马赛)的皮西亚斯(Pytheas of Massalia)在航行进入大西洋并且环航不列颠时没有碰到任何障碍。另一方面,在这个时期地中海的大部分已经为人所知。可以断定,亚特兰蒂斯从来不可能存在于地中海,因为那样的话,至少某些人会知道一些关于它的事情。因此,像所有幻想的土地和乌托邦(乌有之地)那样,亚特兰蒂斯必须存在于一个合适、遥远、不为人知的地方(就像在非洲被完全勘察之前,那些关于消失的文明、恐龙、泰山[Tarzan]的疯狂故事经常出自那里一样)。那个地点,处于西方并拥有足够多的水去淹没一整块大陆,一定是在大西洋的某处。而在以前的亚特兰蒂斯故事中将其置于地中海那些残余,这时候可能被转换成那个岛洲的非—欧帝国的一部分。雅典被加入故事的时间一定很晚,并且有可能是柏拉图自己的创造。因为直到较晚时期,雅典才成为希腊世界的一个主要参与者。而一个以雅典为核心的亚特兰蒂斯的故事,无疑会在希腊世界内提升雅典的地位(给予其简直闻所未闻的悠久历史和声望),并且非常精确地符合柏拉图自己的说教目的。

然后,这个例子以非典型性传说的建构为基础,在其中可能出现了各种各样的成分,并且结合起来形成了亚特兰蒂斯的故事。无法正确估计在柏拉图详细说明之前这个故事有多重要。甚至它可能并不存在,或者可能是一个不重要的传说。但是柏拉图尝试将其提升至荷马和赫西俄德史诗的地位,说道,如果梭伦完成了关于该故事的诗篇,它还会变得更加出名。对我们来说,或许对整个事件最好的总结是一个暗示性的评论,那是由柏拉图的门徒亚里士多德(斯特拉波,2.102; 13.598)所说的,即他(柏拉图)虚构了亚特兰蒂斯而又使其消失。现在我们将不得不把亚特兰蒂斯及其居民停留在空想范围之内——至少在水下考古学家碰巧找到一个写明"亚特兰蒂斯城界"的标志之前。

重要词汇与发音

下表是对主要历史人物、遗迹和本书中提及的其他相关术语的概述。值得一提的是，尽管关于这些术语的发音学界同仁也是见仁见智，但作者在此表中还是标注出了大多数词目的发音。

A

阿卡亚人（Achaeans）[a-kē′ans]：荷马对青铜时代希腊居民的称谓（亦即阿卡亚文明）；常等同于迈锡尼人。

阿喀琉斯（Achilles）[a-kil′-ē z]：荷马史诗《伊利亚特》中的英雄，特洛伊战争中希腊最伟大的勇士。

卫城（Acropolis）[a-krop′-ō-lis]：意为城邦内的"高地"。例如雅典卫城便位于一座山丘上，它不仅具有防御工事之功能，而且还是大多数宗教建筑所在地，如帕台农神庙。

爱琴海（Aegean）[ē-jē′-an]：希腊半岛的东部海域，希腊人生活与活动的中心，海上的诸多岛屿也是众多希腊人的居住地。

埃斯库罗斯（Aeschylus）[es′-ki-lus]：公元前525—前456年人，雅典首位伟大的悲剧作家，著有《阿伽门农》《波斯人》等悲剧，与索福克勒斯和欧里庇得斯齐名的古希腊最伟大的三大悲剧家。

阿伽门农（Agamemnon）[ag-a-mem′-non]：《伊利亚特》中的迈锡尼王，特洛伊战争中希腊联军的主帅。

广场（Agora）[ag′-ō-ra]：希腊城邦的繁华中心区，一般包括市场和公共建筑。另外它还是公布重大公事与传播私事之地。

阿尔卡埃奥斯（Alcaeus）[al-sē′-us]：约公元前600年人，密提林早期抒情诗人，支持寡头贵族的理想。

亚历山大（Alexander），公元前356—前323年人，马其顿王，曾率军远征波斯帝国，并为希腊化世界奠定了基础。

亚历山大城（Alexandria），亚历山大大帝于公元前332年在埃及建立的一座城，后来成为托勒密王朝的首都和希腊化世界的文化交流中心。

阿纳克萨哥拉斯（Anaxagoras）[an-ak-sag′-ō-ras]：约公元前500—前428年人，最早定居雅典的哲学家，伯里克利的挚友。

安提戈努斯（Antigonus）[an-tig′-ō-nus]：公元前382—前301年人，亚历山大

的将领和继承者,"攻城者"德摩特里乌斯的父亲,安提戈努斯王朝(建立在马其顿)的奠基人。

安提丰(Antiphon)[an′-ti-fon]:约公元前480—前411年人,雅典演说家。他授人以辞章,供原告与被告在法庭上辩护使用,这些辩护词是我们深入了解雅典法律体系的重要文献。

阿波罗(Apollo)[a-pol′-ō]:预言、真理、音乐之神,德尔菲与提洛岛是其主要崇拜中心。

古风时代(Archaic period):继黑暗时代之后,公元前750—前500年是希腊人历史的"形成"时期,其特征表现在社会剧变、政治上的探索、海外殖民以及抒情诗的涌现。

阿尔基罗科斯(Archilochus)[ar-kil′-ō-kus]:活跃于公元前680—前640年,帕罗斯独特的战士及诗人,他的诗最早反映出希腊寡头贵族的衰落。

阿里昂(Arion):活跃于公元前628—前625年,当时最伟大的歌者和乐师,曾受到科林斯僭主培里安德的资助。

阿里斯塔尔库斯(Aristarchus)[ar-is-tar′-kus]:约公元前310—前230年人,萨摩斯的天文学家,以"日心说"闻名。

贵族(aristocracy):由一小撮人组成的统治阶层,其社会地位取决于出身。

阿里斯多基同(Aristogiton)[ar-is-tō-jī′-ton]:他与情人哈尔莫底乌斯于公元前514年暗杀希帕尔库斯,后被误解为"诛杀僭主者"而受到赞美。

阿里斯多芬(Aristophanes)[ar-is-tof′-a-nēz]:约公元前450—前385年人,希腊最伟大的喜剧作家。他在喜剧中表现的多为雅典和雅典人,例如《云》《吕西斯特拉特》《马蜂》等。

亚里士多德(Aristotle)[ar′-is-tot-l]:公元前384—前322年人,希腊最伟大的哲学家和科学家之一,据说曾为亚历山大的老师。

阿尔特米西娅(Artemisia)[ar-tē-miz′-i-a]:卡里亚的女王,公元前480年曾在萨拉米海战中担任薛西斯的水军将领。

阿尔特米斯海峡(Artemisium)[ar-tē-miz′-i-um]:位于优卑亚岛的东北端,公元前480年,希腊水军与波斯人在此发生海战。

阿斯帕西娅(Aspasia)[as-pā′-shi-a]:颇具智慧的交际花,伯里克利的情妇或"妻子",她对伯里克利的影响很大。

雅典娜(Athena)[a-thē′-na]:雅典的保护神。

亚特兰蒂斯(Atlantis):柏拉图在其《克里提亚斯篇》与《蒂迈欧篇》中对消失大陆的称谓。该传说可能源于公元前1628年塞拉(今之桑托林)火山的爆发。

阿提卡(Attica)[at′-i-ka]:位于希腊中东部地区,雅典的所在地。

B

彼奥提亚(Boeotia)[bē-ō′-sha]:希腊的中部,阿提卡的北部,是重要的农业区；赫西俄德和品达的家乡；底比斯便位于此地。

C

卡里克拉泰斯（Callicrates）[ka-lik′-ra-tēz]：伯里克利时代的雅典建筑师，曾与伊克提努斯（Ictinus）合作修建帕台农神庙。

客蒙（Cimon）[sī′-mon]：约公元前512—前450年人，米泰亚德之子，公元前5世纪60年代的保守派领袖，他于埃乌吕迈顿一役摧毁了波斯船队。另外，他还曾资助画师波吕戈诺托斯。

克里斯提尼（Cleisthenes）[klīs′-the-nēz]：于公元前508年在雅典建立了民主政治。

克里昂（Cleon）[klē′-on]：卒于公元前422年，雅典首位非贵族政治领袖，阿里斯多芬在喜剧中对他讽刺有加。

克尼多斯（Cnidus）[nī′-dus]：小亚南部海岸的一个希腊城邦，为提洛同盟的成员，克尼多斯人曾在德尔菲为阿波罗祭献了一个"会所"。

殖民地（colony）：希腊大陆城邦在海外建立的独立于母邦的新定居点，一般是为了缓解母邦内的社会压力。

科林斯（Corinth）[kor′-inth]：位于科林斯海峡，是希腊主要的商业中心，也是雅典的主要竞争对手。

克里特（Crete）[krēt]：位于希腊半岛的南部，是地中海上的一个大岛屿，米诺斯文明的发源地。

克洛埃索斯（Croesus）[krē′-sus]：卒于公元前546年，小亚的吕底亚的末代国王，被波斯王居鲁士击败并被杀而死。

克罗同（Croton）[krō′-t'n]：意大利南部的一个希腊城邦，该城邦出现过很多著名运动员，其中包括法乌卢斯和米洛。

D

大流士（Darius）[da-rī′-us]：波斯大王，公元前521—前486年人；大流士三世，公元前336—前330年为波斯王。

黑暗时代（Dark Age）：约公元前1100—前750年的一段艰难时期，紧随阿卡亚社会衰落之后。

提洛同盟（Delian League）：公元前478年，希腊诸城邦为抵抗波斯入侵而建立的一个联盟组织；后来，雅典在此基础上建立起爱琴帝国（Aegean Empire）。

提洛岛（Delos）[dē′-los]：库克拉德斯群岛中的岛屿，阿波罗的圣地，也是提洛同盟的总部。

德尔菲（Delphi）[del′-fī]：阿波罗的圣地和神谕所，坐落于科林斯湾上部的帕尔纳索斯山。

德摩特里乌斯（Demetrius）：公元前336—前283年人，安提戈努斯之子，在公元前305年围攻罗德斯，并于公元前294—前288年在马其顿为王。

德摩斯提尼（Demosthenes）[dē-mos′-the-nēz]：公元前384—前322年人，伟大的雅典演说家，他的演说辞展现了雅典及其法律制度的诸多方面，他还领导反抗马其顿的腓力介入希腊事务。

德拉古（Draco）[drā′-kō]：执政官，据传他于公元前621年为雅典制定了首部成文法。

E

埃利斯（Elis）[ē′-lis]：位于伯罗奔尼撒半岛的西端，奥林匹亚坐落于此。

埃菲亚尔特斯（Ephialtes）[ef-i-al′-tēz]：希腊人，公元前480年将温泉关小道透露给敌人。

埃拉西斯特拉图斯（Erasistratus）[er-a-sis′-tra-tus]：希腊化时代的医生，他对人体生理学的研究成果具有创新性。

厄瑞克透斯神庙（Erechtheum）[er-ek-thē′-um]：雅典卫城上的神殿，始建于公元前480年。

埃乌帕里诺斯（Eupalinus）[ū-pal′-i-nus]：匠师，在僭主波吕克拉泰斯统治时期建造了萨摩斯的埃乌帕里诺斯隧道。

欧里庇得斯（Euripides）[ū-rip′-i-dēz]：公元前485—前406年人，雅典悲剧作家，与埃斯库罗斯和索福克勒斯并称为希腊最伟大的三大悲剧家。

埃乌吕迈顿（Eurymedon）[ū-rim′-e-don]：小亚中南部的河流，公元前469年客蒙在此击溃波斯人。

H

哈里卡尔纳索斯（Halicarnassus）[hal-i-kar-nas′-us]：重要的希腊城市，位于小亚东南沿海，希罗多德的出生地；女王阿尔特米西娅的都城；国王马乌索罗斯（Mausolus）的家乡，他是古代世界七大奇迹之一的"马乌索罗斯陵墓"的建造者。

哈尔莫底乌斯（Harmodius）[har-mō-di-us]：雅典人，"诛杀僭主者"，公元前514年和他的情人阿里斯多基同刺杀希帕尔库斯。

黑劳士（helot）[hel′-ot]：斯巴达奴隶群体，他们的劳作供养着勇士阶层。

赫拉（Hera）[hē′-ra]：宙斯的妻子，生育和婚姻之神。

希罗（Hero）：活跃于公元62年前后，居于亚历山大城的数学家、发明家，曾发明蒸汽机的实用模型。

希罗多德（Herodotus）[hē-rod′-ō-tus]：约出生于公元前484年，"历史之父"，记载希波战争的重要历史学家。

赫罗菲鲁斯（Herophilus）[her-ō-fi-lus]：希腊化时代的医生，他对人体解剖学的研究成果具有创新性。

赫西俄德（Hesiod）[hē′-si-od]：诗人，于公元前700年前后生活在彼奥提亚，著有《神谱》和《田工农时》。

希帕尔库斯（Hipparchus）[hi-par′-kus]：雅典僭主希比阿斯的兄弟，公元前514年被哈尔莫底乌斯和阿里斯多基同刺杀。

希比阿斯（Hippias）[hip′-i-as]：公元前527—前514年的雅典僭主；庇希斯特拉图斯之子，希帕尔库斯的兄弟。

希波克拉底（Hippocrates）[hi-pok′-ra-tēz]：公元前469—前399年人，希腊医生，其学派将疾病归因于人体而非神明，并支持"四体液"理论。

荷马（Homer）：生活于公元前8世纪，据说他对《伊利亚特》和《奥德赛》进行了艺术性的统一。

重装兵（hoplite）[hop′-lit]：希腊重型装备步兵，以"方阵"的形式作战。

I

伊克提努斯（Ictinus）[ik-tī′-nus]：雅典伯里克利时代帕台农神庙的设计师，合作者为卡里克拉泰斯。

《伊利亚特》（*Iliad*）[il′-i-ad]：荷马的英雄史诗，讲述的是特洛伊战争期间"阿喀琉斯的愤怒"。

伊奥尼亚（Ionia）[ī-ō′-ni-a]：沿小亚中部海岸线的区域，操伊奥尼亚方言的希腊人定居于此。黑暗时代后，此地开始了希腊人的文化复兴；传说这里是荷马的出生地，并是历史学、哲学的诞生地。

地峡赛会（Isthmian Games）：希腊四个"大满贯"赛会之一；在科林斯附近的地峡举办，每两年一次，旨在纪念波塞冬。

L

拉西第梦人（Lacedaemonians）[las-ē-dē-mō′-ni-an]：一般指斯巴达人。

拉哥尼亚（Laconia）[la-kō′-ni-a]：伯罗奔尼撒半岛南部区域，斯巴达即坐落于此。

雷奥尼达斯（Leonidas）[lē-on′-i-das]：斯巴达国王，于公元前480年保卫温泉关时战死沙场。

莱斯沃斯（Lesbos）[lez′-bos]：小亚北部海岸附近的希腊岛屿；诗人萨福和阿尔卡埃奥斯的家乡。

会所（Lesche）[les-kā′]：德尔菲的"俱乐部"，由克尼多斯人建造；存放着波吕戈诺托斯优秀的画作。

留克特拉（Leuctra）[lūk′-tra]：位于彼奥提亚，公元前371年斯巴达在此被底比斯打败，军力衰退。

琉善（Lucian）[lōō′-shen]：约公元120年人，希腊讽刺作家，生活于罗马帝国时期，他描述了一次早期的月球旅行。

莱库古（Lycurgus）[li-kur′-gus]：传说中斯巴达的立法者。

吕西亚斯（Lysias）[lis′-i-as]：约公元前459—前380年人，希腊著名演说家，其演讲辞提供了诸多关于雅典法律制度的见解。

M

马其顿（Macedonia）[mas-e-dō′-nī-a]：希腊北部的王国，在腓力和亚历山大时期，首次成为重要的政治力量。

马拉松（Marathon），位于阿提卡，在雅典东北部42公里处，公元前490年雅典在此打败了波斯人；据传腓底皮德斯（Phidippides [fī-dip′-pi-dēz]）由此奔跑回雅典。

米利都（Miletus）[mī-lē´-tus]：重要的希腊城市，位于小亚海岸的南伊奥尼亚；希腊哲学之父泰勒斯的家乡。

米泰亚德（Miltiades）[mil-tī´-a-dēz]：约公元前550—前489年人，客蒙的父亲，雅典将军，在公元前490年的马拉松战役中功绩卓著。

米诺斯人（Minoans）：克里特的非希腊人居民，约公元前2000年其文明程度达至先进。

穆卡勒（Mycale）[mik´-a-lē]：地处小亚南部，公元前497年希腊人在此打败波斯人，结束了第二次希波战争。

迈锡尼（Mycenae）[mī-sē´ne]：阿卡亚堡垒之要地，传说中的阿伽门农的家乡，位于伯罗奔尼撒半岛东北部。

密提林（Mytilene）[mit´l-ē´-nē]：莱斯沃斯的重要城市。

N

内美亚赛会（Nemean Games）[nē-mē´-an]：希腊四个"大满贯"赛会之一；在伯罗奔尼撒半岛东北部举办，每两年一次，旨在纪念宙斯。

O

《奥德赛》（Odyssey）[od´-i-si]：荷马的英雄史诗，讲述的是特洛伊战争之后"奥德修斯的返乡"。

奥林匹亚（Olympia）[ō-lim´-pi-a]：主要的宙斯崇拜中心，位于伯罗奔尼撒半岛西部的埃利斯，奥林匹亚赛会在此地举办。

奥林匹亚赛会（Olympic Games）：希腊四个"大满贯"赛会中最重要的；在奥林匹亚举办，每四年一次，旨在纪念宙斯。

陶片放逐法（ostracism）：雅典的法治程序，约始于公元前487年。那些对城邦有威胁的政治家会被流放10年。

P

泛雅典娜赛会（Panathenaean Games）：雅典举办的最有声望的希腊地方性赛会，与泛雅典娜大庆（一年一度纪念雅典娜生日的庆典）同时举行。

搏斗（pankration）[pan-krā´-shi-un]：使运动员筋疲力尽的赛事，糅合了拳击、摔跤、柔道，甚至互殴。

帕罗斯（Paros）[par´-os]：希腊爱琴海上的岛屿，属库克拉德斯群岛；阿尔基罗科斯的家乡；提洛同盟的成员。

帕台农神庙（Parthenon）[par´-the-non]：雅典卫城上的雅典娜神殿，在伯里克利统治时期，于公元前447年到公元前438年期间建造。

帕西翁（Pasion），公元前4世纪雅典人，之前为奴隶，后获得财富并成为公民。

保桑尼阿斯（Pausanias）[po-sā´-ni-as]：(1) 公元2世纪的希腊旅行家和地理学家，在《希腊行记》中记载了自己的见闻。(2) 马其顿的腓力的刺杀者。

伯罗奔尼撒战争（Peloponnesian War）：雅典和斯巴达之间的毁灭性大战，从公元前431年持续至公元前404年，以雅典的失败告终。

伯罗奔尼撒半岛（Peloponnesus）[pel-ō-po-nē′-sus]：亦即"佩罗普斯（Pelops）之岛"；位于希腊最南端的半岛，迈锡尼、科林斯、阿哥斯和斯巴达均位于该半岛上。

五项全能（pentathlon）[pen-tath′-lon]："五项赛事"，包括200米跑、跳远、投标枪和铁饼以及摔跤。

伯里克利（Pericles）[per′-i-klēz]：约公元前495—前429年，公元前5世纪中期雅典"黄金时代"的设计师。

方阵（phalanx）[fa′-langks]：重装兵作战队形。

法乌罗斯（Phayllus）[fī-lus]：克罗同的传奇运动员，据说在公元前5世纪早期的一次跳远中跳出16.8米远。

斐迪亚斯（Phidias）[fid′-i-as]：古典时代最伟大的纪念碑雕刻家，曾督导了帕台农神庙的装饰；建造有位于帕台农神庙内部的雅典娜祭像；此外在奥林匹亚还建造有被后世誉为古代世界七大奇迹之一的宙斯黄金雕像。

腓力（Philip）：公元前359—前336年马其顿国王；希腊的征服者，亚历山大大帝的父亲。

品达（Pindar）[pin′-dar]：约公元前518—前438年人，古希腊杰出的诗人，他对获胜运动员的歌颂尤其著名。

皮拉埃乌斯（Piraeus）[pī-rē′-us]：雅典的海港。

庇西斯特拉图斯（Pisistratus）[pi-sis′-tra-tus]：公元前561—前527年雅典的第一位僭主，希比阿斯和希帕尔库斯的父亲。

普拉提亚（Plataea）[pla-tē′-a]：靠近阿提卡北部边界的彼奥提亚城邦，公元前479年希腊人在此击败波斯人；

柏拉图（Plato）[plā′-tō]：约公元前429—前347年人，希腊最伟大的哲学家和政治理论家之一；学园（Academy）的建立者；著有《理想国》《法律篇》《申辩篇》及其他有影响力著作，包括记录亚特兰蒂斯传说的《蒂迈欧篇》和《克里提亚斯篇》。

普鲁塔克（Plutarch）[ploo′-tark]：公元1到2世纪生活于罗马帝国的希腊传记家，著有《名人传》。

城邦（Polis）[pō′-lis]：一种希腊的政治单位。

波吕克拉泰斯（Polycrates）[pō-lik′-ra-tēz]：公元前6世纪下半期萨摩斯僭主。

波吕戈诺托斯（Polygnotus）[pol-ig-nō′-tus]：雅典最伟大的壁画家；在德尔菲作有《特洛伊的陷落》和《奥德修斯造访冥界》，此外他还是客蒙的艺术顾问。

山门（Propylaea）[prop-i-lē′-a]：通向雅典卫城的城门。

普罗塔戈拉斯（Protagoras）[prō-tag′-ō-ras]：最著名的智者，公元前5世纪中期来到雅典并在此讲学。

托勒密（Ptolemy）[tol′-e-mi]：亚历山大的将军、继承者（successor）以及

埃及托勒密王朝的创立者。

托勒密五世（Ptolemy V）（公元前210—前180年）：埃及的幼年国王，罗塞塔石碑成于他统治时期。

皮提娅赛会（Pythian Games）[pith'i-an]：希腊四个"大满贯"赛会之一，每四年在德尔菲举行一次，旨在纪念阿波罗。

R

罗塞塔石碑（Rosetta Stone），托勒密五世统治时期的祭司法令（公元前196年），1799年发现于埃及的罗塞塔，为商博良破译埃及象形文字的钥匙。

S

萨拉米（Salamis）[sal'a-mis]：阿提卡海岸附近的岛屿，公元前480年希腊水军于此摧毁波斯水军。

萨摩斯（Samos）[sā'-mos]：小亚海岸的伊奥尼亚岛屿，公元前6世纪在波吕克拉泰斯治下，该岛水军强大，并成为文化中心，在整个古典时代的希腊事务中仍占有重要地位。

萨福（Sappho）[saf'-ō]：约公元前600年生活在莱斯沃斯的著名女诗人。

塞琉古（Seleucus）[sē-lū'-kus]：亚历山大的将军、继承者以及位于叙利亚、美索不达米亚和伊朗的塞琉古王朝的创立者。

塞莫尼德斯（Semonides）[se-mon'-i-dēz]：公元前7世纪中期阿莫尔戈斯（Amorgos）的抒情诗人，他以讽刺说教的基调创作了有关妇女和其他主题的诗歌。

苏格拉底（Socrates）[sok'-ra-tēz]：公元前469—前399年人，西方伦理哲学之父。

梭伦（solon）[sō-lon]：雅典执政官、诗人，公元前594年他从政治、社会以及经济方面对雅典进行了改革。

智者（sophists）[sof'-ists]：在雅典最早从事高等教育的教师。他们强调演说技能的重要性以及词意的多变性。

索福克勒斯（Sophocles）[sof'-ō-klēz]：公元前496—前406年人，雅典的悲剧作家，与埃斯库罗斯和欧里庇得斯齐名的古希腊最伟大的三大悲剧家。

斯巴达（Sparta）：希腊军力最强的城邦，位于伯罗奔尼撒半岛南部。

柱廊（stoa）[stō'-a]：带有众多长柱廊的希腊建筑，有商铺和工作间，通常面向广场。

T

泰勒斯（Thales）[thā'-lēz]：活跃于公元前585年左右，西方哲学之父，米利都人。

萨索斯（Thasos），位于爱琴海北部色雷斯南部的岛屿。

地米斯托克利（Themistocles）[thē-mis'-tō-klēz]：约公元前528—前462年人，雅典杰出的政治家，在第二次希波战争中挽救了希腊人。

塞奥弗拉斯托斯（Theophrastus）[thēō-fras′-tus]：继亚里士多德之后成为逍遥学派（Peripatetic School）的领导者，《性格概论》的作者。

温泉关（Thermopylae）[ther-mop′-i-lē]：希腊北部的隘口，公元前480年希腊人曾在此顽强地抵御波斯入侵。

修昔底德（Thucydides）[thū-sid′-i-dēz]：约公元前460—前400年人，历史学家，著有《伯罗奔尼撒战争史》。

图里伊（Thurii）[thoo′-ri-i]：公元前433年在意大利建立的殖民地。

三层桨战船（trireme）[trī′-rēm]：古典时代主要的希腊战船。

特洛伊（Troy）：位于今土耳其西北角，特洛伊战争在此发生。

推罗（Tyre）[tīr]：公元前332年，亚历山大经长时间围攻后袭击并攻下的腓尼基城市。

X

色诺芬（Xenophon）[zen′-ō-fon]：历史学家、散文学家、士兵，苏格拉底的门徒。

薛西斯（Xerxes）[zurk′-sēz]：公元前485—前465年伟大的波斯王。

Z

宙斯（Zeus）[zūs]：希腊的天空之神，奥林匹斯山众神之首。

译后记

　　罗伯特·B·科布里克的这部《希腊人》,十余年已出四版。著者一反传统,"历史中的个体"——人,"有着同样的血缘,同样的语言,共同的神庙、仪式与相近的习俗"的希腊人(希罗多德语)为其独到、始终关注的对象。著者笔下的人物,不惟"伟人",更多的是"各阶层"、"大多数现代著作……涉及甚少"的普通人,而对他们的"研究可以进一步加深我们对希腊人及我们自身的认知"。著者的这一出发点,是否可以推见B.克罗齐"一切历史都是当代史"论的影响?!

　　值得一提的是,在第四版增设的"'影视'评论"中,针对好莱坞历史影片所诠释的古希腊与古希腊人,举凡史实、人物特征、服饰以及古代器物等,著者逐一纠正了其中出现的谬误。这可使普通读者,尤其是中国读者获益良多,至少可以辨识"戏说"古代希腊文明的误读。

　　本书的翻译历时近两年。其间,在学的几位硕士、博士互读译稿、多次修改润色译文。至于书中所据文献,他们往往要核对古希腊文原典,以求较为全面地理解引文的具体语境。就疑难问题,他们或查找相关工具书,或请益在所里任教的古典学专家J. P. Sanchez Hernandez博士。应该承认,现今发达的网络资源之于译事亦多有所助。无论能否成就中译本在异邦般的影响,他们的努力都是值得肯定的。

　　本书译文的通校由我承担,所有曲解、不逮之处亦由我负全责。

张强
壬辰岁末 识于东北师范大学世界古典文明史研究所

出版后记

这些年来，随着现代后现代喧嚣的浮尘渐渐落下，我们慢慢认识到，没有对西方文明的根底有深入的了解，即使现代后现代，我们也只能有浮皮潦草的粗浅理解。我们不了解它们所反对的古代是什么样子，我们也就不会真正理解它们所赞成的又是什么，始终只能是局外人，更不用说对将古老中国拉入现代世界的强力能够有所反思，以及在此之上为几千年流传下来的传统资源重新定位。

随着国内几所高校相继建立古典文明中心，在学者与出版界的共同努力之下，有关希腊罗马的研究专著陆续出版，几年下来已有不小的规模。这些专著涉及历史、政治、经济、文化、宗教、哲学、语文学诸多方面，让我们渐渐摆脱了希腊罗马代表着理性和美的理想这种符号式的刻板印象，有关希腊罗马的故事中也处处充满着野心和欲望、蠢行和丑陋。

有没有谁能够让我们跨越两千年的时间，踏入希腊人罗马人生活的空间，感受他们的气息与体温，倾听他们在广场上的陈词或街巷中的窃窃私语？除去那些被史书神化为"高大全"的伟人之外，希腊罗马世界中普通人又是怎么过日子的？

科布里克的这两本书就致力于此。虽然书中的章节安排仍以历史发展顺序为主线，但是作者浓墨重彩书写的是那些不太有名却非常有趣的小人物，并且尽量以原始文献和实物材料让人物自己"说话"，讲述自己的故事。散布在书中各处的专栏，更是经过作者的精心挑选，多主题多侧面的展现着古人的生活。通过这种散点透视的方式，希腊罗马世界将在我们面前呈现出立体的形式、清晰的轮廓、丰富的细节。

服务热线：133-6631-2326　139-1140-1220
读者服务：reader@hinabook.com

后浪出版咨询（北京）有限责任公司
2012 年 12 月

图书在版编目（CIP）数据

希腊人 /（美）柯布里克著；张强译 . —北京：世界图书出版公司北京公司，2012.12
书名原文：Greek people
ISBN 978-7-5100-5630-7

Ⅰ.①希… Ⅱ.①柯…②张… Ⅲ.①古希腊—历史 Ⅳ.① K125

中国版本图书馆 CIP 数据核字（2012）第 310903 号

Robert Kebric
Greek People, 4e
ISBN 0-07-286903-8
Copyright © 2005 by The McGraw-Hill Companies，Inc.

All Rights reserved. No part of this publication may be reproduced or transmitted in any form or by any means, electronic or mechanical, including without limitation photocopying, recording, taping, or any database, information or retrieval system, without the prior written permission of the publisher.

This authorized Chinese translation edition is jointly published by McGraw-Hill Education (Asia) and Beijing World Publishing Company.This edition is authorized for sale in the People's Republic of China only, excluding Hong Kong, Macao SAR and Taiwan.

Copyright © 2013 by McGraw-Hill Education (Asia), a division of the Singapore Branch of The McGraw-Hill Companies, Inc. and Beijing World Publishing Company.

版权所有。未经出版人事先书面许可，对本出版物的任何部分不得以任何方式或途径复制或传播，包括但不限于复印、录制、录音，或通过任何数据库、信息或可检索的系统。

本授权中文简体字翻译版由麦格劳 - 希尔（亚洲）教育出版公司和世界图书出版公司合作出版。此版本经授权仅限在中华人民共和国境内（不包括香港特别行政区、澳门特别行政区和台湾）销售。

版权 © 2013 由麦格劳 - 希尔（亚洲）教育出版公司与世界图书出版公司所有。

本书封面贴有 McGraw-Hill 公司防伪标签，无标签者不得销售。

北京市版权局著作权合同登记号：01-2011-5209

希腊人（插图第 4 版）

著　　者：	（美）罗伯特·柯布里克（Robert Kebric）	译　者：	李继荣 等	筹划出版：	银杏树下
出版统筹：	吴兴元	责任编辑：	张 鹏	营销推广：ONEBOOK	装帧制造：墨白空间

出　　版：	世界图书出版公司北京公司
出 版 人：	张跃明
发　　行：	世界图书出版公司北京公司（北京朝内大街 137 号　邮编 100010）
销　　售：	各地新华书店
印　　刷：	北京正合鼎业印刷技术有限公司（北京市大兴区黄村镇太福庄东口　邮编 102612）

（如存在文字不清、漏印、缺页、倒页、脱页等印装质量问题，请与承印厂联系调换。联系电话：010-61256142-8021）

开　　本：	787×1092 毫米 1/16
印　　张：	21　插页 4
字　　数：	390 千
版　　次：	2013 年 4 月第 1 版
印　　次：	2013 年 4 月第 2 次印刷

读者服务：	reader@hinabook.com　139-1140-1220
投稿服务：	onebook@hinabook.com　133-6631-2326
购书服务：	buy@hinabook.com　133-6657-3072
网上订购：	www.hinabook.com（后浪官网）

ISBN 978-7-5100-5630-7　　　　　　　　　　　　　　　　　　　　　定　价：39.80 元

后浪出版咨询（北京）有限公司常年法律顾问：北京大成律师事务所　周天晖　copyright@hinabook.com

版权所有　翻印必究

古希腊罗马哲学讲演录

著　　者：邓晓芒
书　　号：978-7-5062-8673-2
页　　数：208
出版时间：2007.05
定　　价：22.80 元

一部充满灵性而简明的古希腊罗马哲学史
一场引人入胜而深刻的智慧碰撞

著名西哲专家邓晓芒教授讲授古希腊罗马哲学，语言深入浅出、简明扼要，保留了讲演录临场发挥的现场感和流畅感

思路清晰　比一般哲学史著作更易把握其内在线索，能获得更清晰的哲学历史发展的概念。一条显明的逻辑思路贯穿在各种哲学观点和流派中，使读者能够经受最初步的严格哲学思维的训练。

启发性强　着意突出那些在哲学上能够引发思维灵性、智慧机锋的命题和观点，描述其中的起承转合。

内容简介

本书是作者2006年在西南政法大学给研究生举办的五次系列讲演的录音整理稿，尽可能地保留口头讲演的现场感，用深入浅出的语言向非哲学专业的听众描述了古希腊罗马哲学思想发展的主要线索，尤其着重于各个哲学家思想内在的及与其他哲学家相互的逻辑关联。本书最大的特点是简洁、清晰，以最短的篇幅完整地呈现出这一段哲学史丰富而复杂的内容，既便于记忆，也有助于提高读者对哲学思想的概括能力和分析水平，是广大西方哲学爱好者和研究生备考人员不可多得的参考书。

本书附赠古希腊罗马哲学讲演录课堂DVD一张。

世界史
（插图修订版）

著　者：（美）卡尔顿·约·亨·海斯
　　　　帕克·托马斯·穆恩
　　　　约翰·威·韦兰
译　者：费孝通　冰心等
书　号：978-7-5062-8709-8
页　数：584
出版时间：2011.04
定　价：68.00元

文明史观　从人类文明的产生与演进过程来阐述历史，将世界历史划分为文明的开端、古典文明、基督教文明、近代文明等几个发展阶段，尤其以西方文明的渊源及其发展为重点，据此来筛选材料、组织编排，勾勒出从史前人类到"二战"结束的漫长历史。

结构清晰　以卷为纲，以章为目，章下分节，节中标以小题，端绪虽繁，而能类聚条分。此外于每一卷之前有前言，包举大要，每一卷之后有结语，综括前文，承前启后，交代明白，纲举目张，有条不紊。

论述精当　在叙述上，着重陈述史实，少有繁文赘语。既能高瞻远瞩，纵论大势，又能网罗概括，委曲细事。此外又能力避琐碎，抓住要点，忽略人类历史上无足轻重的史实，而对于那些足以影响后世的巨大历史事变，则予以有声有色的说明。

政治、文化、经济等量齐观　不但关注政治史，对于精神文化的作用亦给予足够的重视，并以基督教的文明为一个阶段的结束和另一个阶段的开始。对于重大的科学发明，从新时期时代的工具艺术到近代的工业革命，都重点强调。

观照普通人的视角　同情历史上各世代的被迫害者，以悲悯的语调描写古罗马的奴隶生活、中世纪的农奴生活，歌颂法国大革命，而对于奴隶主、贵族、封建暴君，乃至近代资本家之荒淫，暴虐与过分的剥削，都会予以指责。

著者简介

海斯，哥伦比亚大学历史教授，著有《近代欧洲之政治史与文化史》《美国和西班牙》《西方文明史》等。

穆恩，曾担任哥伦比亚大学国际关系讲座，著有《帝国主义与世界政治》。

韦兰，弗吉尼亚州麦迪逊学院历史与社会学教授，曾著历史故事多种。

现代世界史
（插图修订第 10 版·上下册）

著　　者：（美）R. R. 帕尔默
　　　　　乔·科尔顿　劳埃德·克莱默
译　　者：孙福生　陈敦全　周鸿临等
推 荐 者：罗荣渠　何兆武　刘北成
书　　号：978-7-5062-9536-9
页　　数：1056
出版时间：2010.14
定　　价：128.00 元

世界现代史领域的殿堂级学术教科书
全世界几代学人透过他的眼睛看历史

自 1950 年初版以来，帕尔默等人所著的《现代世界史》便一直被誉为一部殿堂级的历史学术教科书，并被广泛采用作教材。在近 60 年的时间里，本书作者不断修订，如今已出至第 10 版，其销量在同类作品中一直名列前茅，是半个多世纪以来美国世界史教科书中寿命最长、读者最多、影响最大的一部。

本书内容丰富，领域宽广，以洋洋百余万文字阐述了现代欧洲的崛起这一世界性的事件。在作者笔下，曾经默默无闻的欧洲（或曰西方），在从 16 世纪初至今的五百多年里，逐渐创造出了一个辐射全球的政治、经济、军事、科技诸方面的世界体系。

作为一部将传统叙事与结构分析相结合的作品，作者在以政治和制度的演变为主线的同时，对于社会史、文化史、宗教史诸方面也作了简洁而生动的阐释。全书贯穿了作者的人文关怀和现实情怀，思想的火花与睿智的表达时时可见，使得阅读本书成为一次美妙的思想之旅。

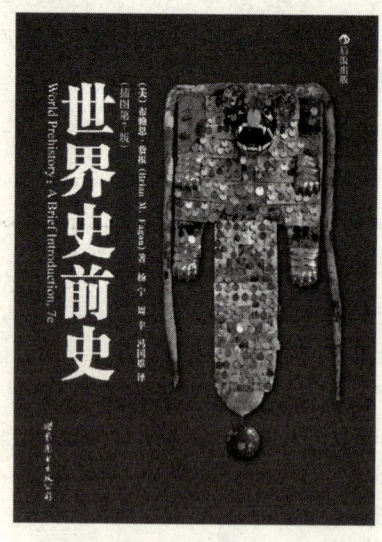

世界史前史
（插图修订第7版）

著　　者：（美）布莱恩·费根
译　　者：杨宁　周幸　冯国雄
书　　号：978-7-5100-3529-6
页　　数：424
出版时间：2011.11
定　　价：58.00元

精彩图文　生动破解历史谜团　费根教授秉承其乐于承担向公众传播人类学和历史学知识的社会责任之旨趣，以其渊博的知识、散文式的笔触、颇富知识性和趣味性的优美文字，间以穿插于书中的实景图和复原图，引导读者深入认知人类的发展轨迹，阅读本书仿佛亲身经历一次充满冒险刺激的历史风景之旅。

全球视角　全面概括前沿成果　书中涉及史前时期各个地区的概貌，关注史前社会一系列备受瞩目的议题，尤其提到中国的考古发现为世界文明带来的革新性变化，以开放性思维将考古学领域的最新研究发现和成果与原有版本巧妙结合，使史前文明渐趋清晰化。

特色专题　细致勾勒人类文明　各章的科学、遗址、声音专题辅以撼人的图片，生动描述了文明肇始时的传奇人物、重要事件和辉煌成就，并从多个角度深入探索了在这一漫长时段中遍布世界各地的古代文明，深入讨论了关乎人类文明和历史进程的重要因素。

原始风貌　鲜活再现生命迹象　本书结束于地理大发现，在未被外力侵扰的诸文明中，我们看到的是费根教授对古老文明自由与纯洁的向往。这些零星散落的遗址，唤醒了我们对古代世界的认知欲望，也给现代人洞悉那些失落的文明一些提示。

著者简介

布赖恩·费根（Brian M.Fagan），当今世界顶级的考古学作家之一，国际公认的世界史前史权威。他是20世纪60年代非洲史领域跨学科研究的先锋。自1967年开始，成为加州大学圣巴巴拉分校的人类学教授（后成为荣休教授），并开始专职于面向大众写作和讲授考古学。